高等院校物流管理专业系列教材·物流企业岗位培训系列教材

物流企业统计

（第2版）

孙 旭 张淑谦 ◎ 主 编
刘子玉 王 波 ◎ 副主编

清华大学出版社
北京

内 容 简 介

本书根据"应用型、技能型"人才培养目标,按照物流企业统计操作规程,重点介绍物流企业市场调查与预测方法、统计分析基本指标、抽样推断、时间数列分析、相关分析与回归分析、指数分析、物流企业投入产出统计、物流企业经营状况综合评价等物流企业统计基本知识,并通过指导学生实训实践,培养解决实际问题的能力。

本书具有知识系统、理论适中、案例经典、贴近物流企业实际、通俗易懂等特点,因而既可作为普通高等院校本科物流管理、工商管理、国际贸易、电子商务等相关专业的首选教材,同时兼顾高职高专及高等学历继续教育的教学,也可用于物流企业统计工作者的在职培训,并可为广大中小微物流企业、大学生创业者提供学习指导。

本书封面贴有清华大学出版社防伪标签,无标签者不得销售。
版权所有,侵权必究。举报: 010-62782989, beiqinquan@tup.tsinghua.edu.cn。

图书在版编目(CIP)数据

物流企业统计/孙旭,张淑谦主编.—2版.—北京:清华大学出版社,2021.8
高等院校物流管理专业系列教材　物流企业岗位培训系列教材
ISBN 978-7-302-58698-2

Ⅰ. ①物… Ⅱ. ①孙… ②张… Ⅲ. ①物资企业-经济统计-高等职业教育-教材　Ⅳ. ①F253.1

中国版本图书馆 CIP 数据核字(2021)第 141340 号

责任编辑: 贺　岩
封面设计: 汉风唐韵
责任校对: 王荣静
责任印制: 杨　艳

出版发行: 清华大学出版社
网　　址: http://www.tup.com.cn, http://www.wqbook.com
地　　址: 北京清华大学学研大厦 A 座　　邮　编: 100084
社 总 机: 010-62770175　　邮　购: 010-62786544
投稿与读者服务: 010-62776969, c-service@tup.tsinghua.edu.cn
质量反馈: 010-62772015, zhiliang@tup.tsinghua.edu.cn

印 装 者: 三河市少明印务有限公司
经　　销: 全国新华书店
开　　本: 185mm×230mm　　印　张: 17　　字　数: 336 千字
版　　次: 2006 年 8 月第 1 版　　2021 年 8 月第 2 版　　印　次: 2021 年 8 月第 1 次印刷
定　　价: 48.00 元

产品编号: 082963-01

高等院校物流管理专业系列教材·物流企业岗位培训系列教材

编审委员会

主　任

　　牟惟仲　　中国物流技术协会理事长、教授级高级工程师

副主任

　　翁心刚　　北京物资学院副院长、教授
　　冀俊杰　　中国物资信息中心原副主任、总工程师
　　张昌连　　中国商业信息中心原主任、总工程师
　　吴　明　　中国物流技术协会副理事长兼秘书长、高级工程师
　　李大军　　中国物流技术协会副秘书长、中国计算机协会市场
　　　　　　　发展分会秘书长

委　员

尚　珂	车亚军	张建国	孙　旭	田振中	赵立群
孙　军	刘徐方	王海文	刘子玉	张淑谦	李爱华
吴青梅	李晓莉	张劲珊	刘　华	林玲玲	李秀华
刘丽艳	李耀华	丁玉书	王　艳	刘晓晓	李晓莉
罗松涛	于汶艳	郑秀恋	温卫娟	刘阳威	邵莉莉

总　编

　　李大军

副总编

　　田振中　　刘徐方　　孙　旭　　李爱华　　刘　华

序言

Xuyan

物流是国民经济的重要组成部分,也是我国经济发展新的增长点,加快我国现代物流发展,对于调整经济结构、促进产业升级、优化资源配置、改善投资环境、增强综合国力和企业竞争能力、提高经济运行质量与效益、实现可持续发展战略、推进我国经济体制与经济增长方式的根本性转变,具有重要而深远的意义。

为推动我国现代物流业的健康快速发展,国务院连续下发《物流业调整和振兴规划的通知》(国发〔2009〕8号)、《关于促进物流业健康发展政策措施的意见》(国办发〔2011〕38号)、《关于促进内贸流通健康发展的若干意见》(国办发〔2014〕51号)等多个文件,制定和完善相关配套政策措施,以有序促进物流企业加大整合、改造、提升、转型的力度,并逐步实现转型发展、集约发展、联动发展、融合发展;通过物流的组织创新、技术创新、服务创新,在保证我国物流总量平稳较快增长的同时,加快供需结构、地区结构、行业结构、人力资源结构、企业组织结构的调整步伐;创新服务模式,提高服务能力,努力满足经济建设与社会发展的需要。

国家"一带一路、互联互通"经济建设的快速推进和全球电子商务的迅猛发展,不仅有力促进了我国物流产业的国际化,而且促使我国迅速融入全球经济一体化的进程,中国市场国际化的特征越发凸显。

物流既涉及国际贸易、国际商务活动等外向型经济领域,也涉及交通运输、仓储配送、通关报检等多个业务环节。当前面对世界经济的迅猛发展和国际市场激烈竞争的压力,加强物流科技知识的推广应用、加速物流专业技能型应用人才的培养,已成为我国经济转型发展亟待解决的问题。

需求促进专业建设,市场驱动人才培养。针对我国高等职业教育院校物流教材陈旧和知识老化的问题,为了适应国家经济发展和社会就业急需,满足物流行业规模发展对操作技能型人才的需求,在中国物流技术协会的支持下，我们组织北京物资学院、大连工业大学、北京城市学院、吉林工程技术师范学院、北京财贸职业学院、郑州大学、哈尔滨理工大学、燕山大学、浙江工业大学、河北理工大学、华北水利水电学院、江西财经大学、山东外贸职业学院、吉林财经大学、广东理工大学等全国20多个省市高职高专院校及应用类大学物流管理专业的主讲教师和物流企业经理，共同精心编撰了此套教材，旨在迅速提高高等院校物流管理专业学生和物流行业从业者的专业技术素质，更好地服务于我国物流产业和物流经济。

  本套教材作为普通高等院校物流管理专业的特色教材，融入了物流运营管理的最新实践教学理念，坚持以科学发展观为统领，力求严谨、注重与时俱进，根据物流业发展的新形势和新特点，依照物流活动的基本过程和规律，结合党的十九大报告为物流行业发展指明的方向，以物流效益质量提升为核心，全面贯彻国家"十三五"教育发展规划，按照物流企业对用人的需求模式，结合解决学生就业加强实践能力训练，注重校企结合、贴近物流行业企业业务实际，注重新设施设备操作技术的掌握，强化实践技能与岗位应用培养训练，并注重教学内容和教材结构的创新。

  本套教材根据高等院校"物流管理"专业教学大纲和课程设置，各教材的出版对强化物流从业人员教育培训、提高经营管理能力，帮助学生尽快熟悉物流操作规程与业务管理，毕业后顺利走上社会具有特殊意义；既可作为本科高职院校物流管理专业教学的教材，也可以用于物流、商务贸易等企业在职员工培训。

中国物流技术协会理事长 牟惟仲
2020年12月于北京

前言 第2版

Qianyan

2014年10月4日,国务院印发《物流业发展中长期规划(2014—2020年)》有关政策措施中指出:"加强统计工作,提高物流业统计工作水平,明确物流业统计的基本概念,强化物流统计理论和方法研究,科学划分物流业统计的行业类别,完善物流业统计制度和评价指标体系,促进物流统计台账和会计核算科目建设,做好社会物流总额和社会物流成本等指标的调查统计工作,及时、准确地反映物流业的发展规模和运行效率;构建组织体系完善、调查方法科学、技术手段先进、队伍素质优良的现代物流统计体系,推动各省(区、市)全面开展物流统计工作,进一步提高物流统计数据质量和工作水平,为政府宏观管理和企业经营决策提供参考依据。"

物流统计是国家宏观统计的重要组成部分,是发展现代物流的一项重要的基础性工作。通过物流统计核算,及时、全面、准确地反映物流活动的规模、结构、发展水平、比例关系以及对国民经济的影响,是监测、分析物流运行状况,制定物流产业政策和发展规划的重要依据。认真做好物流企业统计工作,可使物流企业的管理建立在对物流市场及企业自身正确认识的基础之上,增强物流企业决策的准确性、科学性和有效性。

在新时代背景下,面对经济全球化进程的持续推进和物流市场国际化的快速发展与激烈竞争,物流统计在物流产业化进程与发展中发挥着越来越重要的作用。加强物流企业统计,强化物流企业各业务环节的有机结合与社会资源的合理调配,提高我国物流产业发展规模和经营管理水平,提升物流企业的核心竞争力,这既是物流产业、物流企业长远发展的战略选择,也是本书编写的目的和意义。

本书自出版以来,因写作质量高、突出应用能力培养,而深受全国各高等院校广大师生和物流企业的欢迎,目前已经多次重印。此次再版,作者根据读者建议,审慎地对原教材进行了较大修改,包括去粗取精、更新案例、补充新知识、增加技能训练等相应修改，以使其更贴近国际物流经济发展实际，更好地为我国经济建设服务。

本书作为高校物流管理专业的特色教材，坚持科学发展观，严格按照国家教育部关于"加强职业教育、突出实践能力培养"的教学改革要求，注重教材内容创新，充分体现了职业性、实践性和应用性。本书的出版对帮助学生尽快熟悉掌握物流企业统计业务操作规程，毕业后顺利就业具有重要作用。

本书共9章，由李大军筹划并具体组织，孙旭和张淑谦任主编，孙旭统改全稿，刘子玉、王波为副主编；由吴青梅教授审定。作者编写分工：牟惟仲（序言），王波（第一章），孙旭（第二章、第七章），刘子玉（第三章、第五章），张淑谦（第四章、第八章），李晓莉（第六章、第九章），李晓新（文字修改、课件制作）。

在教材再版过程中，我们参阅了大量有关物流企业统计的最新书刊、网站资料，以及国家新颁布实施的有关统计的政策法规，精选收录了具有典型意义的案例，并得到业界有关物流统计专家教授的具体指导和本书第1版作者的支持，在此一并致谢。为了方便教学，本书配有教学课件，读者可以从清华大学出版社网站（www.tup.com.cn）免费下载使用。

因作者水平有限，书中难免有疏漏和不足，恳请专家、同行和广大读者批评指正。

编　者
2021年4月

Mulu

第一章　统计概述 ………………………………………………… 1
　　第一节　统计及其研究对象 …………………………………… 3
　　第二节　统计的工作过程和统计研究的基本方法 …………… 8
　　第三节　统计中的基本概念 …………………………………… 13
　　第四节　物流企业统计概述 …………………………………… 19

第二章　物流企业市场调查与预测方法 ………………………… 32
　　第一节　物流调查方案设计 …………………………………… 34
　　第二节　物流统计调查方法 …………………………………… 38
　　第三节　调查资料汇总整理 …………………………………… 45
　　第四节　物流市场预测的方法 ………………………………… 58

第三章　统计分析基本指标 ……………………………………… 65
　　第一节　总量指标 ……………………………………………… 67
　　第二节　相对指标 ……………………………………………… 70
　　第三节　平均指标 ……………………………………………… 78
　　第四节　变异指标 ……………………………………………… 90

第四章　抽样推断 ………………………………………………… 95
　　第一节　抽样推断概述 ………………………………………… 98
　　第二节　抽样误差 ……………………………………………… 105
　　第三节　总体指标的估计方法 ………………………………… 112
　　第四节　样本容量的确定 ……………………………………… 114

第五章 时间数列分析 ······ 119

第一节 时间数列的含义和种类 ······ 121
第二节 动态分析的水平指标 ······ 124
第三节 动态分析的速度指标 ······ 132
第四节 长期趋势的测定 ······ 136

第六章 相关分析与回归分析 ······ 146

第一节 相关分析与回归分析的概念与种类 ······ 149
第二节 简单线性相关与简单线性回归 ······ 154

第七章 指数分析 ······ 167

第一节 统计指数概述 ······ 169
第二节 综合指数 ······ 174
第三节 平均数指数 ······ 178
第四节 平均指标指数 ······ 181
第五节 指数体系与因素分析 ······ 184

第八章 物流企业投入产出统计 ······ 197

第一节 物流企业投入统计 ······ 199
第二节 物流企业产出统计 ······ 220

第九章 物流企业经营状况综合评价 ······ 231

第一节 物流企业经营状况综合评价概述 ······ 233
第二节 物流企业经营状况综合评价方法 ······ 238
第三节 物流企业经济效益评价 ······ 242

参考文献 ······ 257

统计概述

 本章导读

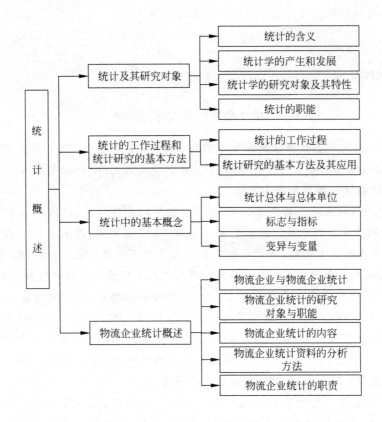

知识目标

- 了解统计的含义、统计学的产生和发展、统计学的研究对象;
- 掌握统计的工作过程、统计研究的基本方法;
- 掌握统计中的基本概念;
- 了解物流企业与物流企业统计的含义,了解物流企业统计的职责;
- 掌握物流企业统计的内容,掌握物流企业统计资料的分析方法。

技能目标

- 能够结合实例正确区分统计总体和总体单位;
- 重点掌握统计学中的指标、标志、变量、变量值等基本概念和作用;
- 准确理解统计指标与数量标志的联系与区别。

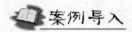 案例导入

2017年全国物流运行情况

据国家发展改革委和中国物流与采购联合会2017年统计,2017年我国物流运行总体向好,社会物流总额增长稳中有升,社会物流总费用与GDP的比率有所回落。

一、社会物流总额增长稳中有升

2017年全国社会物流总额252.8万亿元,按可比价格计算,同比增长6.7%,增速比上年同期提高0.6个百分点。分季度看,一季度56.7万亿元,增长7.1%,提高1.1个百分点;上半年118.9万亿元,增长7.1%,提高0.9个百分点;前三季度184.8万亿元,增长6.9%,提高0.8个百分点。全年社会物流总需求呈现稳中有升的发展态势。

从构成看,工业品物流总额234.5万亿元,按可比价格计算,同比增长6.6%,增速比上年同期提高0.6个百分点;进口货物物流总额12.5万亿元,增长8.7%,提高1.3个百分点;农产品物流总额3.7万亿元,增长3.9%,提高0.8个百分点;再生资源物流总额1.1万亿元,下降1.9%;单位与居民物品物流总额1.0万亿元,增长29.9%。

二、社会物流总费用与GDP的比率有所回落

2017年社会物流总费用12.1万亿元,同比增长9.2%,增速低于社会物流总额、GDP现价增长。其中,运输费用6.6万亿元,增长10.9%,增速比上年同期提高7.6个百分点;保管费用3.9万亿元,增长6.7%,提高5.4个百分点;管理费用1.6万亿元,增长8.3%,提高2.7个百分点。

2017年社会物流总费用与GDP的比率为14.6％,比上年同期下降0.3个百分点。

三、物流业总收入较快增长

2017年物流业总收入8.8万亿元,比上年增长11.5％,增速比上年同期提高6.9个百分点。

资料来源：http://news.hexun.com/2018-02-06/192409852.html

引例思考

(1) 案例提出了哪些重要结论,这些结论的依据是什么？

(2) 统计有哪些重要意义？

第一节　统计及其研究对象

一、统计的含义

"统计"最早源于中世纪拉丁语的status,意思是指各种现象的状态和状况。

在实际应用中,统计一词在习惯上常有不同的理解,也可以说统计一词在不同场合有不同的含义。人们对统计一词一般有三种理解：统计工作、统计资料和统计学。

1. 统计工作

统计工作指利用科学的方法搜集、整理、分析和提供关于社会经济现象数量资料的工作的总称,是统计的基础。

2. 统计资料

统计资料指通过统计工作取得的、用来反映社会经济现象的数据资料的总称。统计工作所取得的各项数字资料及有关文字资料,一般反映在统计表、统计图、统计手册、统计年鉴、统计资料汇编和统计分析报告中。

3. 统计学

统计学指研究如何搜集、整理和分析统计资料的理论与方法。

统计工作、统计资料、统计学三者之间的关系如下。

统计工作与统计资料：过程与成果的关系,统计资料是统计工作的直接成果。

统计学与统计工作：理论和实践的关系,统计工作属于实践的范畴,统计学属于理论的范畴。统计学是统计工作实践的理论概括和科学总结,它来源于统计实践,又高于统计实践,反过来又指导统计实践。统计工作的现代化与统计科学研究的支持是分不开的。

总之,统计资料是统计工作的成果,统计学是统计工作的经验总结与理论概括。

统计工作、统计资料和统计学相互依存、相互联系,共同构成了一个完整的整体,这就是统计。

二、统计学的产生和发展

一般认为,统计学产生于17世纪中叶的欧洲,距现在已有300多年。其发展主要可分为三个阶段。

(一)古典统计学时代

这个时代大致是从17世纪中叶至19世纪初叶,其代表学派是政治算术派和国势学派。

1. 政治算术派

政治算术派产生于英国,其主要代表人物是英国的威廉·配第和约翰·格朗特。

配第于1676年出版了《政治算术》一书,以一系列分析和大量计算手段清晰地描述了英格兰、荷兰、法兰西和爱尔兰等地的经济、军事、政治等方面的情况,为英国称霸世界提供了各种有说服力的实证分析资料。

《政治算术》的意义主要表现在研究问题的方法方面。配第用"数字、重量和尺度"研究现象的方法为统计学的产生奠定了基础。自配第之后的200年间,以用数量方法研究社会经济问题为基本特征的"政治算术"模式,成为统计学发展的主流。它的出版,标志着统计学的诞生。

英国人约翰·格朗特于1662年出版了《关于死亡表的自然观察与政治观察》。他根据伦敦市发表的人口自然变动公报,通过大量观察的方法,对人口的出生和死亡率作了许多分类、计算和研究,发现了人口与社会现象中重要的数量规律性。在研究中,格朗特不但探索了人口变化和发展的一些数量规律,而且还对伦敦市总人口数量做出了较科学的估计。

2. 国势学派

国势学派产生于17世纪的德国,其主要代表人物是海尔曼·康令和高特弗里德·阿亨瓦尔。这一学说最早提出了"统计学"的名称。从1660年开始,康令在西尔姆斯特大学以"国势学"为题讲述一门课程,内容是各个国家的显著事项,方法则是文字叙述,目的是满足政治家的知识需求。

阿亨瓦尔是国势学的主要继承人和最有名的代表人物,一生在大学任教。他在1749年出版的《近代欧洲各国国势学论》中,首次使用"统计学"这个名称代替了国势学。阿亨瓦尔认为统计学是关于各国基本制度的学问,其研究对象是一个国家显著事项的整体。这里的"国家显著事项"是指一个国家的领土、人口、财政、军事、政治和法律制度等,用这些来说明和比较国家的形势,因此称为国势学。

（二）近代统计学时代

近代统计学时代是从 18 世纪末到 19 世纪末。著名的大数法则、最小平方法、相关与回归分析、指数分析法、时间数列分析法以及正态分布等理论都是这个时期建立和发展起来的。代表学派主要有数理统计学派和社会经济统计学派。

1. 数理统计学派

数理统计学派产生于 19 世纪中叶，创始人是比利时学者阿道夫·凯特勒。他在统计理论上的主要贡献是把概率论引入统计学，从而提出了关于统计学的新概念。凯特勒根据大数定律的原理提出了大量观察法，利用统计观察资料计算和研究社会现象和自然现象的数量规律性，并用于预测未来的情况。他创立大数法则，认为统计学就是数理统计学。

凯特勒开创了应用概率论认识随机现象数量规律性的理论和方法。这个新领域起初没有确定的名称，1867 年德国数学家威特斯坦发表了题为《数理统计学及其在经济学和保险学中的应用》的论文，因而定名为数理统计学。

2. 社会经济统计学派

社会统计学派产生于 19 世纪末期，首创者是德国人克尼斯，主要代表人物有梅尔、恩格尔，认为统计学的研究对象是社会现象，研究方法是大量观察法，提出统计学是一门实质性的社会科学。

（三）现代统计学时代

1907 年，"学生"[戈塞特（W. S. Gosset）的笔名]发表 t 分布的论文，创立了小样本代替大样本理论，利用 t 统计量就可以从大量的产品中只抽取较小的样本完成对全部产品质量的检验和推断。费雪（R. A. Fisher）又对小样本理论进一步研究，给出了 F 统计量、最大似然估计、方差分析等方法和思想，标志着现代统计学的开端。

1930 年，尼曼（J. Neyman）与小皮尔逊（E. S. Pearson）共同对假设检验理论作了系统的研究，创立了"尼曼-皮尔逊"理论，同时尼曼又创立了区间估计理论。

美国统计学家瓦尔德把统计学中的估计和假设理论予以归纳，创立了"决策理论"。这些研究和发现大大充实了现代统计学的内容。

从 20 世纪 50 年代以来，统计理论、方法和应用进入一个全面发展的新阶段。一方面，统计学受计算机科学、信息论、人工智能等现代科学技术的影响，新的研究领域层出不穷，如现代时间序列分析、非参数统计、线性统计模型等。另一方面，统计方法的应用领域不断扩展，几乎所有的科学研究都离不开统计方法。

三、统计学的研究对象及其特性

(一)统计学的研究对象

统计学的研究对象是指统计研究所要认识的客体。它决定着统计科学的研究领域以及相应的研究方法。一般地说,统计学的研究对象是客观事物的数量特征和数量关系,即把社会、自然现象总体的数量特征和数量关系作为自己的研究对象。

客观事物的数量方面是指社会经济现象的规模、水平、结构、速度、比例关系、差别程度、发展速度、平均规模和水平、平均发展速度等。由于事物的质和量是密切联系的,因此,统计学在研究社会现象时,首先从定性研究开始,然后进行定量分析,最后达到认识社会现象的本质、特征或规律。

(二)统计学的研究对象的特性

统计学的研究对象具有如下特性。

1. 数量性

统计学研究对象的数量性,就是通过各种统计指标和指标体系来反映对象总体的规模、水平、速度、比例、效益和趋势等。

数量性是统计学区别于其他经济科学最根本的特点,可以说"数字是统计的语言"。统计学研究的是大量社会经济现象总体的数量方面的特征,包括三个方面:

(1) 社会经济现象的数量多少;
(2) 各种现象之间的数量关系;
(3) 事物质与量互变的界限和规律性。

2. 总体性

统计学研究对象的总体性特点,是由社会经济现象的特点和统计学研究的目的来决定的。由于社会经济现象错综复杂,个别现象所处的时间、地点和条件不同,表现出偶然性和不确定性,难以说明社会经济现象总体的本质和规律。只有以社会经济现象的总体为研究对象,即以构成总体的全部或足够多的单位作为研究对象时,才能消除偶然性因素的影响,防止片面性,从而正确地揭示社会经济现象的本质和规律性。

3. 具体性

统计学研究的对象是社会经济现象中具体事物的数量方面,而不是抽象的数量及其相互关系,这是统计学和数学的重要区别。这是由于社会经济现象中的事物都是具体的,都是在一定的地点、时间、条件下发生的,因此其量的表现就必然带有特定场合和特定历史的痕迹,离开具体地点、时间和条件,是无法说明社会经济现象的本质及其运行规律的。

4. 社会性

统计学通过对社会经济现象总体数量的调查研究,来认识人类社会活动的条件、过程和结果,反映物质资料的占有关系、分配关系、交换关系以及其他的社会关系。统计学研究的社会经济现象与各种利益关系是密切联系的。其定量研究是以定性分析为前提的,而定性分析使统计学在客观上就有了社会关系的内涵。所以,统计学在研究社会经济现象时,就必须注意正确处理好这些涉及人与人之间关系的社会问题。

5. 广泛性

统计学研究的数量方面非常广泛,包括整个社会,它既研究生产关系,也研究生产力以及生产关系和生产力之间的关系;它既研究经济基础,也研究上层建筑以及经济基础和上层建筑之间的关系。此外,还研究生产、流通、分配、消费等社会再生产的全过程以及社会、政治、经济、军事、法律、文化、教育等全部社会现象的数量问题。

四、统计的职能

从统计工作自身活动性质和参与管理的性质来看,统计具有信息职能、咨询职能和监督职能。

(一) 信息职能

信息职能是统计的最基本职能,根据统计的研究对象,运用科学的统计调查方法,灵敏、系统地采集、处理、传递、存贮和提供大量的以数量描述为基本特征的各种各样的信息,从而为公共部门和社会大众的管理和决策提供大量的统计信息。

搜集和提供信息实质上是统计的"生产",或者说其基本职能是"生产",生产的目的是参与管理。统计信息产品(统计资料)要成为现实的产品,就必须参与管理,因为统计工作者本身并不直接参与管理,统计参与管理是指统计的成果——统计工作所提供的各种信息产品参与管理。因此我们可以说生产和提供信息是统计的首要职能。

(二) 咨询职能

统计的咨询职能是统计信息职能的延续和深化。咨询职能是指利用已经掌握的丰富的统计信息资源,运用科学的分析方法和先进的技术手段,深入开展综合分析和专题研究,为科学决策和管理提供各种可供选择的咨询建议和对策方案。

(三) 监督职能

监督职能是指根据统计调查和统计分析的结果,及时、准确地从总体上反映社会、经济、自然和科技的运行状态,并对其实行全面、系统的定量检查、监测和预警,以促使国民经济按照客观规律的要求持续、稳定、协调地发展。

统计的上述三种职能，是相互作用，相辅相成的。搜集和提供信息是统计工作最基本的职能，是保证咨询和监督职能有效发挥的基础和前提。统计的咨询职能是统计信息职能的延续和深化，因为采集信息的目的是应用，要使统计信息能够尽快对科学决策、科学管理和人们的社会实践产生作用，就必须对社会、经济及科技等现象发展的一般数量特征进行统计分析研究，探求它们的内在联系和规律性，从而提出咨询意见。

统计的监督职能是通过统计信息反馈来评价、检验决策方案是否科学、可行，并及时对决策执行过程中出现的偏差提出矫正意见。因而，统计的监督职能是在提供信息、实行咨询职能基础上的进一步拓展。统计监督职能的强化，又必然要对信息与咨询职能提出更高的要求，从而进一步促进统计信息与咨询职能的优化。

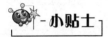小贴士

跨境电商出口商品和通过海淘等方式进口的商品会纳入网上零售额的统计中吗

网上零售额是指通过公共网络交易平台（包括自建网站和第三方平台）实现的商品和服务零售额。网上零售额是销售方统计，如果境内企业开展跨境电商出口商品或通过海淘等方式的进口商品，并在境内互联网上向个人、团体等商品使用者进行销售，所销售商品的金额都会计入网上零售额。但是在境外电商平台开展的商品零售活动不计入我国网上零售额中。

第二节　统计的工作过程和统计研究的基本方法

统计工作是对社会经济进行调查研究以认识其本质和规律性的一种工作，这种调查研究的过程是对客观事物的一种认识过程。

一、统计的工作过程

统计是一项具有广泛群众性和高度集中性的工作。在统一领导下，一项统计任务通常要由许多部门、许多单位密切协作，互相配合，共同完成。一般来说，统计工作有如下几个过程：统计设计—统计调查—统计整理—统计分析等。各部门、各单位，上下左右，一个环节衔接一个环节，形成密集的统计网络。一个单位或个人只从事其中某一环节的工作，但又影响着全过程。

（一）统计设计

统计设计是根据统计研究对象的性质和研究目的，对统计工作的各个方面和各个环节进行通盘考虑和安排。统计设计的结果表现为各种设计方案，如调查方案的设计、整理

方案的设计、统计分析方案的设计等。

根据统计研究客观现象总体的数量方面的特点,统计设计主要是通过统计指标来反映客观现象的数量方面,而统计指标又必须建立在对客观现象进行科学分组的基础上,所以统计指标和统计分组构成统计设计的两个基本要素。

统计设计的主要内容有:统计指标和指标体系的设计、统计分类和统计分组的设计、统计表的设计、统计资料搜集方法的设计、统计工作各个部门和各个阶段的协调与联系、统计力量的组织与安排。

(二) 统计调查

确定了统计指标体系之后,就需要根据统计指标的要求,占有充分的材料,这就是统计资料的搜集阶段,亦即统计调查阶段。统计调查的任务就是根据事先设计的调查方案,搜集被研究现象可靠准确的材料,获得丰富的感性知识,所以这一阶段是认识事物的起点,同时也是进一步进行资料整理和分析的基础环节。

统计调查是根据统计设计的要求,采用各种调查组织形式和调查方法,有组织、有目的地对所研究的对象进行观察、登记,准确、及时、系统、完整地搜集统计原始资料的过程。统计调查阶段所搜集的资料是否客观、全面、系统、及时,直接影响到统计整理的好坏,关系到统计分析结论的正确性,决定着整个统计工作的质量。所以,统计调查是整个统计工作的基础。

(三) 统计整理

通过统计调查搜集来的只是各个调查单位的分散的原始资料。这些大量的、分散的原始资料只能表明各个调查单位的具体情况,并不能说明总体的数量特征。为了了解现象的一般情况,显示总体的数量特征,接下来就是将按规定的统计指标体系调查来的统计资料进行整理。

统计资料整理就是对调查资料加以科学汇总,使它条理化、系统化,以符合研究任务的需要。这一阶段的任务就是检查调查资料,按一定标志进行分组,进行全面的综合汇总,使经过加工的资料便于进一步分析,这一阶段是统计研究的一个中间环节。

(四) 统计分析

统计分析是根据统计研究的目的,运用一系列科学的分析方法对经过加工整理的资料,加以分析研究,以概括现象内在的本质,从而认识现象发展变化的规律和趋势。

这一阶段的任务是对各种分组和总计材料计算各项分析指标,揭示被研究的现象的发展趋势和比例关系,阐明现象和过程的特征和规律性,并根据分析研究做出科学的结论。这一阶段是理性认识阶段,它对统计决策有着重大影响,是统计研究的决定性环节。

(五)统计分析资料的提供与利用

各行各业根据需要有目的地获取统计分析资料,以满足制定方针政策、方案规划的需要,管理各项经济事业和社会事业的需要,以及理论研究的需要等。

二、统计研究的基本方法及其应用

统计研究现象总体的数量特征,所用基本方法都与数量的总体性密切相关,它的数学依据就是大数定律。

(一)大数定律的方法论意义

大数定律又称大数法则,是说明大量的随机现象的平均结果具有稳定性质的法则,即说明如果被研究的总体数量特征是由大量的相互独立的随机变量形成的,每个变量对总体的影响都相对小,那么对大量随机变量加以综合平均的结果是:变量的个别影响相互抵消,而显现出它们共同作用的倾向,使总体数量特征具有稳定的性质。

大数定律正是从数量方面表现了偶然与必然的辩证关系,因而可以通过对大量随机现象的综合概括,以消除偶然性的误差,发现必然性的趋势,认识规律的表现形式。

大数定律对于认识现象规律性的方法论意义,可以归纳如下:

(1)现象的某种总体规律只有当具有这些现象的足够多数的单位汇总综合在一起的时候,才能显示出来。因此只有从大量现象的总体中,才能研究这些现象的规律性。

(2)现象的总体性规律,通常是以平均数的形式表现出来。

(3)所研究的现象总体包含的单位越多,平均数也就越能够正确地反映出这些现象的规律性。

(4)各单位的共同倾向(这些表现为主要的、基本的因素)决定着平均数的水平,而单位对平均数的离差(这些表现为次要的、偶然的因素)则由于足够多数单位的汇总综合的结果,而相互抵消,趋于消失。

统计研究对象,不论自然现象或是社会现象,都具有随机性。这些现象的出现决定于多种多样的原因,既有必然的因素,也有偶然的因素,它们对于各具体单位所起的作用,在程度上,甚至在方向上都可能不同,这就导致同一现象在每个单位的数量表现具有随机性。

统计研究运用大量观察法对总体中全部或是足够多数的单位进行调查,并运用综合指标法对各单位变量加以综合,通过平均化的结果以抵消偶然因素的个别影响,描述现象的典型水平,并进一步推断总体的数量特征,这些都是在大数定律的作用下进行的。

大数定律的作用是帮助我们通过偶然性最终发现必然性,认识现象规律的表现形式,但它并不能说明现象的本质,这又须借助相关实质性学科的知识来解释现象的本质及其内在联系。

（二）统计研究的基本方法

统计学研究对象的性质,决定着统计学的研究方法。而正确的统计研究方法又是完成统计工作任务的重要条件。下面将从总体上介绍统计研究的基本方法,具体的统计方法将在以后各章进行阐述。

1. 大量观察法

大量观察法就是对总体中的全部或足够的多数单位进行观察,以反映总体数量特征的方法。统计研究要运用大量观察法是由统计研究对象的大量性和复杂性决定的。

大量复杂的社会经济现象是在诸多因素综合作用下形成的,个别单位往往受各种偶然因素的影响,使各单位的特征和数量表现有很大差别,所以不能任意抽取个别或少数单位进行观察。

必须在对所研究对象进行定性分析的基础上,确定调查对象和总体范围,并对总体中的所有单位或足够多数单位的变量进行登记和计算,然后把观察得来的个别数量加以整理汇总,计算相应的综合指标,来反映总体现象的数量特征,这就是现象规律性的表现形式。普查、抽样调查、统计报表调查、重点调查等则是大量观察的组织形式。

2. 统计描述法

统计描述是指对通过统计调查而得到的数据进行登记、审核、整理、归类,计算出各种能反映总体数量特征的综合指标,并加以分析,从中抽出有用的信息,用表格或图像把它表示出来。

统计描述是统计研究的基础,它为统计推断、统计咨询、统计决策提供必要的事实依据。统计描述也是对客观事物认识的不断深化的过程。它通过对分散无序的原始资料的整理归纳,运用分组法和综合指标法得到现象总体的数量特征,揭露客观事物内在数量规律性,达到认识的目的。

统计描述法具体包括三种方法。

（1）统计分组法

统计分组法是研究总体内部差异的重要方法,通过统计分组可以研究总体中不同类型的性质以及它们的分布情况,如产业的经济类型及其行业分布情况等。可以研究总体中的构成和比例关系,如三次产业的构成、生产要素的比例等。可以研究总体中现象之间的相关依存关系,如经营规模和利润率间的关系等。

（2）综合指标法

综合指标法是指运用各种统计指标来反映和研究客观总体现象的一般数量特征和数量关系的方法。通过综合指标的计算可以显示出现象在具体时间、地点条件下的总量规模、相对水平、集中趋势、变异程度,并进一步从动态上研究现象的发展趋势和变化规律。

(3)统计模型法

统计模型法是根据一定的理论和假定条件,用数学方程去模拟现实客观现象相互关系的一种研究方法。利用这种方法可以对客观现象和过程中存在的数量关系进行比较完整和近似的描述,凸显所研究的综合指标之间的关系,从而可简化客观存在的复杂的其他关系,以便利用模型对所关心的现象变化进行数量上的评估和预测。

3. 归纳推断法

归纳推断法包括归纳和推断两个方面。

所谓"归纳",是指由个别到一般,由事实到概括的整理、描述方法。统计描述法通过综合指标概括反映总体一般的数量特征,所采用的方法就是归纳法。所谓"推断",是指以一定的逻辑标准,根据局部的、样本的数据来判断总体相应数量特征的归纳推理方法。

在实践中,我们所掌握的只是部分单位的数据或有限单位的数据,而我们所关心的却是整个总体甚至是无限总体的数量特征。这时就需要使用归纳推断法满足我们的需要。要认识这一类总体的数量特征,只能从中抽取一部分单位,根据部分单位的数据推断总体的数量特征。

(三)统计方法的应用

统计学是一门对总体现象数量特征进行定量描述和分析推断的方法论方面的应用科学。因此统计学既是一门方法论科学,又是一门应用科学。

从宏观管理角度看,政府总是关注着当前的经济形势和未来经济发展趋势,为此政府需要进行大量的统计调查和统计分析预测,以了解目前经济发展状况、经济发展的协调情况以及未来变化情况,了解消费价格水平的涨跌情况及由此反映出的通货膨胀(紧缩)情况。劳动者的就业和失业情况等。

从微观管理角度看,企业管理者在作决策时需要用统计方法来归纳分析各种可以获得的统计资料。例如在物流管理过程中经常应用统计方法的有以下几个方面。

1. 财务分析

管理会计和股东报告需要以物流成本和总体收益为基础的经营业绩统计分析。

2. 生产计划

对运输能力、仓储能力与实际需要是否协调,其对企业未来发展的影响,物流规划是否合理,建立现代化物流设施的必要性等进行统计分析。

3. 市场研究

包括市场对物流的需求情况预测,消费者对物流需求偏好及其变化趋势的有关信息的搜集和分析。

4. 物流管理和质量控制

统计分析有助于保证物流标准的实施和物流活动效率的提高。

在人们的日常生活中也经常涉及统计方法的应用问题。任何个人决策的做出都需要有效的统计信息,虽然这些统计信息可能是以一种非常简单粗糙的形式出现的,但这些统计信息都是通过一定的统计方法所取得的。

例如,人们要对生活水平、寿命进行预测,就需要掌握一定的统计信息。学术研究工作者在他们的研究过程中也使用统计方法。各个研究领域,包括经济学、社会学、体育科学以及一些"非数量"学科都用到了统计学。

统计方法应用的广泛性,要求我们在研究统计理论和方法、提供统计资料时,要兼顾各方面的需要和要求。

我国政府统计中有关统计的法规有哪些

政府统计中有关的统计法律有《中华人民共和国统计法》;统计行政法规有《中华人民共和国统计法实施条例》《全国人口普查条例》《全国农业普查条例》《全国经济普查条例》《全国污染源普查条例》等;统计规章有《部门统计调查项目管理办法》《涉外调查管理办法》《统计执法监督检查办法》《统计执法证管理办法》《统计调查证管理办法》《统计违法违纪行为处分规定》等。

第三节　统计中的基本概念

每门科学都有自己特有的基本概念作为该科学的基础。统计总体、总体单位、标志、指标、指标体系、变异、变量等是统计学的基本概念,也是统计研究对象的具体化。熟悉这些概念对于掌握统计学的学科体系具有重要意义。

一、统计总体与总体单位

(一)统计总体

1. 统计总体的含义

统计总体就是根据一定目的确定的所要研究事物的全体,又称全及总体。它是由客观存在的、具有某种共同性质的许多个别事物构成的整体。如要研究全国的运输能力情况,全国铁路、公路、船舶、航空以及管道等所有具有运输能力的企业构成一个总体;又如,在全国的工业普查中,所有的工业企业构成一个总体。

2. 统计总体的分类

统计总体可分为有限总体和无限总体。

(1) 有限总体

有限总体是指总体中的总体单位数可以计数或穷尽的总体。例如检验一批灯泡,求它们的平均耐用寿命,检验的批量即使很大,但灯泡的个数总是有限的,所以我们所观察的灯泡总体是有限的总体。对于有限总体既可以进行全面调查,也可以进行非全面调查。

(2) 无限总体

当总体的构成单位数为无限时,或准确地度量它的单位数是不经济或没有必要的,这样的总体称为无限总体。如在连续生产的生产线上产出的全部零件数,一片树林中生长的林木数,江河湖海中生长的鱼的尾数等。对于无限总体只能抽取一部分单位进行非全面调查,据以推断总体。

3. 统计总体的特征

统计总体具有如下三个基本特征。

(1) 同质性

同质性是指构成统计总体的各单位必须具有某种共同性质,同质性是构成总体的依据。全国铁路、公路、船舶、航空以及管道等所有具有运输能力的企业构成一个总体,这是因为它们具有共同的性质,即它们都是具备运输能力的生产单位,向社会提供运输服务。确定了统计总体后,就可以研究全国运输企业的各种数量特征,例如从业人数、资产规模、运输能力、设备状况、经济效益等。

同质性是相对的,它是根据研究目的而定的,目的不同,确定的总体就不同,同质性的意义也就改变了。例如研究企业职工的工资水平,所有企业的职工构成总体,凡属企业职工都是同质的。

(2) 变异性

变异性也称为差异性,它是指统计总体的各单位除了具备某方面的共同性外,在其他方面必须有不同的表现和差别。例如在运输企业总体中,每个企业除了具有运输能力的共同性质外,其他方面如职工人数、所有制性质、固定资产、销售收入、利润等都是各不相同的。

变异是客观的,没有变异的事物是不存在的。没有变异就没有统计,这是因为如果总体单位之间不存在变异,我们只需要了解一个总体单位的资料就可以推断总体情况了。这种差异是统计研究的前提,统计研究就是要在个别事物的差异中寻找共性,揭示其活动规律。变异性和同质性之间相互联系、相互补充,是辩证统一的关系。

(3) 大量性

大量性是指统计总体中应包括足够多的个别事物或单位,只有个别或少数单位的总体是不存在的。这是因为研究总体数量特征的目的是要揭露现象的规律性,而事物的规律性,特别是社会经济现象的规律性只有在大量现象的汇总综合中才能显示出来。个别单位的现象有很大的偶然性,而大量现象的总体则相对稳定,表现出共同性的倾向,这是现象的必然性。

（二）总体单位

总体单位(简称单位)是组成统计总体的各个个体。总体单位是构成统计总体的基础。从数学角度看问题,如果说总体是集合的概念,而单位则是集合的元素。随着研究目的的不同、总体单位可以是人物、机构等实体单位,也可以是现象、活动过程等非实体单位。例如,要研究全国的交通运输业增加值,全国的交通运输业企业是统计总体,每家运输企业就是总体单位。

统计总体和总体单位的概念也是相对而言的,随着研究目的的不同、统计总体范围不同而相互变化。同一个研究对象,在一种情况下为统计总体,但在另一种情况下又变成了单位。例如,要研究2016年某物流企业的在职职工人数时,该物流企业为总体,每个职工为总体单位,而要研究2016年全国物流企业的在职职工人数时,则全国物流企业为总体,而每一物流企业又成了总体单位。

二、标志与指标

（一）标志

1. 标志的含义

总体中各总体单位所具有的特征称为标志。换句话说,标志是反映总体各单位特征的名称。每个总体单位从不同方面考察都具有许多特征,例如每个工人都具有性别、民族、工种、文化程度、技术等级、年龄、工龄、工资等特征,这些就是工人总体单位的标志。又如每个企业都具有所有制类型、所属行业、资产数量、职工人数、产品产量等特征,这些就是企业总体单位的标志。

所谓特征可以是自然属性,也可以是社会属性,而且都是总体中每单位普遍具有的。如果只是个别单位具有的特殊特征就不能作为总体单位的标志了。总体是由总体单位构成,而总体单位又是标志的承担者。所以,统计研究就是从登记标志状况开始的,并通过对标志的综合,反映总体的特征。所以标志是统计研究的基础。

2. 标志的分类

（1）按是否可以用数值表示分类

标志按是否可以用数值表示可分为品质标志和数量标志两种。

① 品质标志和品质标志表现。品质标志表明单位属性方面的特征,例如工人的性别、设备的种类、企业的经济类型等。一个具体的标志可分为标志名称和标志表现。尽管

总体各单位都有共同的标志名称,但每单位对该标志的具体表现却可能不同,而总体各单位在特定时间、地点、条件下的具体表现正是统计最关心的问题。

品质标志的表现只能用文字、语言来描述。例如性别是品质标志,而标志表现则具体为男性或女性。职业也是品质标志,其标志表现为工人、农民、医生、教师等。经济类型也是品质标志,其标志表现具体为全民所有制、公司制、合伙制等。

② 数量标志和数量标志表现。数量标志表明单位数量方面的特征,例如工人的工龄、工资、企业生产设备的能力、职工人数、产品产值等。数量标志的表现可以用数值来表示。例如工龄是数量标志,其具体表现为多少年。产量也是数量标志,其具体为若干件。

由于数量标志的具体表现为一个数值,因此又称为标志值。如研究某物流企业的从业人数,该企业2018年从业人数共计500人。从业人数属于数量标志,500人是标志值。

(2) 按总体单位在标志上的具体表现是否存在差异分类

按总体单位在标志上的具体表现是否存在差异,标志可分为不变标志和可变标志。

① 不变标志。当一个标志在各个单位的具体表现都相同时,这个标志便称为不变标志。统计总体的同质性决定了总体中至少有一个,或一个以上的不变标志,使各单位结合在一起。如以某省所有的民营物流企业为一总体,这里的各民营物流企业都有所有制这个不变标志。

② 可变标志。可变标志是指具体表现在总体各个单位上不相同或不完全相同的那些标志。一般来说,组成总体的各个总体单位具有许多可变标志。例如,把某省所有的民营物流企业作为一个统计总体,那么厂址、隶属关系、职工人数、资金额、生产能力、工业增加值、工业总产值、劳动生产率、平均工资、利税额等就是这个总体各单位的可变标志。

(二) 指标

1. 指标的含义

统计指标简称指标,是反映统计总体数量特征的名称。统计指标由两项基本要素构成,即指标的名称和指标的取值。指标的名称是对所研究现象本质的抽象概括,也是对总体数量特征的质的规定性。指标的数值是反映所研究现象在具体时间、地点、条件下的规模和水平,它是具体的,不是抽象的。

指标数值必须包括时间状态、空间范围、计量单位、计算方法等构成要素,不能随意变动,同时必须注意由于上述条件的变化而引起数值的可比性问题。统计指标是统计研究对象的具体化,也是统计对客观事物认识过程由质到量、质量结合的起点。

2. 标志与指标的关系

标志和指标,两者既有区别又有联系。

(1) 标志和指标的区别

① 标志是说明总体单位特征的;而指标是说明总体特征的。

② 标志中的数量标志可以用数值表示，品质标志不能用数值表示；而所有的指标都是用数值表示的，不存在不能用数值表示的指标。

③ 标志中的数量标志不一定经过汇总，可以直接取得；而指标是由数量标志汇总得来的。

④ 标志一般不具备时间、地点等条件；而作为一个完整的统计指标，一定要有时间、地点、范围。

（2）标志和指标的联系

① 有些统计指标的数值是从总体单位的数量标志值汇总而来的。既可指总体各单位标志值的总和，也可指总体单位数的总和。例如，河南省 55 家物流企业的营业收入是由该省每家物流企业的营业收入汇总而来的；该省的物流企业数则是由总体单位数汇总而来的。

② 指标和数量标志之间存在着一定的变换关系。由于研究目的的不同，当原来的总体变成为总体单位时，相应的统计指标也就变成数量标志；反之亦然。例如，在研究我国物流企业营业收入时，国内所有物流企业为总体，营业收入为指标，每一家物流企业为总体单位，每一家物流企业的营业收入为数量标志。

数量标志的标志表现为具体数值，对其综合计算结果，可以得到总体单位数统计指标，也可以得到总体标志总量统计指标。例如对物流企业总体每单位营业收入进行汇总，可以得到总体营业收入。由个体过渡到总体，由标志过渡到指标，是人们认识的深化和发展。因为总体单位的标志之间存在着变异，只有通过大量个体标志的综合，在统计指标中才能获得总体单位难以显现的信息，反映出现象本质的属性和特征。

（三）指标体系

单个统计指标只反映总体某一个数量特征，说明现象某一侧面情况。但是客观现象是错综复杂，具有多方面联系的。要反映客观现象的全貌，描述现象发展的全过程，只靠单个统计指标是不够的，应该设立统计指标体系。

统计指标体系是由一系列相互联系的统计指标所组成的有机整体，用以反映所研究现象各方面相互依存、相互制约的关系。

例如，为了反映物流企业经营的全貌，必须设立产量、产值、品种、质量、职工人数、劳动生产率、工资总额、设备、财务成本等指标群，来组成物流企业统计指标体系。其中，总产值（销售收入）、物流业增加值、从业人员、物流业固定资产、物流业货运量、货物周转量、集装箱吞吐量、商品批发额、电子商务营业额、营业成本和费用、管理费用、财务费用等构成物流企业经营统计指标体系。

指标体系的设置不但是客观现象的反映，而且也是人们对客观认识的结果。随着客观形势的发展变化以及实践经验和理论研究的积累，指标体系也将不断改进、更新，渐臻完善。

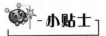# 小贴士

经济地带是如何划分的

目前，统计中所涉及东部、中部、西部和东北地区的具体划分为：

东部10省(市)包括北京、天津、河北、上海、江苏、浙江、福建、山东、广东和海南；中部6省包括山西、安徽、江西、河南、湖北和湖南；西部12省(区、市)包括内蒙古、广西、重庆、四川、贵州、云南、西藏、陕西、甘肃、青海、宁夏和新疆；东北3省包括辽宁、吉林和黑龙江。

三、变异与变量

（一）变异

变异是指总体单位在标志上其表现不尽相同，即总体的差异性。

可变标志的具体表现由一种状态变到另一种状态，统计上称之为变异，所以可变标志也称为变异标志。

在一个总体中不变标志和变异标志各自发挥着重要的作用。一个总体至少要有一个不变标志，才能够使各单位结合成一个总体，例如工人总体中职业的标志是不变的，才能使全体工人结合成一个工人总体，所以不变标志是总体同质性的基础。如果没有不变标志，总体也就不存在。

一个总体同时必须存在变异标志，这表示所研究的现象在各单位之间存在着差异，这才需要统计，例如工人总体中的职业标志是不变的，但又存在工资等变异标志，需要开展统计调查工作，并计算平均工资指标等。如果各工人的工资水平都一样，也就没有必要去统计，也不要用统计方法测度平均工资水平了。由此可见，总体的同质性是研究问题的前提，而总体的变异性则是研究问题的本身。

（二）变量

所谓变量，指的是可变的数量标志。如在工人总体中，年龄、身高、体重、工资收入、运输量等不可能所有单位都一样，因此这些可变的数量标志就是变量；同一总体中数量标志之和构成指标，指标也是变量。

变量的具体取值是变量值，例如某物流公司职工的工资有3 200元、3 500元、3 800元等几种，这3 200元、3 500元、3 800元就是工资这个变量的变量值。

按变量的取值是否连续，有离散型变量和连续型变量之分。

1. 离散型变量

离散型变量是指变量的取值是间断的,相邻两数值之间以整数位断开,它只能取整数。例如人口数、企业个数、车辆台数等。

2. 连续型变量

连续型变量是指其取值是连续不断的,相邻两数值之间可作无限的分割,从理论上说这种变量可以取小数,如总产值、资金、利润等。但在统计实践中,有些连续型变量也取整数,这主要是出于便于核算的需要,如人的年龄等。

第四节 物流企业统计概述

物流企业统计既要为物流企业生产经营决策提供有用信息,也必须承担社会物流统计基础数据的核算与填报工作。物流企业统计任重道远。

一、物流企业与物流企业统计

(一)物流与物流企业

物流活动指的是物流诸功能的实施与管理过程,包括对物品的运输、储存、装卸、包装、流通加工、配送、信息处理等基本功能的实施与管理。物流是一类普遍的经济活动,分布在各行各业,从事物流活动的可以是制造业、商贸企业、运输企业、仓储企业、物流企业、自然人等。

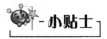小贴士

物流企业及类型

物流企业(logistics enterprise):是指至少从事运输(含运输代理、货物快递)或仓储一种经营业务,并能够按照客户物流需求对运输、储存、装卸、包装、流通加工、配送等基本功能进行组织和管理,具有与自身业务相适应的信息管理系统,实行独立核算、独立承担民事责任的经济组织,非法人物流经济组织可比照适用。物流企业类型:货代型物流企业、配送型物流企业、信息型物流企业、第三方物流企业。

资料来源:https://baike.so.com/doc/5399446-5636949.html

根据物流企业以某项服务功能为主要特征,并向物流服务其他功能延伸的不同状况,国家标准将物流企业划分为运输型物流企业、仓储型物流企业、综合服务型物流企业。

1. 运输型物流企业应具备的条件

运输型物流企业应具备以下条件：

(1) 以从事货物运输业务为主，包括货物快递服务或运输代理服务，具备一定规模；

(2) 可以提供门到门运输、门到站运输、站到门运输、站到站运输服务和其他物流服务；

(3) 企业自有一定数量的运输设备；

(4) 具备网络化信息服务功能，应用信息系统可对运输货物进行状态查询、监控。

2. 仓储型物流企业应具备的条件

仓储型物流企业应具备以下条件：

(1) 以从事仓储业务为主，为客户提供货物储存、保管、中转等仓储服务，具备一定规模；

(2) 企业能为客户提供配送服务以及商品经销、流通加工等其他服务；

(3) 企业自有一定规模的仓储设施、设备，自有或租用必要的货运车辆；

(4) 具备网络化信息服务功能，应用信息系统可对货物进行状态查询、监控。

3. 综合服务型物流企业应具备的条件

综合服务型物流企业应具备以下条件：

(1) 从事多种物流服务业务，可以为客户提供运输、货运代理、仓储、配送等多种物流服务，具备一定规模；

(2) 根据客户的需求，为客户制定整合物流资源的运作方案，为客户提供契约性的综合物流服务；

(3) 按照业务要求，企业自有或租用必要的运输设备、仓储设施及设备；

(4) 企业具有覆盖一定营运范围的货物集散、分拨网络；

(5) 企业配备专门的机构和人员，建立完备的客户服务体系，能及时、有效地提供客户服务；

(6) 具备网络化信息服务功能，应用信息系统可对物流服务全过程进行状态查询和监控。

需要强调的是，物流企业国家标准特别突出了现代物流企业的物流管理与物流服务的本质要求，无论是从事运输活动的企业还是从事仓储活动的企业，若缺乏物流的延伸服务，不能满足客户的物流需求，不符合物流企业国家标准中"运输型物流企业"、"仓储型物流企业"的内涵规定，只能是单纯的运输企业或仓储企业，而不是运输型物流企业或仓储型物流企业。

（二）物流企业统计

在市场经济条件下，物流企业独立经营，分散决策，接受市场调节。物流企业经济运行的最终目标是企业价值最大化。而最终目标需要通过分解，才能落实到各生产经营环节、各生产经营部门。最终目标的分解有利于信息的及时反馈、经营管理的正确决策、操作失误的及时纠正等。因此,物流企业需要有大量的与目标制定与实施相关的统计信息以及统计方法为其服务。

在市场经济条件下,物流企业经营管理需要的信息,主要来自市场与物流企业内部两个方面。而对市场信息和物流企业内部信息的采集、处理、分析、传输等则须由物流企业统计来承担。同时,也只有借助于科学的统计方法才能描述与推断纷繁复杂的市场状况,也就是说,只有建立完善的统计信息系统,才能满足物流企业对生产经营信息的需求。

物流企业统计工作是一项调查研究活动。物流企业统计是指在科学理论的指导下,运用统计方法,根据所收集整理的统计资料,对物流企业的经济活动条件、过程、生产经营成果以及物流企业其他有关情况,进行分析研究,掌握情况,揭露矛盾,找出原因,提出解决矛盾的方法,从而达到对事物本质及各有关经济规律的认识。

物流企业统计工作的全过程同样包括统计设计、统计调查、统计整理、统计分析和统计资料的提供与利用五个阶段。

(三)物流企业统计的地位和作用

1. 物流企业统计的地位

物流企业统计,在现代物流企业管理中具有举足轻重的地位和作用。社会经济、环境的发展变化,影响、制约着物流企业的生产经营活动。

国际形势、社会变动、政府的方针政策、经济动向、市场状况等,都会对物流企业发生直接或间接的影响。因此,物流企业必须使自己的活动与社会经济活动协调吻合,紧密衔接,以适应环境的要求和变化,并对整个社会经济体系起积极的推动作用。

扩展阅读1-1

2018年10月中国采购经理指数(PMI)解读

物流企业管理是指对物流企业的经济活动施行的管理。具体来说,是指根据商品流通的客观规律要求,合理地组织人、财、物、信息等因素,对物流企业生产经营活动进行计划、组织、指挥、协调、控制、激励和监督,以求用最少的消耗,实现既定的经营目标,取得最好的经济效益。

物流企业管理是微观经济活动的重要组成部分。用科学的方法进行物流企业管理，可以保证物流企业生产经营活动顺利进行，实现其既定目标，在市场经济竞争中立于不败之地。物流企业统计是现代化物流企业管理的一个重要基础，现代物流企业管理离不开统计。物流企业统计可以为企业决策者提供生产经营管理所需的数据信息，并利用这些数据信息资源深层次、多领域地展开企业经济活动的综合分析和专题研究，为企业经营管理决策服务。

2. 物流企业统计的作用

物流企业统计的作用具体如下。

（1）企业的生产经营活动是以信息为先导的，经营信息是物流企业决策的依据，物流企业可根据它做出配置资源、调整结构、开拓市场等管理举措。统计数据是企业经营信息的重要组成部分，企业经营信息的收集需要依托统计调查方法。

（2）物流企业要想在竞争中取胜，就必须了解市场，了解物流服务市场的需求量与供应量。物流市场需求量的预测需要利用统计方法建立预测模型、检验预测结果，并对物流市场需求量做出预测报告。

（3）物流企业投资决策需要利用统计方法对各种备选方案做出风险估计。

（4）对物流企业的经营状况进行综合评价，有助于物流企业挖掘自身潜力，提高经济效益；有助于物流企业完善和提高自身的管理水平。对物流企业的综合评价必须建立在科学合理的统计指标体系基础之上。

物流企业管理必须以物流企业统计为依托，而物流企业统计的工作领域就是物流企业管理的对象——市场经济中的物流企业生产经营行为。市场竞争中的大量不确定因素只有依靠物流企业统计去发现规律，从而使物流企业管理建立在对市场经济正确认识的基础之上，物流企业管理的科学性、有效性才能充分发挥，现代物流企业制度改革的目标才能得以实现。物流企业离不开统计，统计为现代物流企业管理服务。

二、物流企业统计的研究对象与职能

（一）物流企业统计的研究对象

物流企业统计的研究对象是物流企业在一定时间、地点、条件下的生产经营活动的数量方面，包括物流企业生产经营活动的数量表现、数量界限和数量关系。通过对物流企业生产经营活动数量方面的研究，来揭示物流企业的生产经营状况、相互联系状况、变动的规律和发展的趋势。

研究物流企业生产经营活动的数量方面，具体来说就是用科学的统计方法去搜集、整理、分析物流企业生产经营活动的实际数据，并通过统计所特有的统计指标和统计指标体系，表明物流企业生产经营的规模、水平、发展速度、比例和经济效益等。

(二) 物流企业统计的职能

物流企业统计的服务对象分别为物流企业的投资者、决策管理层、主管部门和政府统计机构等。因此,物流企业统计的职能具体化为信息职能、咨询职能和监督职能,其中信息职能是物流企业统计的最根本的职能。

1. 物流企业统计的信息职能

物流企业的生产经营活动是以信息为先导的。在市场经济条件下,社会经济是一个非常复杂庞大的开放式动态系统,企业决策者的正确决策必须建立在准确、及时、全面的统计信息基础之上。物流企业统计的信息职能就是要求物流企业统计能及时地、系统地采集、整理、筛选、输入、处理、编辑、传递、存储、输出与物流企业经济活动相关的统计数据,形成完备的物流企业统计数据库,发挥物流企业统计信息的主导作用。

物流企业属服务性行业,它专为有物流需求的客户提供物流服务。物流企业要想在竞争中取胜,就必须了解市场,了解自己,了解竞争对手的有关情况,只有做到知己知彼,才能百战不殆。因此,物流企业除必须掌握本企业的内部生产条件信息和生产经营活动的投入产出信息外,还必须对企业的外部市场环境进行调查分析,掌握丰富的市场信息,才能做出正确的生产经营决策。而且,物流企业的经营状况也必然依靠信息流反馈给物流企业决策管理人员和业主,以便决策者及时调整物流企业生产经营活动中出现的偏差,保证物流企业生产经营最终目标的实现。

物流企业统计的信息职能具体包括:

(1) 搜集、整理、提供、积累本企业生产经营所需要的外部市场环境信息。

(2) 搜集、整理、提供、积累本企业的内部生产条件信息。

(3) 搜集、整理、提供、积累本企业生产经营活动的投入产出信息。

(4) 按统计法的规定,向上级主管部门和政府统计机构提供本企业生产经营的有关信息。

2. 物流企业统计的咨询职能

物流企业统计的咨询职能就是要求物流企业统计能充分利用已掌握的丰富的统计信息资源,运用科学的分析方法和先进的技术手段,深层次、多领域地开展统计分析和专题研究,并在统计的专题分析和综合研究中,在广泛研究政策、市场、企业自身的基础上,就物流企业生产经营的众多问题做出预测和置信估计,为物流企业的各种决策提供备选方案。物流企业统计的咨询职能具体包括:

(1) 根据已掌握的信息,对企业面临的机遇和有可能出现的危机做出判断,为领导的重大决策提供重要依据。

(2) 及时圆满地完成决策层交办的统计专题研究课题。

(3) 主动对企业生产经营过程中的一些敏感问题、重要问题进行专题研究,为决策者提供咨询建议和对策方案。

3. 物流企业统计的监督职能

物流企业统计的监督职能是指物流企业统计根据统计调查获取的信息和统计分析的结果,全面、及时、准确地反映物流企业生产经营活动状况,并对其实施全面、系统的定量检查,对其进行监测和预警,以便物流企业决策管理层及时调控,保障物流企业生产经营最终目标的顺利实现。

物流企业统计的监督职能具体包括:

(1) 为物流企业生产经营的实时调控服务。

(2) 为物流企业生产经营的定期调控服务。

(3) 按统计法的规定接受政府统计调查,执行上报统计资料义务,为政府宏观监控服务。

在物流统计的三大职能中,信息职能是基础,是保证咨询职能和监督职能得以有效发挥的基本前提;咨询职能,是信息职能的延续和深化;监督职能则是在信息职能、咨询职能基础上的进一步拓展,是通过信息反馈来评判、检验决策方案是否科学、可行,并及时对决策执行过程中出现的偏差提出矫正意见,以保障企业生产经营最终目标的实现。因此,物流企业统计最根本的职能是信息职能。

随着我国融入经济全球化以及对外开放程度的不断提高,我国物流企业在面临机遇的同时,也面临着国内、国外两个市场的激烈竞争。针对物流企业所面临的新形势,物流企业统计应充分发挥其"信息、咨询、监督"职能,在认真填报政府统计机构、上级主管部门等合法统计报表的同时,积极为本企业生产经营管理服务。

物流企业统计应为企业决策者提供生产经营管理所需的数据信息,并利用这些数据信息资源深层次、多领域地展开企业经济活动的综合分析和专题研究,为企业经营管理决策服务。

三、物流企业统计的内容

物流企业统计属企业经济统计范畴。物流企业统计的内容取决于企业所处的环境、企业的规模、企业的生产性质、企业制度以及业务范围。物流企业统计的主要内容有以下几点。

(一) 物流企业外部环境统计

物流企业的外部环境是指企业生产经营的外部条件,可以细分为自然环境和社会经济环境、国内环境和国际环境。因此,企业所面对的企业外部环境包括:政府宏观政策环境,有关的国际公约、协定环境,供应(物资资源与服务)、劳动力、技术、资金、信息、产出(产品或劳务)等市场环境。

(二) 企业内部条件统计

企业内部条件是指企业生产经营已拥有的要素水平和产出水平,包括人、财、物、信息等各个方面。企业内部条件统计主要包括企业投入统计和企业产出统计。然而,随着外部环境的变化和内部条件的变化,统计范围也必须予以扩充。例如企业凝聚力统计、人才创造力统计、资金筹集力统计、资金增值力统计、设备科技水准统计等,都必须逐步地加以统计。

1. 企业投入统计

从投入来看,物流企业的投入是生产三要素——劳动力、劳动对象和劳动资料的投入,研究其投入数量关系的则为相应的劳动力统计、劳动对象统计以及劳动资料统计;研究其综合投入的则为物流成本统计。

物流企业投入统计自下而上有三个层次:第一层次是物流服务(主营业务)的投入统计;第二层次是兼营业务投入统计;第三层次是物流企业总的投入统计。

2. 企业产出统计

从产出来看,物流企业就其主营业务产出统计而言,产出统计包括产出数量、产出质量、资金的收入与盈利统计,涉及数量、结构、计划完成、合同履行、实物量、价值量、服务质量、工作质量、均衡产出、过程控制等分支统计。

(三)物流企业经济效益统计

在市场经济条件下,企业应以利润为中心,以尽可能少的投入,取得尽可能大的产出。因此,以投入产出相比较的经济效益统计在物流企业统计中占有十分重要的地位。

四、物流企业统计资料的分析方法

统计分析是指就经过统计整理后的系统数据作进一步的研究,使统计信息量倍增,能反映企业经营的实际状况,并从中找出企业所关心问题的变化规律。常用的统计分析方法有以下几种。

(一)描述统计分析方法

1. 基本特征指标计算法

基本特征指标计算法:一是指将同一时期或同一时间、同一现象、同一总体不同总体单位的横截面数据进行整理,计算平均指标和标志变异指标、静态相对数指标,包括算术平均数、调和平均数、几何平均数、众数、中位数、全距、标准差、标准差系数、计划完成相对数、结构相对数、比例相对数、比较相对数和强度相对数。在上述统计指标中,结构相对数、算术平均数、标准差特别重要,因为它们是研究变量概率、数学期望、方差的基础。二是将不同时期或不同时点的同一现象、同一总体,同一总体单位的纵列面的数据予以计算,求出序时平均数、增长量、平均增长量、年距增长量、发展速度、平均发展速度、增长速度、平均增长速度等。

2. 图示法

图示法是将统计数据以图形的方式加以表示。横截面的数字可以用饼形图、直方图、频数(频率)图、累计频数(频率)图等表示,以反映变量的静态分布特征;纵列面的数据可以应用曲线图、K线图、柱状图、点状图等表示,以反映变量的动态变化趋势。

3. 指数分析法

可利用总量指标指数体系和总平均指标指数体系等研究多因素构成的复杂现象,分析各因素的变动对总量指标或总平均指标的影响方向和影响程度。

(二) 统计推断分析方法

推断技术是统计的一个重要方法,充分体现了统计预测的科学性和重要性。常见的推断方法有以下几种。

1. 抽样估计法

抽样调查是依据样本和总体的关系,根据随机原则在全及总体中抽取样本单位,利用样本指标数值对总体数值做出推断、比较(包括大样本统计推断和小样本统计推断技术),最后再用假设检验、方差分析等方法对估计予以确认。

2. 时间序列分析法

当数据积累相当一段时间后,就可选用序时平均法、移动平均法、指数平滑法、季节变动法、长期趋势模拟法、时间序列分解法等方法对其进行研究,以揭示过去和现在的运行规律,估计将来的变化趋势。

3. 相关回归分析法

当各种数据积累相当丰富后,就可进行相关回归分析,以研究变量之间相互关系的形式和密切程度。包括绘制散点图,进行单相关、复相关分析;一元回归、多元回归、线性回归、非线性回归、逐步回归、自回归、滞后变量回归拟合等。

五、物流企业统计的职责

物流企业统计机构是物流企业统计职能和任务得以实现和完成的必要条件,其设置既要与企业的组织机制相匹配,又要把切实履行统计职能和完成统计任务作为第一宗旨。物流企业可根据自己企业的规模和性质来设置统计机构。

在大型物流企业中,一般设置四至五级统计机构或岗位,它们分别是综合统计、专业统计、事业部统计、营业部统计、班组统计等。

(一) 综合统计部门的职责

综合统计部门是物流企业统计的核心机构,是物流企业统计业务活动的最高组织者和管理者,它必须配备熟悉物流企业业务范围、精通管理技能的统计高级专门人才出任物流企业统计负责人,并配备若干名统计专业和计算机专业人才。其职责是:

1. 设置物流企业统计工作网络

物流企业统计工作网络是由物流企业统计工作的所有节点和统计数据上溯、反馈的分支路径构成的。物流企业综合统计部门必须根据物流企业生产经营范围和管理的需要设置主营、附营分支和各专业领域的不同层次的统计工作机构或岗位,并制定相应的工作规程和职责范围。

物流企业综合统计部门,借此网络实施领导、组织、协调、控制物流企业统计工作。

2. 确定统计工作内容

物流企业综合统计部门工作的内容十分广泛、繁杂。其主要内容如下:

一是建立健全原始记录、统计台账、物流企业内部报表制度等基本工作,包括建立完善物流企业统计指标体系、搜集信息、确定统计调查方法、填报各种报表、内部报表体系的审核、颁发日常统计工作规程、确保统计质量。

二是设计科学、合理、经济的市场调查、市场预测、投资决策、经营控制、综合评价的统计方法。

3. 履行职责

履行对企业最高决策层直接负责的职责,以及遵守统计法、履行向上级主管部门报送统计资料的义务。

对物流企业内部,综合统计部门的职责为:一是按时向决策层提供各种统计报表,如日报、周报、月报、季报、半年报和年报等;二是收集并储存各种有关信息,随时满足决策层的随机查询与检索要求;三是收集并掌握企业生产经营的活动热点和难点问题,及时提出对策,供决策层参考;四是严格企业统计数据管理,切实执行数出一门制度,保证统计数据的统一性和准确性。

对物流企业外部,综合统计部门的职责主要是认真填报政府统计机构、上级主管部门的报表以及协作单位之间相互提供的报表。要保证统计报表的真实性,并按时上报。

4. 提高企业统计人员素质

统计人员素质直接影响物流企业统计工作水平,因此,要经常向各层次统计工作人员和管理人员进行现代统计知识的培训,提高统计工作人员的业务水平和管理人员的认知水平,以增强物流企业的竞争能力和延伸物流企业统计的业务领域。

5. 建立物流企业经济信息中心

建立统计实时数据库和历史数据库,以计算机联网装备统计工作网络,实现统计工作现代化。同时,开发统计软件,以微机为工具,对统计资料进行深加工,提高统计资料的质量与数量。

(二)专业统计部门或岗位的职责

物流企业的专业统计部门或岗位是设置在企业职能部门内,专门从事职能部门管理领域统计工作的机构或岗位。物流企业专业统计一般分列为生产(经营)、质量、劳动人事、物资、能源、设备、供销、财务成本、技改措施、安全环保、技术开发、生活管理等部门的统计工作,在这些部门中应设专职统计人员或兼职统计人员,其职责范围主要根据本部门的业务范围来确定,主要包括以下内容:

(1) 搜集、积累本专业领域数据资料,并进行加工整理,登录台账。
(2) 执行本部门领导和综合统计部门下达的企业内部报表制度和统计任务。
(3) 填制各种专业报表,报送综合统计部门报出或经综合统计部门审核后自报上级对口专业职能部门。
(4) 开展专业领域统计分析。
(5) 指导、监督下级对口专业统计。

(三)基层单位统计部门或岗位的职责

物流企业的基层单位是指隶属于物流企业,并直接从事生产或营业的非独立法人机构及其以下的各种组织,例如营业部、车间、班组等。这些单位必须根据需要设置统计岗位。由于这些单位是最基层部门,它应由熟悉本单位生产或业务的经济管理类或工程技术类专业人才专任或兼任。其职责主要包括:

(1) 搜集、积累本单位生产或业务范围的数据资料,并进行加工整理,登录台账,编制本单位内部报表。
(2) 开展本单位统计分析,配合本单位领导实施管理。
(3) 填制上一层次下达的各种内部报表,并按统计工作网络分别逐层上报。

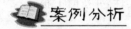
案例分析

2017年我国工业、批发和零售业企业物流情况

一、调查样本概况

本次调查共收到1417家企业资料,其中工业企业659家,占47%;批发和零售业企业88家,占6%;物流企业670家,占47%。

2016年工业、批发和零售业企业物流成本同比增长3.7%,上年为下降1.2%,物流成本增速虽由下降转为增长但仍保持低速增长,延续了近年来总体回落的走势。其中,运输成本由比上年下降0.3%转为增长4.8%;保管成本由下降3.1%转为增长2.0%;管理成本增长4.8%,增速提高4.1个百分点。

在保管成本中,仓储成本由下降1.0%转为3.6%;利息成本下降7.1%,降幅提高6.1个百分点;配送及流通加工包装成本、信息及相关服务成本有所增长,分别增长6.0%和7.8%。

二、工业、批发和零售业企业物流情况

2016年,随着供给侧结构性改革的推进,工业、商贸领域重点改革任务取得积极进展,物流成本稳中趋缓,物流专业化维持较高水平,物流费用率连续四年有所下降。

(一)企业物流成本缓中趋稳

2016年工业、批发和零售业企业运输成本占企业物流成本的47.6%,按可比口径计算,比上年提高0.2个百分点;保管成本占36.8%,下降0.6个百分点;管理成本占15.6%,提高0.2个百分点。

(二)行业物流效率持续改善

2016年被调查企业物流效率持续改善,物流费用率延续了下降走势,但各行业水平仍存在较大差异。

企业物流费用率下降。2016年工业、批发和零售业企业物流费用率(物流费用占销售额的比重)为8.1%,比上年下降0.1个百分点。其中,工业企业物流费用率为8.6%,下降0.1个百分点;批发和零售业企业物流费用率为7.4%,下降0.2个百分点。整体上看,我国工业、批发和零售业企业物流费用率延续近年来的回落走势,但回落幅度有所趋缓。

各行业物流费用率涨跌不一。近年来,工业、批发和零售各行业物流费用率差异较大,工业企业总体高于批发和零售企业。从2016年看,有以下两个方面特点:

① 大宗商品行业物流费用率明显趋缓,但仍处于较高水平。在工业行业中,造纸及纸制品业、非金属矿物制品业、农副食品加工业、黑色金属冶炼及压延加工业的物流费用率较高,大宗商品行业合计物流费用率为11.6%,比上年下降0.5个百分点。2016年虽有所回落但仍高于工业企业平均水平。

② 汽车、医药等高附加行业物流费用率小幅回升。在工业行业中,医药制造业、汽车制造业等高附加值产业物流费用率小幅回升,比上年分别提高0.3和0.4个百分点,一方面近年医药冷链行业物流设施设备投入增加,另一方面,921治超等新政出台,对汽车物流特别是运输成本产生一定影响。综合来看,高附加产业物流费用率短期虽有所回升,但仍低于工业企业平均水平。

(三)物流专业化、社会化仍是主流

近年来,工业、批发和零售企业物流专业化水平总体趋升,2016年仍维持较高水平,工业、批发和零售业企业对外支付的物流成本占企业物流成本的65.3%,同比回落0.1个百分点,占比近七成是行业物流发展的趋势。

运输物流外包比例稳中有升。其中,特别是运输外包比率持续提升。2016年工业、批发和零售业企业委托代理货运量比上年增长7.9%,占货运量的83.0%。企业物流过

程中,运输量外包比例持续提高,同比提高2.4个百分点。

行业仓储物流向社会化转型。2016年工业、批发和零售业企业平均仓储面积为3.4万平方米,比上年下降24%,连续两年有所回落。企业平均仓储面积的连续回落表明企业仓储自我管理占比有所减少,也反映出当前产业组织模式的转变,仓储物流社会化程度提升,企业内部和企业之间的组织更趋协同。

在企业仓储面积中,自有仓储面积平均为1.7万平方米,比上年下降5.5%;租用仓储面积平均为1.8万平方米,下降33%。租用仓储面积占比连续两年小幅回落,但仍超过五成,为51.2%,下降8.3个百分点。

资料来源:摘自http://master.10jqka.com.cn/20171206/c601926984.shtml

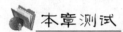
本章测试

一、单项选择题

1. 统计总体的基本特征是(　　)。
   A. 同质性、大量性、差异性　　　B. 数量性、大量性、差异性
   C. 数量性、综合性、具体性　　　D. 同质性、大量性、可比性

2. 下列属于品质标志的是(　　)。
   A. 工人年龄　　　　　　　　　　B. 工人性别
   C. 工人体重　　　　　　　　　　D. 工人工资等级

3. 下列总体中,属于无限总体的是(　　)。
   A. 全国人口总数　　　　　　　　B. 水塘中的鱼
   C. 城市年流动人口数　　　　　　D. 工业中连续大量生产的产品产量

4. 物流管理1641班学生物流学考试成绩分别为80分、95分、76分和92分。这四个数字是(　　)。
   A. 标志　　　　B. 指标　　　　C. 标志值　　　　D. 变量

5. 调查吉林工程技术师范学院5 000名学生学习成绩,则总体单位是(　　)。
   A. 5 000名学生　　　　　　　　　B. 5 000名学生的学习成绩
   C. 每一名学生　　　　　　　　　D. 每一名学生的学习成绩

6. 要了解某企业职工文化程度,其统计总体是(　　)。
   A. 该企业全部职工　　　　　　　B. 该企业每一名职工
   C. 该企业每一名职工的文化程度　D. 该企业全部职工的平均文化程度

7. 工业企业的设备台数、产品产值(　　)。
   A. 都是连续变量　　　　　　　　B. 都是离散变量
   C. 前者是连续变量,后者是离散变量　D. 前者是离散变量,后者是连续变量

8. "统计"一词的基本含义是（　　）。
　　A. 统计调查、统计整理、统计分析　　B. 统计设计、统计分组、统计计算
　　C. 统计方法、统计预测、统计分析　　D. 统计科学、统计工作、统计资料
9. 标志是说明（　　）。
　　A. 总体单位量的特征的名称　　B. 总体质的特征的名称
　　C. 总体单位特征的名称　　D. 总体量的特征的名称
10. 变量是（　　）。
　　A. 可变的质量指标　　B. 可变的数量标志
　　C. 可变的品质标志　　D. 可变的数量指标和标志

二、判断题
1. 在全国工业普查中，全国所有工业企业是统计总体，每个工业企业是总体单位。（　　）
2. 总体和总体单位是永远不变的。（　　）
3. 数量指标是数值形式，质量指标不是数值形式。（　　）
4. 对某校学生的身高进行调查，则学生的身高是离散型变量。（　　）
5. 质量指标通常是以相对数和绝对数的形式表现。（　　）
6. 职工的年龄是品质标志。（　　）

三、简答题
1. "统计"一词有哪几种含义？它们之间是怎样的关系？
2. 简述统计的工作过程。
3. 怎样理解统计总体的同质性和变异性？
4. 什么是标志？试举例说明标志和标志表现的区别和联系。
5. 什么是统计指标？构成统计指标必须具备哪些要素？
6. 统计指标和标志的关系如何？
7. 简述物流企业统计三大职能之间的相互关系。
8. 简述物流企业统计常用的分析方法。

扩展阅读1-2

2018智慧物流企业100强　中国智慧物流企业排行榜

物流企业市场调查与预测方法

📝 **本章导读**

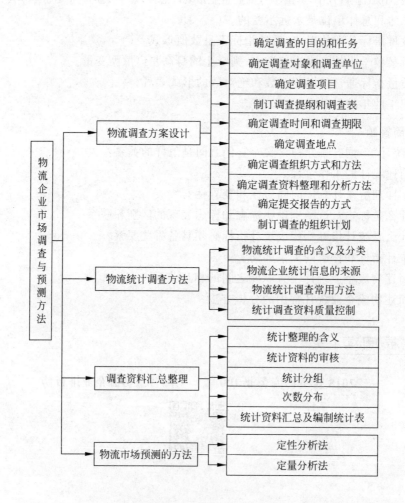

知识目标

- 了解统计调查的含义、统计整理的含义、次数分布;
- 了解统计调查种类、统计分组、累计频数和累计频率;
- 掌握调查方案设计的内容;
- 掌握普查、重点调查、典型调查和抽样调查的含义;
- 掌握变量分布数列的编制、统计表。

技能目标

- 能够应用各种统计调查方法,熟悉调查方案涵盖的内容。
- 准确理解统计报表的含义以及适用性。
- 根据实际案例,确定调查目的,及时搜集调查资料,正确采用调查方法。

案例导入

2017年我国物流行业的发展态势分析

现代物流已经发展成包括合同物流(第三方物流)、地面运输(公路和铁路系统提供的物流)、快递及包裹、货运代理、第四方物流、分销公司在内的庞大体系。中国物流业市场规模位居全球第一,美国位列其次。预计未来几年,全球物流业仍将快速发展。目前,现代物流行业的发展趋势是从基础物流、综合物流逐渐向供应链管理发展。供应链概念是传统物流理念的升级,将物流划为供应链的一部分,综合考虑整体供应链条的效率和成本。供应链是生产及流通过程中,涉及将产品或服务提供给最终用户活动的上游与下游企业,所形成的网链结构。

现代物流业作为国民经济基础产业,融合了道路运输业、仓储业和信息业等多个产业,涉及领域广,吸纳就业人数多。现代物流业的发展可以推动产业结构调整升级,其发展程度成为衡量综合国力的重要标志之一。物流行业规模与经济增长速度具有直接关系,近十几年的物流行业快速发展主要得益于国内经济的增长,但是与发达国家物流发展水平相比,我国物流业尚处于发展期向成熟期过渡的阶段。

一方面物流企业资产重组和资源整合步伐进一步加快,形成了一批所有制多元化、服务网络化和管理现代化的物流企业;一方面物流市场结构不断优化,以"互联网+"带动的物流新业态增长较快;另一方面,社会物流总费用与GDP的比率逐渐下降,物流产业转型升级态势明显,物流运行质量和效率有所提升。但是,我国社会物流总费用占GDP

比重一直远高于发达国家，2016年中国该比例为14.9%，美国、日本、德国均不到10%，因此我国物流产业发展还有较大空间。2010—2017年，全国社会物流总额从125.4万亿元攀升至252.8万亿元，实现10.53%的年均复合增长率，社会物流需求总体上呈增长态势。

2017年，全国社会物流总额252.8万亿元。从构成上看，工业品物流总额234.5万亿元，按可比价格计算，比上年增长6.6%；进口货物物流总额12.5万亿元，增长8.7%；农产品物流总额3.7万亿元，增长3.9%；再生资源物流总额1.1万亿元，下降1.9%；单位与居民物品物流总额1.0万亿元，增长29.9%。我国社会物流总额逐步扩张的同时，现代物流产业的发展速度和专业化程度不断提升，我国社会物流效率有所改进，物流市场环境不断转好。行业内普遍以全社会物流总费用占GDP的比例来评价整个经济体的物流效率，社会物流总费用占GDP的比例越低，代表该经济体物流效率越高，物流产业越发达。

2010—2017年间，全国社会物流总费用从7.1万亿元上升到12.1万亿元，年复合增长率为7.91%，体现出我国物流行业在需求旺盛的情况下，物流总费用规模也不断扩大。在此期间，全国物流总费用与GDP的比例从17.8%下降至14.6%，物流效率总体有所提升，但是与发达国家的物流效率水平相比，还存在较大改进空间。

资料来源：http://www.chyxx.com/industry/201804/627420.html

引例思考

(1) 物流行业对社会经济发展具有哪些作用？

(2) 如何开展社会物流调查？社会物流与GDP间的关系是啥样的？

第一节 物流调查方案设计

物流调查是一项复杂而细致的工作，在调查工作开始之前，需要事先设计出一套切实可行、科学合理的调查方案以用于指导整个调查工作的顺利开展。

物流统计调查方案是物流统计调查前所制订的实施计划，是全部调查过程的指导性文件，是调查工作有计划、有组织、有系统进行的保证。统计调查方案应确定的内容有：调查目的与任务、调查对象与调查单位、调查项目与调查表、调查时间和调查时限、调查的组织实施计划。

调查总体方案是否科学、可行，是整个调查成败的关键。市场调查总体方案设计主要包括下述几个内容。

一、确定调查的目的和任务

确定调查的目的和任务，是调查方案中首先要明确的问题。对于同一总体，调查目的和任务不同，调查的内容和范围也就不同，就要采用相应的调查方法。如果目的不明确，任务不清楚,就无法确定向谁做调查,调查什么,以及用什么方法去进行调查。其结果不仅浪费了人力、物力、财力,同时,由于搜集的资料不适宜,还将导致整个统计工作的延误。

调查目的是指所要达到的具体目标,它所回答的是为什么调查,要解决什么样的问题,通过调查获得什么样的数据资料,取得这些资料具有什么样的经济意义等。这些问题明确之后,我们才能确定向谁做调查,调查什么,以及用什么方法去进行调查。一个调查方案的设计是否合理,主要看调查方案的设计能否体现调查的目的和要求,并且看是否符合客观实际。

二、确定调查对象和调查单位

明确了调查目的之后,就要确定调查对象和调查单位,这主要是为了解决向谁调查和由谁来具体提供资料的问题。调查对象就是根据调查目的、任务确定的调查的范围以及所要调查的总体,它是由某些性质上相同的许多调查单位所组成的。

调查单位就是所要调查的社会经济现象总体中的个体,即调查对象中的具体单位,它是调查中要调查登记的各个调查项目的承担者。例如,为了研究某市各物流运输公司的经营情况及存在的问题,需要对全市物流运输公司进行全面调查,那么,该市所有物流运输公司就是调查对象,每一个物流运输公司就是调查单位。

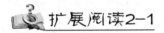

确定调查对象和调查单位时应注意的问题

三、确定调查项目

调查项目是指对调查单位所要调查的主要内容,确定调查项目就是要明确向被调查者了解些什么问题。调查项目一般就是调查单位的各个标志的名称,是由调查对象的性质、调查目的和任务所决定的,包括调查单位所须登记的标志及其他有关情况。

在确定调查项目时,除要考虑调查目的和调查对象的特点外,还要注意以下问题:

(1)确定的调查项目应当既是调查任务所需,又是能够取得答案的。凡是调查目的需要又可以取得的调查项目要充分满足。

(2)项目的表达必须明确,要使答案具有确定的表示形式,如数字式、是否式或文字式等。否则,会使被调查者产生不同理解而做出不同的答案,造成汇总时的困难。

（3）确定调查项目应尽可能做到项目之间相互关联，使取得的资料相互对照，以便了解现象发生变化的原因、条件和后果，便于检查答案的准确性。

（4）调查项目的含义要明确、肯定，必要时可附以调查项目解释。

四、制订调查提纲和调查表

当调查项目确定后，可将调查项目科学地分类、排列，构成调查提纲或调查表，方便调查登记和汇总。

调查表一般由表头、表体和表脚三个部分组成。

表头包括调查表的名称、调查单位（或填报单位）的名称、性质和隶属关系等。表头上填写的内容一般不作统计分析之用，但它是核实和复查调查单位的依据。

表体包括调查项目、栏号和计量单位等，它是调查表的主要部分。

表脚包括调查者或填报人的签名和调查日期等，其目的是明确责任，一旦发现问题，便于查寻。

调查表可分为单一表和一览表两种形式，分别如表 2-1 和表 2-2 所示。

表 2-1　某市仓库基本情况调查表

仓库名称_____　主管部门所在区县_____

项　目	单位	代号	数量	项　目	单位	代号	数量
一、仓库基本情况	M2	100		二、仓储设施			
仓储面积	M2	101		技术装备		106	
库房面积	M2	102		叉车	台	107	
露天货场	M2	103		起重机	台	108	
自动化立体库房	M2	105		分拣设备	台	109	
…	…	…		…	…	…	

表 2-2　某市基础物流设施（货运）调查表

2016 年度第×季度

单位名称	运输车辆/辆	运输车辆（载重量）	中转基地/个	物流节点仓储能力	物流节点设备总数/台

单一表是在一张表上只登记一个调查单位，既可容纳较多的标志，又便于整理分类，适用于调查项目较多的详细调查。它的优点是便于分组整理，缺点是每张表都注有调查地点、时间及其他共同事项，造成人力、物力和时间的耗费较大。

一览表是在一张表上登记若干个调查单位，适用于调查项目不多的调查。它的优点是当调查项目不多时,应用一览表能使人一目了然,还可将调查表中各有关单位的资料相互核对,其缺点是对每个调查单位不能登记更多的项目。

调查表拟定后,为便于正确填表、统一规格,还要附填表说明。内容包括调查表中各个项目的解释、有关计算方法以及填表时应注意的事项等,填表说明应力求准确、简明扼要、通俗易懂。

五、确定调查时间和调查期限

调查时间是指调查资料所属的时间。如果所要调查的是时期现象,就要明确规定资料所反映的是调查对象从何时起到何时止的资料,如产量、销售量、工资总额等反映某一时期发展过程的总量。如果所要调查的是时点现象,就要明确规定统一的标准调查时点,如库存量、企业数等反映现象在某一时刻的数量。

调查期限是规定调查工作的开始时间和结束时间。包括从调查方案设计到提交调查报告的整个工作时间,也包括各个阶段的起始时间,其目的是使调查工作能及时开展、按时完成。为了提高信息资料的时效性,在可能的情况下,调查期限应适当缩短。如某行业管理部门要求下属企业上报2015年成品库存资料,则调查时间是标准时间,调查期限是一个月。

六、确定调查地点

在调查方案中,还要明确调查地点。调查地点与调查单位通常是一致的,但也有不一致的情况,当不一致时,就有必要规定调查地点。例如,人口普查,规定调查登记常住人口,即人口的常住地点。若登记时不在常住地点,或不在本地常住的流动人口,均须明确规定处理办法,以免调查资料出现遗漏和重复。

七、确定调查组织方式和方法

在调查方案中,还要规定采用什么组织方式和方法取得调查资料。搜集调查资料的方式有普查、重点调查、典型调查、抽样调查等。具体调查方法有文案法、访问法、观察法和实验法等。在调查时,采用何种方式、方法不是固定和统一的,而是取决于调查对象和调查任务。在市场经济条件下,为准确、及时、全面地取得市场信息,尤其应注意多种调查方式的结合运用。

八、确定调查资料整理和分析方法

采用实地调查方法搜集的原始资料大多是零散的、不系统的,只能反映事物的表象,无法深入研究事物的本质和规律性,这就要求对大量原始资料进行加工汇总,使之系统化、条理化。目前资料处理工作一般由计算机进行,在设计中也应包括采用何种操作程序以保证必要的运算速度、计算精度及特殊目的。

随着经济理论的发展和计算机的运用,越来越多的现代统计分析手段可供我们在分析时选择,如回归分析、相关分析等。每种分析技术都有其自身的特点和适用性,因此,应根据调查的要求,选择最佳的分析方法并在方案中加以规定。

九、确定提交报告的方式

确定提交报告的方式主要包括确定报告书的形式和份数、报告书的基本内容、报告书中图表量的大小等。

十、制订调查的组织计划

调查的组织计划,是指为确保实施调查的具体工作计划。主要是指调查的组织领导、调查机构的设置、人员的选择和培训、工作步骤及其善后处理等。必要的时候,还必须明确规定调查的组织方式。

第二节 物流统计调查方法

一、物流统计调查的含义及分类

1. 统计调查的含义

统计数据是研究实际问题必不可少的重要资料。物流统计调查则是从物流企业统计信息源上采集基础数据的方法,是具体认识客观事物的起点。统计调查是按照预定的调查方案,运用科学的调查方法,有组织、有计划地及时向客观实际搜集统计资料的工作过程。

统计搜集资料的工作,包括两方面:

一是搜集原始资料,即直接对调查单位的情况进行登记或调查,搜集基础数据。这是统计数据的直接来源,称之为第一手或直接的统计资料,如物流企业的领料单、派工单、加工单、物流工作量记录单、物品入库单、物品出库单、工时记录单、出勤记录单、发票、收据等。

二是搜集次级资料,即对已经加工整理过的资料进行搜集。这是统计数据的间接来源,称之为第二手或间接的统计资料,如物流企业的统计台账、统计报表等。一切次级资料都是从原始资料过渡而来的,因此,统计调查主要是指原始资料的搜集。

统计调查担负着为整个统计工作提供基础资料的任务,在统计调查中,对统计资料的搜集必须满足准确性、及时性、全面性、系统性的要求,其中,准确性是衡量统计调查工作质量的重要标志。否则,不仅达不到统计调查的目的,甚至还会导致错误的结论,造成严重的后果。统计调查的质量直接关系着统计数据的质量。

2. 统计调查的种类

统计调查必须根据研究对象的特点和研究的目的,采取适当的调查方法去搜集统计资料。这就需要对统计调查进行分类。

(1) 按调查对象包括范围的不同分类

按调查对象包括范围的不同分类,可将统计调查分为全面调查和非全面调查。

全面调查是指对被研究对象所有的单位无一遗漏地进行调查登记的一种调查方式,如人口普查、工业普查、农业普查等。通过全面调查可取得比较全面的资料。

非全面调查则是对被研究对象的一部分单位进行调查登记的一种调查方式。例如对城市住户网购的调查,是抽取全国所有城市住户中的一部分进行调查,然后据此推断全国城市住户网购的情况。

(2) 按调查登记的时间是否连续分类

按调查登记的时间是否连续分类,可将统计调查分为经常性调查和一次性调查。

经常性调查是指随着研究对象的发展变化,连续不断地进行调查登记,主要用于连续观察一定时期内事物发展的过程。例如：特斯科公司对于库存商品配送量的调查统计,就是连续观察登记的结果。

一次性调查是指间隔一段时期而进行的调查。一次性调查可以是定期进行的,也可以是不定期进行的。例如,2000年11月1日零时进行了全国的第五次人口普查,2010年11月1日零时进行了全国的第六次人口普查。今后,我国的普查将规范化、制度化,即每逢末尾数字为"0"的年份进行人口普查,每逢末尾数字为"5"的年份进行经济普查。

(3) 按调查的组织形式不同分类

按调查的组织形式不同分类,可将统计调查分为统计报表和专门调查。

统计报表是我国统计调查中搜集统计数据的一种重要方式,在几十年的政府统计工作中,已经形成了一套比较完备的统计报表制度,它已成为国家和地方政府统计数据的重要来源。

统计报表是按国家规定的内容、表式和时间程序,自上而下统一布置,自下而上地逐级提供基本统计资料的一种调查方式。统计报表分为定期报表和不定期报表两种形式,二者都是我国统计调查的基本组织形式。

在我国统计报表中绝大部分是定期统计报表,统计报表所包含的范围比较全面,项目比较系统,分组也比较齐全,指标的内容和调查周期相对稳定。

专门调查是为了研究某些问题而专门组织的调查,如普查、重点调查、典型调查和抽样调查等。

① 普查。普查是为某一特定的目的而专门组织的一次性全面调查,主要是用以搜集某些不能或不宜用定期统计报表搜集的统计资料。一般用来调查社会经济现象在一定时

点上的具体数量情况、基本面貌,如人口普查、经济普查等。

对时点现象进行调查,必须规定一个统一的标准时点。标准时点的作用一是反映现象在该时点上的状况;二是避免调查数据的重复或遗漏,确保数据的准确性。

普查的组织方式有两种:一是通过专门组织的普查机构,配备一定数量的人员,对调查单位直接进行登记,如人口普查;二是利用企事业单位日常核算资料和报表资料,颁发一定的调查表格,由调查单位填报,如物资库存普查、快速普查等。

普查的范围广,搜集的资料全面,能提供较多、较详细的原始资料,是摸清重要的国情、国力,为国家制定有关政策或措施提供依据的重要手段。但普查工作量大,耗时长,耗资较多,因此不宜经常进行。

② 重点调查。重点调查是专门组织的一种非全面调查,是在调查对象中,只选择其中的一部分重点单位进行的调查。所谓重点单位,是指调查的标志值在总体标志总量中占有绝大比重的单位。重点单位的重点位置是客观存在的。

在调查对象总体中,重点单位的数目虽然不多,但就所要调查研究的标志值来说,它们在总体标志总量中却占有很大的比重,因而通过对这些单位的调查就能够反映出总体的基本情况。例如:要了解全国钢铁企业的生产状况,可以选择产量较大的少数几个企业,如鞍钢、宝钢、包钢、武钢等,作为重点单位进行调查,这样就可以基本了解全国钢铁总产量的情况。

当然重点单位除了可能是企业外,也可能是一些地区、城市。例如:为了了解黄金周旅游市场的基本情况,主要对全国几个主要旅游景区进行调查就可以了。重点调查选择的调查单位少,因此具有省时、省力的优点,但只能取得反映总体基本情况的资料。由于重点单位与一般单位差别很大,因此,根据重点调查不能推断总体数量特征。

③ 典型调查。典型调查也是一种非全面调查,是根据调查的目的和任务,在对被研究的现象总体进行初步分析的基础上,从中有意识地挑选出若干个具有代表性的单位,进行深入细致的调查研究,借以认识事物发展变化的规律。

典型调查一般有两种:一种是对个别典型单位进行"解剖麻雀"式的调查,即做到搜集资料与分析研究相结合,具有较大的灵活性。另一种是总体各单位间差异较大时,可选一部分单位进行"划类选典"式的调查,即将总体的全部单位按有关标志划分为若干组,从各组中分别选出若干典型单位进行调查。采取"划类选典"式调查,可以据以估算总体数值,但不能计算和控制调查误差。

④ 抽样调查。抽样调查是实际中应用最广泛的一种非全面调查,它是指根据随机原则,从调查对象中抽取一部分单位作为样本进行调查研究,并根据样本指标数值来推断总体数量特征的一种调查方式。

抽样调查是非全面调查中最具有计量科学依据的方式。其科学价值在于既能省时、省力,又能较准确地达到认识总体数量特征的目的,并且抽样误差可以计算和控制。因此，我国统计调查方法改革的目标模式是：建立一个以必要的周期性普查为基础，以经常性的抽样调查为主体，同时辅之以重点调查、科学推算和全面报表综合运用的统计方法体系。

二、物流企业统计信息的来源

物流企业的统计信息主要来自两方面，一是物流企业外部统计信息，二是物流企业内部统计信息。

1. 物流企业外部统计信息的来源

（1）物流企业外部间接统计信息的采集源

企业外部间接统计信息是指公开出版和不公开出版的各种年鉴和资料汇编，即经前人搜集、整理、加工过的现有统计资料，故又称之为次级统计资料或第二手统计资料。间接统计信息来源非常丰富，采集方便，费用低廉，可信度高。但是物流企业统计必须对间接统计资料进行再加工整理，使其成为符合本企业特定需求的统计信息。

企业外部间接统计信息的采集源包括：政府部门的统计机构、图书馆、档案馆、行业协会、学术团体、高等院校、研究机构、国际财团、专业咨询机构以及公开出版的报纸、杂志等。我国国家统计局的商业综合统计数据库、国家经济信息中心的国家宏观经济数据库、中国物流与采购联合会信息中心等都可为物流企业提供大量的信息。

（2）物流企业外部直接统计信息的采集源

企业外部直接统计信息是指物流企业派统计人员或委托专业调查公司采集来自调查对象的原始记录并经整理汇总所得的统计资料。直接统计信息又称为初级统计资料或第一手统计资料。直接统计信息主要来源于市场调查。

由于直接统计信息是物流企业统计部门根据特定需要直接从物流服务的客户市场和物流服务的供应市场采集的，因此采集到的大量的统计信息具有很强的针对性、适用性、时效性。但是，直接统计信息的采集需要投入较多的人力和时间，故费用相对较高。直接统计信息的调查采集对象包括物流市场的物流服务需求者和物流服务供应者。

2. 物流企业内部统计信息的来源

（1）物流企业内部间接统计信息的采集源

物流企业内部有三大核算，即会计核算、业务核算、统计核算。

会计核算是以货币为最终计量单位，连续、系统记录企业经济活动全过程与成果，并予以计算、报告的一种核算方式。

业务核算是对企业经济业务和技术业务分别进行记录和计算，从而取得核算资料的一种核算方式。物流企业经济业务核算一般包括与外界发生往来的供销业务结算、企业内部生产经营活动产生的工料费业务结算等。

统计核算是指以实物量、价值量、劳动量等为计量单位,反应物流活动经济动态的一种核算形式。

会计核算、业务核算、统计核算从不同方面反映了物流企业的经营、管理以及技术状况,是企业内部间接统计信息的采集源。具体来说包括本报告期的会计核算资料和业务核算资料、本报告期以前各期的会计核算和业务核算资料以及本报告期以前各期的统计核算的历史资料。

物流企业内部间接统计信息中的会计核算资料由物流企业财务会计部门提供,业务核算资料由物流企业其他各相关职能部门提供,统计核算的历史资料由物流企业统计信息中心或综合统计部门提供。因此,包括统计职能部门在内的所有职能部门既是间接统计信息的生产者,又是间接统计信息的使用者。

(2) 物流企业内部直接统计信息的采集源

物流企业内部直接统计信息是指由物流企业统计部门、各职能部门直接派统计人员或由生产经营现场记录核算岗位的工作人员在物流企业生产经营现场直接记录、计算的数据信息。例如:领料单、派工单、加工单、物流工作量记录单、物品入库单、物品出库单、工时记录单、出勤记录单、发票、收据等原始记录,即按一定表式对生产经营管理活动所作的最初记录。

这些原始资料经分门别类,按时间顺序登录,整理在专门的账册或表卡中,则形成不同层次的各种统计台账。然后,根据生产经营管理的需要,编制成不同层次、不同种类的统计报表。物流企业内部直接统计资料是企业统计核算的重要信息来源,但因需要投入较多的人力和时间,故费用相对较高。

三、物流统计调查常用方法

统计调查方法是指搜集统计资料的具体方法。采用恰当的方法和手段进行调查是实现调查目的的关键。只有调查手段恰当,调查方法科学,通过调查搜集上来的统计资料才能及时、准确、全面。

搜集统计资料的方法有很多,也很灵活,包括直接观察法、询问法、报告法、问卷法等,每种调查方法都有其独特的功能和局限性。

1. 直接观察法

直接观察法是人们进行统计调查的基本方法之一,也是取得直接统计数据的重要手段。它是由调查人员在现场运用感觉器官或借助科学仪器对调查对象进行观察计量,以取得第一手调查资料的方法。例如,为了及时了解农作物的产量,调查人员亲自到田间进行实割实测、脱粒、晾晒、过秤等工作;又如,为了了解工业企业年末的产品结存量,调查人员深入车间进行观察、计数、测量等工作。

使用直接观察法能够获得较准确的数据,但是需要大量的人力、物力和财力,需要的时间也较长。

2. 询问法

询问法也称采访法,是由调查人员以调查表或有关材料为依据,逐项向被调查者询问有关情况并将答案记录下来,根据被调查者的回答取得调查资料的一种方法。询问法主要有面谈调查法、邮寄调查法、电话调查法、问卷调查法、混合调查法等。

采用这种方法亦可获得较为准确的数据,但需要较多的人力和时间。

3. 报告法

报告法是由报告单位根据各种原始记录和核算资料,按照统一的表格及填报要求,在规定的时间内,以一定的程序向有关单位提供统计资料的方法。目前广泛应用的统计报表,就是这种调查方法。

在物流公司内部,报告法是搜集物流信息最常用的方法。各部门利用各种原始记录和统计资料作为报告资料的来源,定期向经理提供物流信息。采用这种方法比较省时省力,还可以促使被调查者建立健全的原始资料,但容易出现虚报瞒报的现象。

4. 问卷法

问卷法是一种以问卷形式提问、由被调查者自愿回答,调查者根据答案汇总而搜集资料的方法。问卷法是应用范围比较广泛的一种调查方法。在统计研究中,问卷法或单独使用,或与其他方法,诸如采访法、直接观察法同时使用。它既适用于理论性问题的调查,也适用于应用性问题的调查;既适用于小规模的调查,也适用于大规模的调查。

问卷法的关键在于精心设计问卷。为保证问卷调查的效果,提问要简明扼要,答案要标准化,易于选择和汇总。这种方法省时省力,但如果回收率较低或者反馈的答案质量不高,就会影响数据的质量及结论的可靠性,因此,在实施上要尽量设法防止回收率较低或者反馈的答案质量不高的问题。

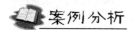
案例分析

某物流企业基本经营情况调查问卷

贵企业全称:　　　　　　　　　　地址:

1. 贵物流企业主要从事何种业务?[多选]
   　　a. 运输与装卸　　b. 配送　　c. 仓储　　d. 包装
   　　e. 流通加工　　f. 信息系统管理　　g. 库存管理
   　　h. 其他(请注明)
2. 贵物流企业的业务辐射范围?[多选]
   　　a. 仅本城市　　b. 仅本省　　c. 本省及周边省区
   　　d. 覆盖全国　　e. 跨国境(国际)

3. 贵物流企业的业务网点（或分支机构、代理机构等）覆盖了多少个地级市？［单选］
   a. 1～5个   b. 6～10个   c. 11～15个   d. 16～20个   e. 20个以上
4. 贵物流企业的主要客户群属于以下哪类企业？［多选］
   a. 国有企业   b. 民营企业   c. 外商独资企业   d. 中外合资/合作企业
   e. 事业单位   f. 其他（请注明）
5. 贵物流企业营运车辆利用率是多少？［单选］
   a. 30%以下   b. 30%～50%   c. 51%～70%   d. 71%～90%   e. 90%以上

四、统计调查资料质量控制

1. 统计调查资料质量控制的意义

统计调查资料是统计调查工作成果的反映。准确、可靠的统计调查资料是统计分析和统计研究可靠性和准确性的基础，也是整个统计工作质量的基础。为了取得准确的统计调查资料，保证统计数据的质量，必须采取各种措施，防止可能出现的各种统计误差，并把它缩小到最低限度。

2. 误差来源

统计调查误差，是指调查所得的统计数据与客观现实之间的差距。统计调查误差按来源不同可分为登记性误差和代表性误差两类。

（1）登记性误差

登记性误差是由于调查过程中各个有关环节上的工作不准确而产生的误差，即由于调查者或被调查者的人为因素所造成的误差。

产生登记性误差的主要原因有：计量错误、记录错误、抄录错误、汇总错误、虚报瞒报以及统计调查方案中有关的规定或解释不明确导致的填报错误等。

（2）代表性误差

代表性误差主要是指用样本数据推断总体数量特征时所产生的误差，即用样本指标估计总体指标时，估计结果与总体的实际指标值之间的差别。

产生代表性误差的主要原因有：抽样时没有遵循随机原则；抽样时遵循了随机原则，样本结构与总体结构存在差异；样本容量不足等。

3. 误差控制

统计数据质量的好坏直接影响统计分析结论的客观性与真实性。为确保统计数据的质量，在数据的搜集、整理、分析等各个阶段都应尽可能减少误差。

（1）控制登记性误差的方法

在全面调查和非全面调查中都会产生登记性误差。这种误差在统计调查中应予以特别重视，从理论上来讲，登记误差是可以消除的。

通过以下五个方面就可以减少登记性误差：
① 正确制定调查方案，力求调查范围明确、调查项目解释清楚、方法科学适用。
② 加强统计调查人员培训，准确理解统计工作的要求，提高调查技术水平。
③ 认真贯彻统计法，加强法律观念，坚持实事求是，杜绝弄虚作假。
④ 做好统计基础工作，要求调查人员认真细致，多加审查，及时更正。
⑤ 完善各种计量、测量工具，采用先进的科学技术手段。
（2）控制代表性误差的方法
代表性误差只有在非全面调查中才会产生。通常是无法消除的，但可以事先进行计算和控制。对于抽样调查，要严格遵循随机原则，通过调整样本容量、改进抽样的组织形式等，达到控制抽样误差的目的。

第三节　调查资料汇总整理

由于统计调查取得的原始资料是分散、不系统的，只能显示各个调查单位的具体情况，而不能说明被研究总体的全貌，因此，必须对这些资料进行加工整理才能认识事物的总体特征和内部联系。

一、统计整理的含义

统计整理就是根据统计研究的任务与要求，对统计调查所搜集的原始资料进行科学的审核、分组、汇总，使之系统化与条理化，从而得到反映总体特征的综合数据的工作过程。统计整理使采集到的分散、不系统的原始数据成为有序的统计信息。

资料整理是资料研究的重要基础，是提高调查资料质量和使用价值的必要步骤，是保存资料的客观要求。

二、统计资料的审核

为了保证统计资料整理的质量，在对统计资料进行整理前，先要对所有的原始资料进行严格的审查核对。如发现问题，要及时更正，这是统计整理工作过程中十分重要的一环。审核的内容包括资料的准确性、完整性和及时性三个方面。

1．准确性审核

准确性审核是统计审核的重点。准确性审核有两种审核方法：

（1）计算检查

计算检查是利用平衡或加总关系审核调查表或报表中各项数字在计算方法和结果上有无差错，如各横行纵栏的合计是否错误、数字的计量单位是否正确、各指标的计算方法是否恰当等。

(2) 逻辑检查

逻辑检查是从调查项目的相互关系中,从被调查事物的特点中,从现象发展变化的常态中,审核调查资料的内容是否合理、有无相互矛盾和不符合实际的地方。

2. 完整性审核

完整性审核是审核所有被调查单位的资料是否齐全,是否按规定的项目和份数上报;所搜集的资料是否达到规定的调查单位数目,调查资料中的各项目填写是否齐全。因为任何单位的资料不报、缺报,都会影响整个汇总工作的进行。

3. 及时性审核

及时性审核就是审核调查资料是否按规定的时间报送,并检查未及时报送的原因。

三、统计分组

1. 统计分组的概念

统计分组是根据统计研究的目的和现象的特点,按照选定的某一标志将统计总体划分成若干个性质不同的组成部分的一种统计方法。统计工作从始至终都离不开统计分组的应用,在统计调查方案中必须对统计分组做出具体规定,才能搜集到能够满足分组需要的资料。

2. 统计分组的作用

(1) 划分现象的不同类型

任何一批数据都存在着差异,在进行统计分组之前,这种差异处于无序状态,显现不出来,通过统计分组,能反映出统计总体的基本性质和特征。分组实际上就是按差异的大小进行分类,差异小的归入一组,差异大的归入不同的组。因此,统计分组的结果是组内的差异缩小,而组与组之间的差异扩大。

统计分组的过程就是区别事物性质的过程。要了解各种社会经济现象的性质、特点及其相互关系,必须按某种标志把它们划分为性质不同的部分。

(2) 揭示现象的内部结构

统计往往对总体按某一标志进行分组,并计算总体内各组成部分占全体的比重,以说明各个组成部分在总体中的分布状况,反映现象的内部结构和结构变化,从而揭示现象的性质和发展变化的规律。

(3) 分析现象之间的依存关系

社会经济现象不是孤立存在的,各现象之间存在广泛的联系和制约关系,一种现象的变化常是另一种现象变化的原因或结果。通过统计分组,可以揭示现象之间的依存关系。例如,汽油价格与物流运输成本之间、商品销售额与流通费用率之间等,这些方面的依存关系,都可以利用分组法说明影响因素对结果因素的作用程度。

统计分组是一切统计研究的基础,应用于统计工作的全过程,是统计研究的基本方法之一。

3. 统计分组的类型

统计分组从不同的角度可以分为不同的种类。

（1）按分组标志的性质划分

按分组标志的性质来划分，有属性分组和变量分组。

属性分组是指按反映事物属性的品质标志将总体分为若干个组。例如，职工按性别、职业、文化程度等标志分组等。

变量分组是指按数量标志将总体分为若干个组。例如，物流企业按利税额分组、按照运输能力分组等。

（2）按分组标志的多少划分

按分组标志的多少来划分，有简单分组、并列分组和复合分组。

简单分组就是将总体按一个标志进行分组。简单分组能从某一方面说明总体特征。例如，物流企业按服务功能分组为运输型物流企业、仓储型物流企业和综合服务型物流企业。

并列分组是对同一总体按两个或两个以上的标志进行若干次简单分组所形成的分组体系。并列分组能从不同的角度说明总体的特征。

例如，为了解2008年末我国人口总体的基本特征，我们将人口总体按性别、民族、文化程度进行分组，形成平行分组体系，如图2-1所示。

图 2-1　并列分组

复合分组就是对同一总体按两个或两个以上的标志层叠起来进行分组。复合分组形成复合分组体系。采用复合分组能更深刻地反映总体的内部结构，能更细致地分析问题。

例如，将物流企业按服务业务和规模等标志进行复合分组，如图2-2所示。

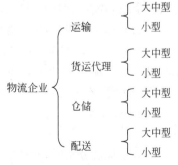

图 2-2　物流企业按服务业务和规模进行复合分组

4. 统计分组的原则和方法

（1）统计分组的原则

① 穷尽性原则。穷尽性原则要求分组时每一个总体单位都应有组可归，是指总体的各个组，必须能包容

全部原始数据,不能将任何数据遗漏在外。

② 互斥性原则。互斥性原则要求组与组之间在含义和口径上不能发生重叠,必须使各组的范围互斥,保证总体中的任何一个单位只能归属于一组,不能模棱两可或归属不定。

③ 反映事物本质的原则。反映事物本质的原则要求分组时使分组的结果尽量反映事物的本质特征,突出各组之间质的差异。因此,首先要选择能反映事物本质特征的标志进行分组,然后使分组的界限符合事物的实际构成。例如,学习成绩中的60分,计划完成程度中的100%,分别是是否及格,是否完成任务的分界标志值,分组时必须选其作为分组的界限之一。

(2) 统计分组的方法

统计分组的关键问题是选择分组标志与划分各组界限。它不仅直接影响着分组的科学性与统计资料整理的准确性,而且最终影响统计分析结果的真实性。

① 分组标志的选择。分组标志是统计分组时所依据的标志。正确选择分组标志必须从对客观事物的定性认识出发,力求选择与统计研究目的和任务有密切关系,并能够反映事物本质特征的标志作为分组标志。

同一研究总体,由于研究的目的和任务不同,所选择的分组标志也不同。例如,以某物流企业的员工为总体,如果研究目的是分析员工的文化素质,就应选用员工的文化程度作为分组标志,这样才能分析出具有大学、中学、小学等不同文化程度的员工各占多大比例。如果研究的目的是分析员工的劳动力素质,则应以员工的年龄作为分组标志,这样才能分析出员工中老年、中年、青年的比例。

社会经济现象的特征有多种,选择分组标志时需要根据被研究现象的特点,选择主要的、能反映事物本质特征的标志作为分组标志。例如,研究物流企业规模的大小可以用许多标志反映,如职工人数、产品产量、产值、生产能力、经营资金量、利税额等。但在实际统计工作中,一般使用生产能力、经营资金等作为分组标志。

② 分组界限的划分。选择分组标志,只解决了按什么分组的问题,而对一个总体应分成几个组,各组之间的界限划分在哪里为宜,便成为又一个关键问题。

按品质标志分组时,确定组限有两种情况。第一种情况,组限是自然形成的或比较明显的。例如,人口按性别、文化程度、民族分组等,由于组限自现、组数固定,因而容易确定。第二种情况,分组界限较难以确定。例如:人口按职业分组、企业按行业分组、产品按用途分组等,不是在每次分组时都能辨析清楚的。因此,为了保证这类分组的准确划一,这种比较复杂的属性分组,根据国家有关部门制定的各种分类标准与分类目录分组就方便多了。

按数量标志分组时,究竟应分几组,组限如何确定,在多数情况下,并无统一规定,需要根据研究目的及数据的具体情况,依个人经验而定。

四、次数分布

1. 次数分布的概念及类型

在分组的基础上,将总体的所有单位按组归类排列,形成总体单位在各组间的分布,称为次数分布,或称次数分布数列、频数分布。次数分布是通过次数的分布规律,可以研究大量现象的统计规律性。

次数分布有两个组成要素:一个是组别,另一个是分布在各组的总体单位数。各组拥有总体单位数称为该组的次数(或频数);各组的次数(或频数)与总体单位总数的比值,称为频率。根据分组标志的性质不同,次数分布数列可分为品质分布数列和变量分布数列两种,如图 2-3 所示。

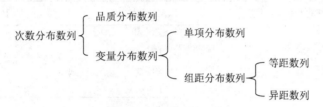

图 2-3 次数分布数列的分类

(1) 品质分布数列

品质分布数列是按品质标志分组所形成的分布数列,简称品质数列,如表 2-3 所示。

表 2-3 某市物流企业的分组表

按服务业务分组	企业数(个)	比重(%)
运输	10	20
货运代理	20	40
仓储	12	24
配送	8	16
合计	50	100

(2) 变量分布数列

变量分布数列是按数量标志分组所形成的分布数列,简称变量数列。

根据用以分组的变量的取值是否唯一,变量数列可分为单项数列和组距数列两种。

以一个变量值代表一个组,按一定的顺序排列所形成的变量数列称为单项数列,如表 2-4 所示。

表 2-4　某物流企业员工分组表（1）

按班组人数分组	组数（个）	比重（%）
5	8	40
6	6	30
7	4	20
8	2	10
合计	20	100

由表示一定变动范围的两个变量值代表一个组，按一定的顺序排列所形成的变量数列称为组距数列。各组组距相等的组距数列，称为等距数列，如表 2-5 所示。

表 2-5　某物流企业员工分组表（2）

按分拣量（件）分组	员工人数（人）	比重（%）
55～65	5	8.33
66～76	15	25
77～87	30	50
88～98	10	16.67*
合计	60	100

注 * 16.67＝100－8.32－25－50

各组组距不相等的组距数列，称为异距数列，如表 2-6 所示。

表 2-6　某物流企业员工分组表（3）

按日产值分组（元）	人数（人）	比重（%）
1 000 以下	5	12.5
1 000～1 200	15	37.5
1 200～1 500	18	45
1 500 以上	2	5
合计	40	100

2. 分布数列的编制

任何分布数列都是在统计分组的基础上归类汇总的结果。从这个意义上来说，分布数列的编制过程实质上是分组与汇总的过程。

（1）品质分布数列的编制

编制品质数列，首先应按品质数列对总体作属性分组，划分各组界限；再汇总各组单位数，编成统计表，即得品质数列。例如，某物流企业某班组员工一日生产情况有关资料如表 2-7 所示，按性别分组，可编制成品质数列如表 2-8 所示。

表 2-7 某班组员工一日生产情况表

工号	性别	年龄	拣货量（件）	工号	性别	年龄	拣货量（件）
1	男	28	12	16	男	27	12
2	男	25	9	17	男	24	9
3	男	28	10	18	男	32	11
4	女	37	11	19	女	30	11
5	男	29	12	20	男	34	11
6	男	27	11	21	男	29	10
7	男	31	10	22	男	35	11
8	男	23	9	23	男	20	8
9	女	24	9	24	男	22	8
10	男	42	12	25	男	23	9
11	男	19	8	26	女	18	8
12	男	38	11	27	男	25	9
13	男	29	10	28	男	42	10
14	男	32	11	29	男	31	10
15	男	38	11	30	男	40	10

表 2-8 某班组员工按性别分组表

按性别分组	工人数（人）	比重（%）
男	25	83.33
女	5	16.67
合计	30	100

（2）变量分布数列的编制

根据变量的取值情况，变量数列还可分为连续型变量数列与离散型变量数列两种。

这两种变量数列在编制分布数列时形式是不同的。连续型变量其取值难以一一列出，一般只能编制组距式的变量数列。离散型变量若变动幅度不大，变量值的个数较少，可以编制单项式变量数列；若变量值的个数较多，变量值的变动范围较大，则宜编成组距式变量数列。

① 单项式分布数列的编制。单项数列是以一个变量值代表一个组，按一定的顺序排列所形成的变量数列。编制单项数列，首先应将各变量值按大小顺序排列，然后计算各变量值的频数和频率，最后将上述结果以表格的形式表现。例如，根据表 2-7 中的拣货量可编制单项数列表，如表 2-9 所示。

表 2-9 某班组员工按拣货量分组表

按拣货量分组(件)	员工人数(人)	比重(%)
8	4	13.33
9	6	20
10	7	23.33
11	9	30
12	4	13.34
合计	30	100

② 组距式分布数列的编制。组距数列是由表示一定变动范围的两个变量值代表一个组,按一定的顺序排列所形成的变量数列。例如,根据表 2-7 中的员工年龄可编制组距数列表,如表 2-10 所示。

表 2-10 某班组员工按年龄分组表

按年龄分组(岁)	员工人数(人)	比重(%)
15~20	3	10
21~25	7	23.33
26~30	8	26.67
31~35	6	20
36~40	4	13.33
41~45	2	6.67
合计	30	100

组距数列的编制过程具体如下。

第一,将原始数据按变量值的大小重新排序。

如,本例中按年龄大小来重新排序。

第二,确定全距、组距与组数。

全距是变量数列的最大值与最小值之差,又称极差,表明了变量数列中变量值变动的最大范围。

在组距数列中,组距是指每个组中的最大值与最小值之差。每一组的最大值称为组的上限,最小值称为组的下限。组距等于上限与下限之差。

例如,表 2-10 中第一组的组距=20-16=4。

所谓组数是指某个变量数列应划分为多少个组。如表 2-10 中组数为 6。组数的多少与组距的大小是相互制约的,两者成反比。在全距一定的情况下,组数越多,组距越小;组数越少,组距越大。全距、组距与组数的关系为

$$组数 = \frac{全距}{组距}$$

第三,确定组距式数列的类型。

例如,表 2-10 为等距数列。

在组距式数列中,有等距数列和异距数列之分,这是统计分组中等距分组和异距分组的结果。凡是总体单位的标志值变动比较均匀、集中,且不要求或不含有可作为质的分界限的特殊标志值时,就可以采用等距分组。

异距分组情况比较复杂,一般来说总体单位的标志值变动不均匀、出现急剧增长或下降、波动较大时,应采用异距分组。在具体的统计工作中,还需要根据事物性质变化的数量界限来确定组距。如,研究人口总体在人生各发展阶段的分布,就需要按照人在一生中自然的和社会的发展规律采用异距分组,如:1 岁以下,1~3 岁,4~7 岁,8~15 岁,…,45~60 岁,…,80~90 岁,90 岁以上。

第四,确定组限和组中值。

组限是指每个组两端的变量值,即上限和下限。确定组限时,最小组的下限应低于或等于最小变量值,最大组的上限应大于最大变量值。

遵循不重复、不遗漏的原则,根据连续型变量编制组距数列时相邻的组限必须重叠,与上限相等的变量值应该计入下一组,即"上限不在组内"。根据离散型变量编制组距数列时采用不重叠组限。

当数列中出现极大值或极小值时,为了避免出现空白组,同时又能使个别特别大或特别小的数据不至于无组可归,常常使用"××以上"或"××以下",这种不确定具体组限的组,称为开口组。一般情况下,开口组的组距按相邻组的组距计算。

例如,表 2-6 中某班组员工按日产值分组的第一组"1 000 元以下"就是开口组,其组距以邻组的组距 200 代替。

组中值是组距数列中每组变量值变动范围的中点值,也就是上限和下限之间的中点数值。在组距数列中,每个组内的各单位的实际变量值被掩盖了,为了统计分析的需要,只能借助于各组的组中值作为该组的代表值。用组中值来代表各组变量值的平均水平具有一定的假定性,它假定组内的变量值是均匀分布的。组中值的计算方法采取用上限和下限简单平均求得。

即:组中值=(上限+下限)/2

或组中值=下限+(上限-下限)/2

或组中值=上限-(上限-下限)/2

开口组首组组中值=上限-邻组组距/2

开口组末组组中值=下限+邻组组距/2

例如,表 2-10 中第一组组中值为:

组中值=(16+20)/2=18 或组中值=16+(20-16)/2=18

例如,表 2-6 中,

开口组首组组中值＝1 000－200/2＝900(元)
开口组末组组中值＝1 500＋300/2＝1 650(元)

第五,计算频数和频率。

从最小组起依次排列,分别计算频数和频率,并形成分组的统计表(表 2-10)。

3. 累计频数和累计频率

累计频数和累计频率是将变量分布中各组频数或频率依次累加而得到的各组累计频数或累计频率,它表明总体在某一变量值的某一水平上下总共包含的总体次数和频率。累计频数和累计频率可以简单地、概括地反映总体各单位的分布特征。

累计的方法有两种。

(1) 向上累计

向上累计是将各组频数或频率由变量值低的组依次向变量值高的组累计,它表明从第一组下限开始到本组上限为止的累计频数或累计频率。

(2) 向下累计

向下累计,即将各组频数或频率由变量值高的组依次向变量值低的组累计,它表明从最末一组的上限开始到本组下限为止的累计频数或累计频率。

累计频数和累计频率的计算表,如表 2-11 所示。

表 2-11　某班组员工按分组年龄表

按年龄分组 (岁)	员工人数 (人)	比重 (%)	向 上 累 计		向 下 累 计	
			人数	比重(%)	人数	比重(%)
15～20	3	10	3	10	30	100
21～25	7	23.33	10	33.33	27	90
26～30	8	26.67	18	60	20	66.67
31～35	6	20	24	80	12	40
36～40	4	13.33	28	93.33	6	20
41～45	2	6.67	30	100	2	6.67
合计	30	100	—	—	—	—

五、统计资料汇总及编制统计表

1. 统计资料汇总

统计资料的汇总计算,是统计整理阶段最主要的工作内容之一。选择科学的、适当的汇总组织形式和完善的汇总技术方法,对提高汇总速度,保证汇总质量来说是至关重要的问题。

(1) 统计资料汇总的组织形式

我国统计资料汇总有两种基本的组织形式:逐级汇总和集中汇总。

① 逐级汇总。逐级汇总是按照一定的汇总上报程序和时间,自下而上逐级进行调查

资料的汇总。

我国定期统计报表就多是采用这种组织形式进行汇总。逐级汇总的优点是能够就地对资料进行检查和纠正错误,可以同时满足上级领导和本地区、本系统各级领导部门的需要。缺点是统计资料的整理汇总工作需要较长的时间。

② 集中汇总。集中汇总是将调查资料集中到一个地方(如集中在国家统计机关或各系统的统计机构)统一直接进行汇总。采用这种汇总方式可以很快地得到大规模综合统计的结果,大大缩短汇总资料的时间。

这种方式最适合于快速普查、重点企业快速电讯报告等的汇总。集中汇总的优点是,有利于采用现代化汇总技术,时效性高;并可以消除各级技术性的差错,从而也就保证了汇总结果的准确性。缺点是有了差错不能就地改正,也不能及时满足下级部门的需要。

在统计实践中,也可以将两者结合应用。即对一些简单的、基本的重要指标实行逐级汇总,而将复杂的分组整理工作集中进行。

(2) 统计资料的汇总技术

采用合理的科学的汇总技术,对于保证汇总结果的准确性和及时性有着重要的意义。调查资料的汇总技术方法主要有两种:手工汇总和计算机汇总。

① 手工汇总。手工汇总是利用算盘或计算器进行的汇总。这是我国统计汇总工作曾经普遍使用的汇总技术,常用的手工汇总方法有划记法、过录法、折叠法和分票法四种。

② 计算机汇总。利用现代电子计算机技术来进行统计资料汇总和计算工作,是统计汇总技术的新发展。运用计算机汇总具有一系列的优越性:运用广泛,时效性强;信息量大,丢失资料少;适合统计资料的各种复杂计算与复合分组;能提高统计数字的质量;数据汇总与资料印刷一体化等。

2. 编制统计表

统计表是容纳与表现统计资料的表格,是用来显示统计资料的基本形式之一。统计表既能有效地反映统计调查、整理的成果,又能为统计分析奠定良好的基础。

(1) 统计表的结构

统计表的结构从形式上看,主要由总标题、横行标题、纵栏标题、数字资料四部分构成,此外,有些统计表在表下还增列补充资料、注解、附记、资料来源、填表单位、填表人员及填表日期等内容。

总标题是统计表的名称,用来概括全表统计资料的内容,一般写在表的上端中部。

横行标题是统计表横行的名称,通常用来表示各组的名称,它代表统计表所要说明的对象。一般写在表的左方。

纵栏标题是统计表纵栏的名称,通常用来表示分组标志和指标的名称,一般写在表的上方。

数字资料是统计表中的指标数值。列在各横行和纵栏的交叉处,统计表中任何一个数字的含义都由总标题、横行标题和纵栏标题共同说明。

统计表的结构,如表 2-12 所示。

表 2-12　20××年某地区工业总产值(总标题)

按经济类型分组	企业单位数(万个)	工业总产值(亿元)
国有企业	1.47	224.67
集体企业	10.36	213.21
城乡个体工业	10.12	82.05
其他经济类型工业	0.81	32.06
合计	22.76	551.99

左侧标注:横行标题；上方标注:纵栏标题；右侧标注:数字资料

统计表的结构从内容来看,包括主词和宾词两个部分。主词是统计表所要说明的总体,它可以是各个总体单位的名称、总体的各个组或者是总体单位的全部。宾词是用来说明主词的各个统计指标,包括指标名称和指标数值。

通常把主词放在表的左方,即列于横行；宾词放在表的右方,即列于纵栏,如表 2-12 所示。但这样排列有时会使统计表的表式过分狭长或过于宽短,为了编排合理和阅读方便,也可以将主词和宾词合并排列或互换位置。

(2) 统计表的种类

① 按统计表的作用不同分类。按统计表的作用不同可分为调查表、整理表和分析表。

调查表是指在统计调查阶段用于登记、搜集原始统计资料的表格。

整理表或称汇总表,是在统计整理阶段用于汇总统计资料和表现汇总结果的表格。

分析表是在统计分析阶段用于对整理所得的统计资料进行定量分析的表格。这类表格往往与整理表结合在一起,成为整理表的延续。

② 按统计表主词分组情况不同分类。按统计表主词分组情况不同,可分简单表和分组表。

简单表是主词未经任何分组的统计表。例如,由总体单位名称组成的一览表,主词由地区、国家、城市等目录组成的区域表,主词由时间顺序组成的年表等。例如表 2-13 与表 2-14 所示。

表 2-13　某公司×年×月购销情况

所属地区	购进额(元)	销售额(元)
华北		
华中		
华南		
合计		

表 2-14　某物流企业 2013—2017 年营业额

年份	营业额（万元）
2013	
2014	
2015	
2016	
2017	

分组表又可分为简单分组表和复合分组表。

简单分组表是指主词按一个标志进行分组后形成的统计表。例如，表 2-10 所示的统计表就是一个简单分组表。

复合分组表是指主词按两个或两个以上标志层叠起来进行分组后形成的统计表。例如，表 2-15 所示的统计表就是一个复合分组表。

表 2-15　某企业工人基本情况表

	工人人数（人）	月工资总额（元）
男性		
20~30 岁		
31~50 岁		
51 岁及以上		
女性		
20~30 岁		
31~50 岁		
51 岁及以上		
合计		

（3）统计表的设计

① 栏数编号的设计。如果统计表栏数较多，通常要加以编号。习惯上主词栏部分分别编以"甲、乙、丙、丁……"为序号，宾词栏编以"(1)、(2)、(3)、(4)…"为序号。如果各栏间存在一定的计算关系，也可用数学符号表示，例如，(3)=(2)×(1)，表示该表中第(3)栏的数字为第(2)栏数字与第(1)栏数字之积。

② 统计表表式的设计。统计表一般是开口的，即表的左右两侧不划纵线。上下两端的端线用粗线绘制，中间其他线用细线，这样使人看起来清楚、醒目。纵列标题之间一般用竖线隔开，而横行之间通常不必用横线隔开。表的下部如有合计横行时，在其上面以细线与其他数字隔开。

③ 指标数值填写的要求。表中的数字应字迹清楚，填写整齐，数位对齐。当数字为 0 时要写出来；当缺某项数字或因数字太小略而不计时，可用符号"…"表示；当没有数字时，应划"—"；当某数与上、下、左、右相同时，仍应填写完整，避免出现"同上""同左"等字

样。表中的数字栏不应留有空格。

④ 计量单位栏的设计。统计表中必须注明数字资料的计量单位。当全表只有一个计量单位时,可以把它写在表头的右上方。如果表中需要注明不同计量单位时,横行的计量单位可以专设一栏;纵栏的计量单位与纵栏标题写在一起,并加括号。

⑤ 注解或说明的设计。例如,某些指标有特殊的计算口径、某些统计资料只包括一部分地区、某些数字是由估算来插补的等,都要加以说明。为了保证统计数据的科学性与严肃性,必要时还要注明资料的来源,以便查考。注解或说明一般写在表的下方。

第四节　物流市场预测的方法

预测是对未来现象或状态的变化做出估计,是一门重要的实用科学。科学的预测是基于对客观规律的深刻认识,正确探求和揭示客观现象的内在联系和变动趋势,是企业掌握市场未来的发展趋势、制定企业的未来发展战略的必要手段。

物流预测是对物流企业供应市场、需求市场以及物流发展趋势等进行预测。

预测的方法很多,基本上可以归纳为定性分析法和定量分析法两大类。

一、定性分析法

定性分析法是常用的统计分析方法。它通过调查研究,利用直观材料,依靠个人的主观判断和综合分析能力,对现象的未来状况进行预测分析,又称为直观判断预测,简称为直观预测。

定性预测方法适合在资料缺乏或难于进行定量分析时应用,一般多适用于中长期预测。常用的定性预测方法有:头脑风暴法、德尔菲法、主观概率法、决策树法等。下面介绍头脑风暴法和德尔菲法。

1. 头脑风暴法

头脑风暴法是通过专家小组会议形式,使每位与会专家畅所欲言,鼓励大家提出新思想、新观点、新方法,并促使大家讨论、争鸣和交流,以便相互启发,使与会专家产生更多更好的主意和想法。这种方法的实质是通过相互讨论,产生思维共振,激发与会专家的灵感,激发大家的创见性,以获得有价值的具有新意的观点、思想和创意。

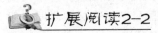

组织头脑风暴会议应遵守的原则

2. 德尔菲法

德尔菲法是在专家个人判断和专家会议方法的基础上发展起来的一个直观预测方法。德尔菲法实质上是一种专家预测意见分析法，它通过选定与预测分析课题有关的领域和专家，与专家建立直接信函联系，通过信函（通常设计成调查表格或问卷）收集专家意见，然后加以综合、整理，再匿名反馈给各位专家，再次征求意见，这样反复经过四五轮，逐步使专家的意见趋于一致，最后获得结论性的意见。

德尔菲法的一般预测程序如下。

第一步：提出要求，明确预测目标，用书面通知被选定专家、专门人员。这里，选择专家是关键。专家一般指掌握某一特定领域知识和技能的人。专家人数不宜过多，一般在8~20人为宜。要求每一位专家讲明有什么特别资料可用来分析这些问题以及这些资料的使用方法。同时，向专家提供有关资料，并请专家提出进一步需要哪些资料。

第二步：专家接到通知后，根据自己掌握的知识和经验，对物流市场的未来发展趋势提出自己的预测，并说明自己的依据和理由，书面答复主持预测的单位。

第三步：主持预测单位或领导小组对专家的预测意见加以归纳整理，对不同的预测值，分别说明其依据和理由（根据专家意见，但不注明是哪个专家的意见），然后再寄给各位专家，要求专家修改自己原有的预测，以及提出还有什么要求。

第四步：专家们接到第二次通知后，就各种预测意见及其依据和理由进行分析，再次进行预测，提出自己修改的预测意见及其依据和理由。如此反复征询、归纳、修改，直到意见基本一致为止，修改的次数，根据需要决定。一般进行到第四轮，专家的预测意见会趋于一致。在此基础上，主持单位可以得到关于物流市场预测问题的最终结论意见。

德尔菲法具有以下三个特点：

（1）反馈性。反馈性表现在多次作业，反复综合、整理、归纳和修正，但不是漫无边际，而是有组织、有步骤地进行。

（2）匿名性。由于专家是背靠背提出各自的意见的，因而可避免心理干扰影响。把专家看成是一架电子计算机，脑子里贮存着许多数据资料，通过分析、判断和计算，可以确定比较理想的预测值。

（3）统计性。对各位专家的估计和预测数进行统计，然后采用平均数或中位数统计出量化结果。

德尔菲法的最大优点是简明直观，操作容易，其预测的准确性和可靠性都比较令人满意，实际应用价值较高。

二、定量分析法

定量分析法是根据历史数据运用数学模型，预测现象的发展状况，或是利用现象内部因素发展的因果关系，推测现象未来变化的趋势。定量分析的方法很多，时间序列模型和因果关系模型是管理预测中的两种主要的定量预测模型,其各自的预测方法分别是时间序列预测法和回归分析预测法。

1. 时间序列预测法

在市场预测中,经常遇到一系列依时间变化的经济指标值,如企业某产品按年(季)的销售量、消费者历年收入、购买力增长统计值等,这些按时间先后排列起来的一组数据称为时间序列。时间序列(又称时间数列)具体来讲就是指将某种经济变量的一组观测值,按其观察得到的时间先后次序排列而成的数列。时间间隔可以是天、周、月、季、年等。

时间序列预测法(又称时间序列分析法、历史引申预测法)是指根据预测对象的时间序列数据,依据事物发展的连续性规律,通过统计分析和建立数学模型,并进行趋势延伸,对预测对象的未来可能值作出定量预测的方法。即根据按时间顺序排列的统计数据及其内在规律性向外延伸,来揭示未来需求发展变化趋势。其内容包括:收集与整理某种社会现象的历史资料;对这些资料进行检查鉴别,排成数列;分析时间数列,从中寻找该社会现象随时间变化而变化的规律,得出一定的模式;以此模式去预测该社会现象将来的情况。

(1) 时间序列预测法分类

时间序列预测法可用于短期、中期和长期预测。根据对资料分析方法的不同,又可分为:简单序时平均数法(算术平均法)、加权序时平均数法、移动平均法、加权移动平均法、指数平滑法、趋势预测法、季节变动趋势预测法、市场生命周期预测法等。

① 简单序时平均数法。简单序时平均数法(又称算术平均法)即把若干历史时期的统计数值作为观察值,求出算术平均数作为下期预测值。这种方法基于下列假设:"过去这样,今后也将这样",把近期和远期数据等同化和平均化,因此只能适用于事物变化不大的趋势预测。如果事物呈现某种上升或下降的趋势,就不宜采用此法。

② 加权序时平均数法。加权序时平均数法就是把各个时期的历史数据按近期和远期影响程度进行加权,求出平均值,作为下期预测值。

③ 移动平均法。移动平均法就是相继移动计算若干时期的算术平均数作为下期预测值。

④ 加权移动平均法。加权移动平均法即将简单移动平均数进行加权计算。在确定权数时,近期观察值的权数应该大些,远期观察值的权数应该小些。

⑤ 指数平滑法。指数平滑法即根据历史资料的上期实际数和预测值,用指数加权的办法进行预测。此法实质是由内加权移动平均法演变而来的一种方法,优点是只要有上期实际数和上期预测值,就可计算下期的预测值,这样可以节省很多数据和处理数据的时间,减少数据的存储量,方法简便。是国外广泛使用的一种短期预测方法。

⑥ 趋势预测法。趋势预测法(又称比较分析法、水平分析法)是通过对财务报表中各类相关数字资料,将两期或多期连续的相同指标或比率进行定基对比和环比对比,得出它

们的增减变动方向、数额和幅度,以揭示企业财务状况、经营情况和现金流量变化趋势的一种分析方法。采用趋势预测法通常要编制比较会计报表。

⑦ 季节变动趋势预测法。季节变动趋势预测法(又称季节变动预测法、季节指数法)指根据经济事物每年重复出现的周期性季节变动指数,预测其季节性变动趋势。推算季节性指数可采用不同的方法,常用的方法有季(月)别平均法和移动平均法两种。

⑧ 市场生命周期预测法。市场生命周期预测法就是对产品市场生命周期的分析研究。例如对处于成长期的产品预测其销售量,最常用的一种方法就是根据统计资料,按时间序列画成曲线图,再将曲线外延,即得到未来销售发展趋势。最简单的外延方法是直线外延法,适用于对耐用消费品的预测。这种方法简单、直观、易于掌握。

(2) 时间序列预测法的步骤

时间序列预测法的步骤具体如下。

① 收集历史资料,加以整理,编成时间序列,并根据时间序列绘成统计图。时间序列分析通常是把各种可能发生作用的因素进行分类,传统的分类方法是按各种因素的特点或影响效果分为四大类:长期趋势(T)、季节变动(S)、循环变动(C)、不规则变动(I)。

② 分析时间序列。时间序列中的每一时期的数值都是由许许多多不同的因素同时发生作用后的综合结果。

③ 求时间序列的长期趋势(T)、季节变动(S)、循环变动(C)和不规则变动(I)的值,并选定近似的数学模式来代表它们。对于数学模式中的诸未知参数,使用合适的技术方法求出其值。

④ 利用时间序列资料求出长期趋势、季节变动、循环变动和不规则变动的数学模型后,就可以利用它来预测未来的长期趋势值T、季节变动值S、循环变动值C,在可能的情况下预测不规则变动值I。然后用以下模式计算出未来的时间序列的预测值Y。

加法模式:$T+S+C+I=Y$

乘法模式:$T \times S \times C \times I = Y$

如果不规则变动的预测值难以求得,就只求长期趋势、季节变动和循环变动的预测值,以两者相乘之积或相加之和为时间序列的预测值。如果经济现象本身没有季节变动或不需预测分季分月的资料,则长期趋势的预测值就是时间序列的预测值,即$T=Y$。但要注意这个预测值只反映现象未来的发展趋势,即使很准确的趋势线在按时间顺序的观察方面所起的作用,本质上也只是一个平均数的作用,实际值将围绕着它上下波动。

2. 回归分析预测法

回归分析预测法,是在分析市场现象自变量和因变量之间相关关系的基础上,建立变量之间的回归方程,并将回归方程作为预测模型,根据自变量在预测期的数量变化来预测因变量关系大多表现为相关关系。

回归分析预测法是一种重要的市场预测方法,当对市场现象未来发展状况和水平进行预测时,如果能将影响市场预测对象的主要因素找到,并且能够取得其数量资料,就可以采用回归分析预测法进行预测。它是一种具体的、行之有效的、实用价值很高的常用市场预测方法,常用于中短期预测。

(1) 回归分析预测法的分类

依据相关关系中自变量的个数不同分类,可分为一元回归分析预测法和多元回归分析预测法。在一元回归分析预测法中,自变量只有一个,而在多元回归分析预测法中,自变量有两个以上。依据自变量和因变量之间的相关关系不同,可分为线性回归预测和非线性回归预测。

(2) 回归分析预测法的步骤

① 根据预测目标,确定自变量和因变量。明确预测的具体目标,也就确定了因变量。如预测具体目标是下一年度的销售量,那么销售量 Y 就是因变量。通过市场调查和查阅资料,寻找与预测目标相关的影响因素,即自变量,并从中选出主要的影响因素。

② 建立回归分析预测模型。依据自变量和因变量的历史统计资料进行计算,在此基础上建立回归分析方程,即回归分析预测模型。

③ 进行相关分析。回归分析是对具有因果关系的影响因素(自变量)和预测对象(因变量)所进行的数理统计分析处理。只有当自变量与因变量确实存在某种关系时,建立的回归方程才有意义。因此,作为自变量的影响因素与作为因变量的预测对象是否有关,相关程度如何,以及判断这种相关程度的把握性多大,就成为进行回归分析必须要解决的问题。进行相关分析,一般要求出相关关系,以相关系数的大小来判断自变量和因变量相关的程度。

④ 检验回归预测模型,计算预测误差。回归预测模型是否可用于实际预测,取决于对回归预测模型的检验和对预测误差的计算。回归方程只有通过各种检验且预测误差较小,才能将其作为预测模型进行预测。

⑤ 计算并确定预测值。利用回归预测模型计算预测值,并对预测值进行综合分析,确定最后的预测值。

(3) 应用回归分析预测法时应注意的问题

应用回归分析预测法时应先确定变量之间是否存在相关关系。如果变量之间不存在相关关系,对这些变量应用回归分析预测法就会得出错误的结果。正确应用回归分析预测法时应注意以下几点:

① 用定性分析判断现象之间的依存关系;

② 避免回归预测的任意外推;

③ 应用合适的数据资料。

回归分析预测法是一种比较经典,也比较实用的预测方法。正是由于它经典,因此也就较为成熟,再加上比较容易理解,运用也就比较广泛。相比之下,线性回归预测法比非线性回归预测法的运用更广些。在实际使用过程中,如果在选择具体的方法和模型时能对数据作较为详细的分析,对图形的观察分析也能仔细一点,预测结果也就会比较令人满意。

当然回归分析最大的特点就是在偶然中发现必然,而实际情况却常常是千变万化的,有时偶然因素的影响也会超过必然,这时预测结果也就不能很如意,这就要求在预测工作中不能机械,要会灵活运用,要注意了解会影响预测结果的偶然情况,以便对预测结果进行适当修正,这样才能使预测结果更接近实际。

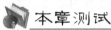 本章测试

一、单项选择题

1. 要了解我国农村经济的具体情况,最适合的调查方式是(　　)。
   A. 普查　　　　　　B. 重点调查　　　　C. 典型调查　　　　D. 抽样调查
2. 工业企业生产设备普查中,工业企业的每一台生产设备是(　　)。
   A. 调查对象　　　　B. 调查单位　　　　C. 调查项目　　　　D. 填报单位
3. 下列调查中,调查单位与填报单位一致的是(　　)。
   A. 企业设备调查　　　　　　　　　　　B. 人口普查
   C. 农村耕地调查　　　　　　　　　　　D. 工业企业现状调查
4. 抽样调查与典型调查的主要区别是(　　)。
   A. 灵活机动的程度不同　　　　　　　　B. 涉及的调查范围不同
   C. 对所研究总体推算方法不同　　　　　D. 确定所要调查的单位方法不同
5. 针对大批量商品进行质量检验,最科学的检验方法是(　　)。
   A. 抽样调查　　　　B. 全面调查　　　　C. 典型调查　　　　D. 重点调查

二、判断题

1. 调查单位与填报单位是一致的。(　　)
2. 调查时间专指调查工作进行的起止时间。(　　)
3. 统计报表制度是国家规定的一种统计报告制度。(　　)
4. 我国人口普查每十年进行一次,它属于经常性调查。(　　)
5. 采用重点调查搜集资料时,选择的调查单位是标志值较大的单位。(　　)

三、思考题

1. 某市 30 家物流运输公司拥有运输车辆资料如下,试按运输车辆编制变量数列,并写出步骤。

```
9  10  9  8  7  9  10  11  10
8  10  8  7  7  8  8    9  10
8  9   8  7  9  8  9  10   7  11
```

2. 某市 30 家物流企业月运输里程(吨公里)资料如表 2-16 所示。

表 2-16　某市 30 家物流企业月运输里程统计表

按月运输里程分组	企业个数	组中值（元）	比重(%)	向上累计		向下累计	
				个数	比重(%)	个数	比重(%)
3 000 以下	1						
3 000～4 200	4						
4 200～5 400	6						
5 400～6 600	8						
6 600～7 800	4						
7 800～9 000	4						
9 000 以上	3						
合计	30						

要求：根据表 2-16 计算各组组中值、频率以及累计频数和累计频率。

扩展阅读 2-3

冷链物流配送

第三章

统计分析基本指标

本章导读

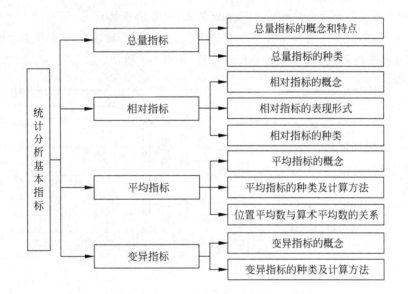

知识目标

- ➢ 了解统计分析基本指标,熟悉总量指标、相对指标、平均指标和变异指标的特点;
- ➢ 熟悉统计分析基本指标,掌握和理解相对指标、平均指标和变异指标的计算方法;
- ➢ 熟悉几类平均指标与变异指标之间的区别和联系。

> **技能目标**
> - 掌握总量指标和相对指标的计算及分析方法,并能够根据具体案例进行有关分析;
> - 掌握平均指标和标志变异指标的计算及分析方法,熟练掌握极差、标准差等标志变异指标的计算方法。

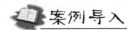

解读 2017 年上半年物流运行情况

一、社会物流总额稳步回升

上半年,全国社会物流总额为 118.9 万亿元,按可比价格计算,同比增长 7.1%,增速与一季度持平,比上年同期提高 0.9 个百分点。总体来看,物流需求各季度增速平稳,比上年同期增幅有所扩大,回升的态势更加明显,如图 3-1 所示。

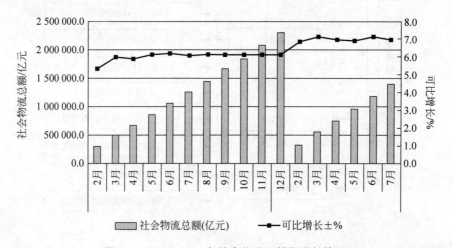

图 3-1　2016—2017 年社会物流总额及增长情况

其中,上半年工业品物流总额 110.3 万亿元,按可比价格计算,同比增长 6.9%,增速比一季度提高 0.1 个百分点,比上年同期提高 0.9 个百分点;进口货物物流总额 6.1 万亿元,同比增长 12.5%,增速比一季度回落 3.1 个百分点,比上年同期提高 4.9 个百分点;农产品物流总额 1.2 万亿,同比增长 3.5%,增速比一季度提高 0.5 个百分点;单位与居民物品物流总额同比增长 30.9%,增速比一季度回落 0.1 个百分点。

二、社会物流总费用平稳增长,物流效率有所提升

上半年,社会物流总费用5.6万亿元,同比增长10.2%,增速总体平稳,比一季度有小幅提高0.2个百分点。上半年社会物流总费用与GDP的比率为14.6%,比一季度回落0.3个百分点,反映出物流运行效率有所提升,如图3-2所示。

从构成看,运输费用2.9万亿元,同比增长13.0%,增速比一季度提高0.4个百分点;保管费用1.9万亿元,同比增长6.9%,比一季度提高0.1个百分点;管理费用0.7万亿元,同比增长8.0%,与一季度持平。

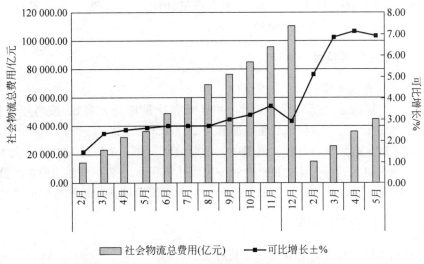

图3-2　2016—2017年社会物流总费用及增长情况

三、物流市场规模稳步扩大

上半年,物流市场规模稳步增长,市场化程度持续提升。上半年,物流业总收入为4.2万亿元,同比增长12.9%,比一季度提高0.1个百分点。

资料来源:中国物流与采购网资料汇编

引例思考

1—7月份,物流运行总体平稳。物流需求增速略有回落,但稳中向好、结构调整深化的发展态势未变。物流服务价格形势稳定,物流市场规模稳步增长,社会物流总费用增速趋缓,物流企业经营状况良好,物流运行质量和效益继续改善。

第一节　总量指标

按统计指标的作用和表现形式不同,可以分为总量指标、相对指标和平均指标。由于事物的内容决定其形式,因此,我们所说的总量指标是数量指标的表现形式,相对指标和

平均指标是质量指标的表现形式。

一、总量指标的概念和特点

（一）总量指标的概念

总量指标是反映社会经济现象在一定时间、地点和条件下的总规模、总水平、总成果的统计指标。它反映被研究对象实在的、绝对的数量，故又称为绝对指标或绝对数。例如，一个国家或地区的人口数、土地面积、粮食产量、国内生产总值、进出口贸易额、商品流转额、固定资产投资额等，都是总量指标。

（二）总量指标的特点

总量指标具有以下特点。

（1）总量指标的表现形式为绝对数，并且要有计量单位。例如，按当年价格计算，2014年我国交通运输、仓储和邮政业增加值为28 750.0亿元。

（2）总量指标的数值随着研究范围的大小而增减。如一个省的人口一定大于其所含的某一个县的人口数；一个县的粮食产量一定大于其所含的某一个乡的粮食产量。

（3）只有对有限总体才能计算总量指标。对于无限总体只能采取近似值。

二、总量指标的种类

可以根据不同的标准对总量指标进行分类。

（一）按总量指标反映的内容不同分类

总量指标按其反映的内容不同，可分为总体单位总量和总体标志总量。

1. 总体单位总量

用来反映总体中总体单位数的多少，说明总体本身规模大小的指标。如以企业为单位时的企业总数、以职工为单位时的职工总人数、以学校为单位时的学生总人数等。

2. 总体标志总量

用来反映总体单位某一数量标志所有标志值的总和，表示其数量规模的指标。如某一总体范围内各企业的增加值、各户粮食产量、某地区用水总量等。

一个总量指标是属于总体单位还是总体标志总量不是固定不变的，随着研究目的的不同和研究对象的变化，它是可以转化的。如果研究对象是企业，则全部企业就是一个总体，它包括的企业个数就是总体单位总量，而企业中的职工人数、产值等指标就是总体标志总量。如果统计的目的在于了解整个职工队伍的收入状况，那么职工总人数就是总体单位总量，而工资总额则是总体标志总量。

（二）按总量指标反映的时间状况不同分类

总量指标按其反映的时间状况不同，可分为时期指标和时点指标。

1. 时期指标

反映现象在一定时期内发展过程的总量，如产品产量、产值、商品流转额、人口出生数、固定资产投资完成额等。时期指标具有以下特点：

（1）时期指标各时期的数值可以直接相加，其和说明较长时间内社会经济现象发生的总量。

（2）时期指标的数值大小与时期的长短有直接关系，如一年的商品销售额一定大于一个月的商品销售额。

（3）时期指标的数值是通过连续登记取得的。

2. 时点指标

反映现象在某一时刻（瞬间）上状况的总量，如人口数、企业数、生猪存栏头数、固定资产净值、机器台数、商品库存额等。时点指标具有以下特点：

（1）不同时点上的时点指标数值不具可加性。不同时点上的时点数值直接相加，除在有关指标的计算过程中需要外，没有实际意义。

（2）时点指标数值大小与时点间隔没有直接关系。如年末的商品库存额不一定比某月月末的库存额大。

（3）时点指标的数值一般是通过间断登记取得的。

（三）按总量指标采用的计量单位不同分类

总量指标按其采用的计量单位不同，可以分为实物量指标、价值量指标和劳动量指标。

1. 实物量指标

以实物单位计量的总量指标，如人口总数、职工人数、粮食产量、钢铁产量、煤炭产量、设备台数等。实物量指标的优点是能直接反映产品的使用价值的大小；其缺点是指标的综合性能较差。

2. 价值量指标

以货币单位计量的总量指标，如国民生产总值、国民收入、固定资产投资额、社会商品零售额等。价值量指标的优点是具有广泛的综合性能和概括能力；其缺点是指标比较抽象、脱离物质内容。所以分析问题时总是实物量指标与价值量指标结合应用。

3. 劳动量指标

以劳动单位计量的总量指标，如出勤工时、缺勤工时、生产实用工时等。

第二节 相对指标

一、相对指标的概念

相对指标又称相对数,是社会经济现象中两个有联系的指标数值之比。其中作为比较基础的量称为基数,作为进行比较的量称为对比数,即

$$相对数 = \frac{对比数}{基数}$$

相对指标有以下两个特点:第一,它是一种抽象化了的数值,反映现象之间差别的相对程度;第二,其数值大小不随总体范围的大小而变化。

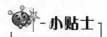

社 保 基 数

社保缴费基数是以社会平均工资的 60%～300% 为缴纳基数,比如社会平均工资是 1 000 元,缴纳的基数可以是 600～3 000 元。例如以上海市 2004 年的情况为例,2003 年社会月平均工资是 1 847 元。如果你的月工资超过了 1 847×3＝5 541 元,则社保缴纳基数是 5 541 元;如果你的月工资低于 1 847×60%＝1 108.2 元,则社保缴纳基数是 1 108.2 元。要是工资在 1 108.2～5 541 元之间,那基数就是你的工资。

二、相对指标的表现形式

相对指标的表现形式有两种:一是无名数,二是有名数。

1. 无名数

无名数是一种抽象化的数值,具体表现形式有:

(1) 系数或倍数。系数和倍数是将对比基数定为 1 而计算出来的相对数。两个数字对比,分子数值和分母数值差别不大时常用系数。如工资等级系数、固定资产磨损系数和固定资产有用系数等。两个数字对比,分子数值大于分母数值很多时常用倍数。如我国 2014 年客运量为 2 209 391 万人,是 2000 年产量的 1.49 倍。

(2) 成数。成数是将对比的基数定为 10 而计算出来的相对数。如今年粮食产量比去年增加一成,即增产 1/10。

(3) 百分数和千分数。百分数和千分数是将对比基数定为 100 或 1 000 而计算出来的相对数,分别用 % 和 ‰ 表示。其中百分数是计算相对指标数值时最常用的一种形式,如计划完成程度、发展速度、增长速度都是用百分数表示的。当对比的分子数值比分母数值

小很多时,宜用千分数表示,如人口出生率、人口死亡率、人口自然增长率等。

2. 有名数

有名数是一般用来表现强度相对指标的数值。它将相对指标中的分子与分母指标数值的计量单位同时使用,以表现事物的密度、强度及普遍程度等。如人口密度用"人/平方公里",人均国民生产总值用"元/人"表示等。

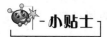

比例相对指标和结构相对指标有何区别

比例相对指标和结构相对指标是从两个不同的角度来分析总体内各组成部分的数量对比关系。结构相对数是一种从属关系,分子数值是分母数值的一部分;比例相对数是一种并列关系,分子与分母数值都是总体中某部分的数值,分子分母位置可以互换。与结构相对数类似的是,比例相对数分子与分母既可以同是总体单位总量,也可以同是总体标志总量。

结构相对指标在经济研究中具有重要作用。结构相对指标能够反映总体内部结构和现象的类型特征、总体内部各组成部分的分配比重及其变化情况,从而深刻认识事物各个部分的特殊性质及其在总体中所占有的地位和地位的变化。

三、相对指标的种类

统计中的相对指标根据研究目的和任务的不同,大体上可以分为以下六种。

(一) 结构相对指标

结构相对指标是反映同一时期总体内部组成状况的相对数。它是利用分组法,将总体区分为若干部分,以部分数值与总体数值对比计算各部分所占比重的一种相对数,常用百分数的形式表示。其计算公式为

$$结构相对数 = \frac{总体部分数值}{总体全部数值} \times 100\%$$

例如,根据我国六次人口普查资料,总人口性别结构如表 3-1 所示。

表 3-1　人口普查性别结构　　　　　　　　　　　　　　　%

	第一次	第二次	第三次	第四次	第五次	第六次
男性	51.82	51.33	51.50	51.60	51.63	51.27
女性	48.18	48.67	48.50	48.40	48.37	48.73
合计	100.00	100.00	100.00	100.00	100.00	100.00

注:数据来源于国家统计局公布的第一次至第六次全国人口普查数据。

由表 3-1 可见,新中国成立以来,我国人口性别结构基本是稳定的,男性人口在总人口中所占比重略大于女性。结构相对指标有两个特点:

(1) 结构相对指标具有可加性,各部分比重之和等于 1 或 100%;

(2) 结构相对数的分子分母不能互换。

(二) 比例相对指标

比例相对指标是反映总体中各部分之间数量联系程度和比例关系的相对数。其计算公式为

$$比例相对数 = \frac{总体中某一部分的数值}{总体中另一部分的数值}$$

在实际中,常见的比例相对指标主要有男女性别比例、农轻重比例、投资和消费比例等。改革开放以来,我国内需总体上保持了较快增长。但是,消费占内需的比重波动下降,投资所占比重则波动上升,投资和消费失衡问题日趋严重。从经验数据出发,考虑到我国目前所处的经济发展阶段以及各国经验,我国较好的投资与消费比例关系应该是:投资率一般不应高于 40%,消费率不应低于 60%。而且,从历史经验来看,若要保持一个较合理的投资和消费比例关系,经济增长速度不宜过快。

2014 年我国投资率和消费率分别为 45.9% 和 51.4%,投资和消费比例为 0.89,与 2000 年的 0.53 相比有明显改善。预计到 2020 年我国投资率可能降到 35% 以下,消费率可能上升到 60% 以上。

比例相对指标所反映的比例关系,属于一种结构性的比例。其作用同结构相对指标相同,只是对比的方法不同,侧重点有所差别。其特点是:

(1) 反映的是总体内部各部分之间的比例关系;

(2) 分子分母可以互换,其分子和分母既可以是总体单位总量,也可以是总体标志总量;

(3) 不具有可加性。

居民消费率

居民消费率是指一个国家或地区在一定时期内,用于居民个人消费和社会消费的总额占当年国民支出总额或国民收入使用额的比率,已经成为衡量一国经济发展良性与否的重要指标。居民消费率=居民的边际消费倾向×居民可支配收入占国民可支配收入的比重。居民消费率不合理直接关系到居民的消费能力和消费水平,影响国民经济的健康正常运行。

(三) 比较相对指标

比较相对指标是反映同一现象在同一时间不同总体的数量对比关系的相对数。其计算公式为

$$比例相对数 = \frac{某一总体的某类指标数值}{另一总体的同类指标数值}$$

这一指标用来说明某类现象在同一时期内不同国家、地区、单位之间的差异程度。如把企业的各项技术经济指标与同类企业的先进水平对比,或与国家规定的标准对比,可以找出差距,从而为提高企业和整个工业部门的生产水平、经营管理水平提供重要依据。又如在表明国家经济实力方面,将反映国家经济力量的主要指标与世界各国的同类指标对比,可以表明国与国之间经济发展水平的差异程度。

2017 年一些国家的人均国内生产总值资料如表 3-2 所示。

表 3-2 2017 年不同国家人均国内生产总值   美元

排名	国家或地区	人均 GDP（现价美元）	排名	国家或地区	人均 GDP（现价美元）
1	卢森堡	107 708	22	英国	38 846
2	瑞士	80 836	23	日本	38 550
3	挪威	73 615	24	阿联酋	37 346
4	冰岛	73 092	25	意大利	31 618
5	爱尔兰	68 604	26	韩国	29 730
6	卡塔尔	60 811	27	西班牙	28 212
7	美国	59 495	28	文莱	27 893
8	丹麦	56 334	29	马耳他	27 567
9	澳大利亚	56 135	30	科威特	27 236
10	新加坡	53 880	31	巴林	25 169
11	瑞典	53 248	32	塞浦路斯	24 740
12	圣马力诺	47 302	33	巴哈马	24 510
13	荷兰	48 271	34	斯洛文尼亚	23 276
14	奥地利	46 435	35	沙特阿拉伯	20 957
15	芬兰	45 692	36	葡萄牙	20 575
16	加拿大	44 773	37	捷克	19 818
17	德国	44 184	38	爱沙尼亚	19 618
18	比利时	43 243	39	希腊	18 945
19	新西兰	41 629	40	斯洛伐克	17 491
20	以色列	39 974	41	帕劳	17 570
21	法国	39 673	42	阿曼	17 406

续表

排名	国家或地区	人均GDP（现价美元）	排名	国家或地区	人均GDP（现价美元）
43	乌拉圭	17 252	59	哥斯达黎加	11 856
44	巴巴多斯	17 158	60	黎巴嫩	11 683
45	安提瓜和巴布达	16 826	61	土耳其	10 434
46	圣基茨和尼维斯	16 490	62	罗马尼亚	10 372
47	立陶宛	16 443	63	格林纳达	10 328
48	塞舌尔	15 658	64	俄罗斯	10 248
49	拉脱维亚	15 402	65	巴西	10 019
50	特立尼达和多巴哥	14 784	66	圣卢西亚	9 780
51	巴拿马	14 409	67	毛里求斯	9 671
52	智利	14 314	68	马来西亚	9 659
53	阿根廷	14 061	69	墨西哥	9 249
54	匈牙利	13 459	70	多米尼克	8 591
55	波兰	13 429	71	哈萨克斯坦	8 585
56	克罗地亚	12 862	72	中国	8 582
57	马尔代夫	12 568	73	瑙鲁	8 574
58	赤道几内亚	11 948	74	保加利亚	7 923

数据来源：《中国统计年鉴2018》

通过表3-2可知，2017年，中国人均国内生产总值不足9 000美元，不仅低于主要发达国家，而且与墨西哥、阿根廷、巴西等发展中国家相比差距依然明显。

其特点是：

(1) 在一般情况下，分子分母数值可以互换，从不同的角度来说明同一问题。

(2) 比较相对数既可以是绝对数对比，也可以是相对数或平均数对比。由于总量指标易受总体范围和生产条件的影响，不能确切地反映要说明的问题，因此，计算比较相对数，更多地采用相对数或平均数进行对比。

(3) 比较相对指标不具有可加性。

(四) 动态相对指标

动态相对指标是反映同一现象在不同时间上变动程度的相对数。其计算公式如下：

$$动态相对数 = \frac{报告期水平}{基期水平} \times 100\%$$

所谓基期，就是用来作为比较标准(基础)的时期；所谓报告期，就是同基期对比的时期，或者说，是所研究的时期。

例如,2017年我国研究生招生数为80.5万人,2016年为66.7人,则

$$动态相对数 = \frac{80.5}{66.7} \times 100\% = 120.7\%$$

计算结果表明,2017年我国研究生招生数与2016年相比增长20.7%。

动态相对数的特点是:

(1) 先发生的作为基期数值,后发生的作为报告期数值;

(2) 分子分母不可能相互对换。

(五) 强度相对指标

1. 强度相对指标计算公式

强度相对指标是两个性质不同但有一定联系的总体的指标相对比而得到的相对数。它反映现象的强度、密度和普遍程度。其计算公式如下:

$$强度相对数 = \frac{某一总体的指标数值}{另一有联系而性质不同的总体的指标数值}$$

2. 常见强度相对指标

强度相对指标在实际中应用非常广泛,常见的强度相对指标主要有:

(1) 反映现象的发展程度、经济实力的强度相对指标。如人均国民生产总值、人均粮食产量、人均能源消耗量等。

(2) 反映现象的密度和普遍程度的强度相对指标。如商业网密度、人口密度、铁路或公路网密度等。

(3) 反映企业经济效益和经济管理好坏的强度相对指标。如流通费用率、资金利税率、成本利税率、资金产值率、万元GDP能耗、万元GDP水耗等。

(4) 反映社会生产条件或成果的相对指标。如每一个职工平均拥有的固定资产额、每万亩耕地拥有的拖拉机台数、每万元产值创造的利润、每千人拥有的医院卫生院床位数、每千人拥有的科技人员数、每千人拥有的大学生人数等。

(5) 反映社会经济现象变化情况的强度相对指标。如人口出生率、人口死亡率、人口自然增长率等。

3. 强度相对指标的特点

强度相对指标具有以下特点。

(1) 强度相对指标在多数情况下是用复名数来表示的。例如,人口密度用人/平方公里,人均国民生产总值用元/人来表示等。但有时也用千分数或百分数来表示,如人口出生率、死亡率、自然增长率通常用千分数表示,流通费用率用百分数表示。

(2) 这一指标带有平均的含义,但又区别于平均指标,因为平均指标是将总体标志总量与总体单位总量相比,不涉及两个总体,而强度相对指标则是不同总体间的指标数值之比。

(3) 某些强度相对指标的分子分母可以互换,使这一指标有正逆之分。如城市商业网密度,正指标表示每千人拥有的商业网点数,逆指标表示每个商业网点服务的人数。

例：某城市人口为 100 万人,有零售商店 5 000 个,则该城市零售商业网密度为：

$$零售商业网点密度 = \frac{5\ 000\ 个}{1\ 000\ 000\ 人} = 5\ 个/千人$$

$$零售商业网点密度 = \frac{1\ 000\ 000}{5\ 000} = 200\ 人/千人$$

由此可见,强度相对指标的数值大小与现象的发展程度或密度成正比的叫正指标,与现象的发现程度或密度成反比的叫逆指标。

(六) 计划完成情况相对指标

计划完成情况相对指标,是以现象在某一时间内的实际完成数值与计划任务对比而得到的相对数。用来检查、监督计划的完成情况,通常叫计划完成百分比。其基本计算公式如下：

$$计划完成情况相对数 = \frac{实际完成数}{计划数} \times 100\%$$

公式中的分母是计划指标数值,分子是反映计划执行结果的实际值。因此,要求分子分母在指标含义、计算口径、计算方法、计量单位、时间长度和空间范围等方面完全一致。该指标反映了计划的执行情况。其特点是：

(1) 由于计划数总是衡量计划完成情况的标准,故分子分母不得互换;

(2) 判断计划完成程度的好坏,要视指标的类型而定。

对于正指标,如产量、产值、劳动生产率等,计划完成情况相对数大于 100% 才算超额;对于逆指标,如单位产品成本、流通费用率等,计划完成情况相对数小于 100% 才算超额;对于少数指标,如职工人数、工资总额、固定资产投资额等,是不允许突破计划的,这些指标的计划完成情况相对数以 100% 为好。

在实际中,计划数不仅可以表现为绝对数,而且可以表现为相对数和平均数,所以,计划完成情况相对指标可以用绝对数计算,也可以用相对数或平均数计算。

1. 计划数为绝对数时的计算方法

计划数为绝对数时,可以有两种计算方法。

一种是实际完成数和计划数都是同一时期的。它可以用来说明某段时间内计划执行情况的总结果。这种情况可以直接利用基本公式计算。例如,2018 年某企业总产值计划任务数为 4 000 万元,实际完成 4 200 万元,其计划完成情况为

$$计划完成情况相对数 = \frac{4\ 200}{4\ 000} \times 100\% = 105\%$$

计算结果表明,2018年该企业超额5%完成总产值计划。

另一种是自计划期初至某时间的累计完成数对计划期全期计划数之比。它可用来分析整个计划期间计划的执行进度。其计算公式为

$$\text{计划执行进度相对数} = \frac{\text{自计划期初至某时间的实际累计完成数}}{\text{全期计划数}} \times 100\%$$

例如,某物流企业2018年产值计划完成情况如表3-3所示。

表3-3 某物流企业2018年产值计划完成情况

季度	计划产值(万元)	实际产值(万元)	实际累计产值(万元)	计划执行进度(%)
第一季度	3 000	2 800	2 800	18.1
第二季度	3 500	3 200	6 000	38.7
第三季度	4 000	4 000	10 000	64.5
第四季度	5 000	—	—	—
全 年	15 500			

计算结果表明,该企业2018年产值计划执行进度情况是:第一季度只完成全年计划的18.1%;截至第二季度完成了全年计划的38.7%;截至第三季度,已完成了全年计划进度的64.5%,因此,该企业应在第四季度多方采取具有针对性的措施,才能完成全年的产值计划。

2. 计划数为相对数时的计算方法

计划数为相对数时,计算计划完成情况相对指标的计算公式为

$$\text{计划完成情况相对数} = \frac{\text{实际完成百分比}}{\text{计划规定手工艺百分比}} \times 100\%$$

它适用于考核社会经济现象的降低率、增长率的计划完成情况。如考核某物流企业的成本降低率、流通费用降低率、人口自然增长率等计划完成情况。

(1) 计划数为增长率时,计划完成情况相对数的计算公式为

$$\text{计划完成情况相对数} = \frac{1 + \text{实际增长率}}{1 + \text{计划增长率}} \times 100\%$$

例:某企业计划规定劳动生产率比上年提高15%,实际提高了18%。则:

$$\text{计划完成情况相对数} = \frac{1+18\%}{1+15\%} \times 100\% = \frac{118\%}{115\%} \times 100\% = 102.6\%$$

计算结果表明,劳动生产率超额2.6%完成计划。

(2) 计划数为降低率时,计划完成情况相对数的计算公式为

$$\text{计划完成情况相对数} = \frac{1 - \text{实际降低率}}{1 - \text{计划降低率}} \times 100\%$$

例：某物流企业上年度实际人均成本为 500 元，本年度计划比上年降低 4%，实际降低了 5%。则：

$$计划完成情况相对数 = \frac{1-5\%}{1-4\%} \times 100\% = 98.96\%$$

计算结果表明，实际成本比计划任务降低了 1.04%。

3. 计划数为平均数时的计算方法

计划数为平均数时，计算计划完成情况相对指标的公式为

$$计划完成情况相对数 = \frac{实际平均水平}{计划平均水平} \times 100\%$$

它适用于考核以平均水平表示的经济指标的计划完成情况，如劳动生产率、平均成本、平均价格等。

例：某物流企业单位成本水平计划为 40 元，实际为 45 元。则：

$$计划完成情况相对数 = \frac{45}{40} \times 100\% = 113.33\%$$

计算结果表明，产品单位实际成本高于单位计划成本 13.33%。

第三节 平均指标

一、平均指标的概念

在社会经济现象的同质总体中，每个单位都有区别于其他单位的特征，表现在数量上就是大小不等、高低有别。如近几年我国国民经济是稳定发展的，但各个行业、企业具体的发展速度则是快慢不一的；再如每个人的年龄大小也是不等的。如果我们要对总体的数量有个概括的、一般的认识，显然不能用某一单位的数量来说明，而需找到一个抽象的量，即平均指标。

平均指标又称统计平均数，是表明同类社会经济现象在一定时间、地点、条件下所达到的一般水平的代表性指标。例如，用平均工资代表职工工资的一般水平；用平均亩产量代表粮食生产的一般水平等。平均指标的特点，是将总体各单位标志值的具体差异抽象化，用一个代表性数值来说明总体的一般水平。平均指标是社会经济统计中最常用的综合指标之一。

二、平均指标的种类及计算方法

平均指标的种类主要有算术平均数、调和平均数、几何平均数、中位数和众数五种，此外还有分位数和切尾均值。其中算术平均数、调和平均数和几何平均数都是根据分布数列中各单位标志值计算得来的，称它们为数值平均数或计算平均数；中位数、分位数和众

数是根据分布数列中某些标志值所处的位置来确定的,所以称为位置平均数。

(一)算术平均数

算术平均数是计算平均指标的最常用方法和最基本的形式。这是由于社会经济生活中存在的大量情况是:社会经济现象总体的标志总量为总体各个单位标志值的算术和。如,企业职工的工资总额是每个职工工资加总而得到的;某校学生总人数是全校各班人数的总和。在这种情况下,平均指标最适合采用算术平均数的形式,基本公式如下:

$$算术平均数 = \frac{总体标志总量}{总体单位总量}$$

如某企业某月的工资总额为 140 000 元,职工总人数为 100 人,则该企业职工月平均工资为 1 400 元。即

$$平均工资 = \frac{工资总额}{职工总人数} = \frac{140\ 000}{100} = 1\ 400(元)$$

由上例可见,计算算术平均数时,总体标志总量依附于总体单位数。这就告诉我们,使用此公式时,必须保证分子与分母所包含口径的严格一致,即各标志值与各单位之间是一一对应的,否则,计算平均指标就失去了意义。这也是平均指标与强度相对指标的不同点。

在实际工作中,由于掌握资料不同,算术平均数可分为简单算术平均数和加权算术平均数两种。

1. 简单算术平均数

简单算术平均数就是将总体各单位的标志值简单加总,除以总体单位数而求得的平均数。它适用于未分组资料。

例如,某配送中心某分拣小组有 5 名工人,各人每分钟分拣量为 14、15、16、17、18 件,则这 5 名工人的平均每分钟分拣量为

$$平均每分钟分拣量 = \frac{14+15+16+17+18}{5} = 16(件)$$

将上式用符号表示为

$$\bar{x} = \frac{x_1 + x_2 + x_3 + \cdots + x_n}{n} = \frac{\sum x}{n}$$

式中:$\bar{x}$ 代表算术平均数;x 代表单位标志值(变量值);n 代表总体单位数(项数);$\sum$ 是求总和的符号。

2. 加权算术平均数

当掌握的资料是分组资料,并已编成了变量数列,且各组次数不相等时,就需要采用

加权算术平均数的方法计算平均数。加权算术平均数可以根据不同形式的变量数列来计算。

(1) 由单项数列计算算术平均数

例：某物流企业 20 个工人的日产值资料如表 3-4 所示。

表 3-4 某物流企业 20 个工人的日产值

日产值（万元）	工人数（人）	总产值（万元）
14	2	28
15	4	60
16	8	128
17	5	85
18	1	18
合　计	20	319

计算工人的平均日产量，应先将各组工人的日产值与工人数相乘求出各组工人的产值，然后加总求得全部工人的总产值，并与工人数相比。具体计算方法如下：

$$平均日产值 = \frac{14 \times 2 + 15 \times 4 + 16 \times 8 + 17 \times 5 + 18 \times 1}{2 + 4 + 8 + 5 + 1} = \frac{319}{20} = 15.95（万元）$$

若以 x 代表各组标志值，f 代表各组单位数（各组标志值出现的次数），$\bar{x}$ 代表算术平均数，则加权算术平均数的公式为

$$\bar{x} = \frac{x_1 f_1 + x_2 f_2 + x_3 f_3 + \cdots + x_n f_n}{f_1 + f_2 + f_3 + \cdots + f_n} = \frac{\sum xf}{\sum f}$$

可见，加权算术平均数的大小，不仅受各组标志值大小的影响，而且还受各组次数多少的影响。次数多的标志值对平均数的影响大，次数少的标志值对平均数的影响小。各组标志值次数的多少对平均数具有权衡轻重的作用。因此，将各组单位数（次数）称为权数，将以上平均数的计算形式称为加权算术平均数。

当各个标志值的权数都完全相同时，权数就失去了权衡轻重的作用，这里，加权平均数就等于简单算术平均数。即

当 $f_1 = f_2 = f_3 = \cdots = f_n$ 时，则，$\bar{x} = \dfrac{\sum xf}{\sum f} = \dfrac{f \sum x}{nf} = \dfrac{\sum x}{n}$

(2) 由组距数列计算加权算术平均数

根据组距数列计算加权算术平均数与根据单项数列计算加权算术平均数的方法基本相同。只是要先计算出各组的组中值，用以代替各组的标志值，然后计算加权算术平均数。例如表 3-5。

表 3-5　某地区 120 家物流企业的利润额

按利润额分组(万元)	组中值 x	企业数 f(个)	总利润 xf(万元)
200 万~300 万元	250	19	4 750
300 万~400 万元	350	30	10 500
400 万~500 万元	450	41	18 450
500 万~600 万元	550	17	9 350
600 万元以上	650	13	8 450
合　计	—	120	51 500

则每家物流企业的平均利润额为

$$\bar{x} = \frac{\sum xf}{\sum f} = \frac{51\,500}{120} = 429.17(万元)$$

应当指出,在组距数列情况下,利用组中值代替标志值计算算术平均数,是假定各组内的标志值是均匀分布的,实际上并不一定是均匀分布的。因而,根据组中值计算的加权算术平均数只是一个近似值。

(二) 调和平均数

调和平均数是各个标志值(变量值)倒数的算术平均数的倒数。由于它是根据标志值的倒数计算的,因此也称为倒数平均数。与算术平均数一样,由于资料不同,调和平均数也分为简单调和平均数和加权调和平均数。

1. 简单调和平均数

依定义,简单调和平均数的公式为

$$\overline{x_H} = \frac{1}{\dfrac{\dfrac{1}{x_1}+\dfrac{1}{x_2}+\dfrac{1}{x_3}+\cdots+\dfrac{1}{x_n}}{n}} = \frac{n}{\dfrac{1}{x_1}+\dfrac{1}{x_2}+\dfrac{1}{x_3}+\cdots+\dfrac{1}{x_n}} = \frac{n}{\sum \dfrac{1}{x}}$$

式中,$\overline{x_H}$ 为调和平均数;x 代表各个标志值;n 代表标志值的项数。

在实际工作中,简单调和平均数用得很少,但通过介绍可以了解调和平均数的由来。

2. 加权调和平均数

如掌握资料是分组资料,则应采用加权调和平均数计算。

设 m 为调和平均数的权数,则加权调和平均数的公式为

$$\overline{x_H} = \frac{m_1+m_2+m_3+\cdots+m_n}{\dfrac{m_1}{x_1}+\dfrac{m_2}{x_2}+\dfrac{1}{x_3}+\cdots+\dfrac{m_n}{x_n}} = \frac{\sum m}{\sum \dfrac{m}{x}}$$

例如,甲乙两城市某种商品的单价及商品销售额资料如表 3-6 所示,试计算商品平均单价。

表 3-6 甲乙两城市某种商品平均单价计算表

城 市	商品单价 x(元/公斤)	商品销售额 m(元)	销售量 m/x(公斤)
甲	1.0	5 000	5 000
乙	1.2	4 800	4 000
合 计	—	9 800	9 000

商品平均价格是商品销售额与商品销售量之比，但是在没有掌握商品销售量资料情况下，要计算平均价格，就不能直接用算术平均数的方法，而需用调和平均数。

$$商品平均价格：\overline{x}_H = \frac{\sum m}{\sum \frac{m}{x}} = \frac{5\,000 + 4\,800}{\frac{5\,000}{1.0} + \frac{4\,800}{1.2}} = \frac{9\,800}{9\,000} = 1.09(元)$$

在一定条件下，加权调和平均数实质上是加权算术平均数的一种变形，只是因为掌握的资料不同，所用的公式不同而已。对于同一资料，两种方法计算的结果和经济意义完全相同。若用公式表示其关系，则为

$$\overline{x} = \frac{\sum xf}{\sum f} = \frac{\sum m}{\sum \frac{m}{x}} = \overline{x}_H$$

3. 由相对数或平均数计算平均数

在分析社会经济问题时，经常需要对相对数或平均数求平均数。计算相对数或平均数的平均数，应根据被研究标志的性质及所具的资料，选择不同的方法。其一般规则是：如果掌握的权数资料是相对数或平均数的母项数值，采用加权算术平均数；如果掌握的权数资料是相对数或平均数的子项数值，则采用加权调和平均数。某地区三个企业月生产计划完成情况如表 3-7 所示。表 3-7 中，我们已知的是各企业计划完成程度和各企业实际产量，而没有计划产量资料，所以要用加权调和平均数的方法计算平均计划完成程度。即

$$平均计划完成程度 = \frac{\sum m}{\sum \frac{m}{x}} = \frac{770}{700} = 110\%$$

表 3-7 某地区三个企业平均计划完成程度计算表(1)

企 业	计划完成程度 x(%)	实际产量 m(吨)	计划产量 m/x(吨)
甲	105.0	315	300
乙	110.0	275	250
丙	120.0	180	150
合 计	—	770	700

如果我们掌握的资料是各企业计划完成程度和计划产量,而缺少实际产量资料,则用加权算术平均数的方法计算,如表 3-8 所示。

则平均计划完成程度 $= \dfrac{\sum xf}{\sum f} = \dfrac{770}{700} = 110\%$

表 3-8　某地区三个企业平均计划完成程度计算表(2)

企　业	计划完成程度 $x(\%)$	计划产量 f(件)	实际产量 xf(件)
甲	105.0	300	315
乙	110.0	250	275
丙	120.0	150	180
合　计	—	700	770

则平均计划完成程度 $= \dfrac{\sum xf}{\sum f} = \dfrac{770}{700} = 110\%$

根据平均数计算平均指标时,道理也是一样。如在计算平均工资时,如果掌握各企业的平均工资和工资总额资料,而没有各企业的职工人数,则采用加权调和平均数计算;如果掌握各企业平均工资和职工人数资料,而没有工资总额资料,则用加权算术平均数。

(三) 几何平均数

几何平均数是 n 个变量值乘积的 n 次方根,它主要用于计算平均发展速度和平均比率。根据所掌握资料不同,可分为简单几何平均数和加权几何平均数两种。

1. 简单几何平均数

如果掌握的资料未经分组,应采用简单几何平均数计算。其计算公式为

$$\overline{x_G} = \sqrt[n]{x_1 \cdot x_2 \cdot x_3 \cdot \cdots \cdot x_n} = \sqrt[n]{\prod x}$$

式中,$\overline{x_G}$ 代表几何平均数;x 代表各个标志值(变量值);n 代表变量值的项数;$\prod$ 为连乘符号。

2. 加权几何平均数

如果掌握的资料已经分组,应采用加权几何平均数。其计算公式为

$$\overline{x_G} = {}^{(f_1+f_2+f_3+\cdots+f_n)}\!\!\sqrt{x_1^{f_1} \cdot x_2^{f_2} \cdot x_3^{f_3} \cdot \cdots \cdot x_n^{f_n}} = \sqrt[\sum f]{\prod x}$$

式中,$\overline{x_G}$ 代表加权几何平均数;f 代表各个标志值出现的次数。

例如,某银行某笔投资的年利率是按复利计算的,假设 10 年的年利率分配为:第 1 年至第 2 年为 5%,第 3 年至第 5 年为 8%,第 6 年至第 8 年为 10%,第 9 年至第 10 年为

12%,求平均年利率。

计算平均年利率须将各年利率加100%,换算为各年本利率,然后按加权几何平均数计算平均年本利率,再减100%得平均年利率。

$$\overline{x_G} = \sqrt[10]{1.05^2 \times 1.08^3 \times 1.1^3 \times 1.12^2} = 108.77\%$$

计算结果表明:20年的年平均本利率为108.77%,年平均利率为8.77%。

3. 几何平均数的特点

几何平均数具有以下特点。

(1) 几何平均数受极端值的影响,较算术平均数和调和平均数为小;

(2) 如果数列中有奇数项为负数,则几何平均数只有负根或虚根,这时对社会经济现象没有意义;

(3) 如果开偶次方,几何平均数有正负两个根,反映社会经济现象的平均数只取正根;

(4) 如果被平均的数列中有一个标志值为零,则不能计算几何平均数;

(5) 几何平均数应用的范围较窄,它主要用于具有等比或近似等比关系的数列。

(四) 中位数

将总体中某一数量标志的各个标志值按大小顺序排列,处于中间位置的那个标志值就是中位数。

中位数的确定须根据所掌握资料而定,一般分三种情况。

1. 由未分组资料确定中位数

由未分组资料确定中位数,首先按 $(n+1)/2$ 确定中位数的位置,然后再根据中位数位置求中位数。若数列的项数是奇数,则中位数正好是中间位置上的那个标志值;若数列的项数为偶数,则中位数应是处于中间位置的两个标志值的算术平均数。

如某小组有7个工人,其日产量(件)为10、11、12、13、14、15、17,则13件就是中位数。

如果上例中只有前6项数字,则中位数位置 $= \dfrac{6+1}{2} = 3.5$。

即在第三项与第四项中间,中位数 $= \dfrac{12+13}{2} = 12.5$(件)。

2. 由单项数列确定中位数

由单项数列确定中位数,方法与未分组资料基本相同,只是需根据 $\dfrac{\sum f}{2}$ 确定中位数的位置,如表3-9所示。

$$中位数位置 = \frac{\sum f}{2} = 35(人)$$

即中位数位置在累计次数 38 那一组,即 1 189 元为中位数。

表 3-9 某企业工人工资分组资料

工资(元)x	工人数 f	累计次数 $\sum f$
1 176	4	4
1 182	8	12
1 189	26	38
1 197	10	48
1 205	10	58
1 213	8	66
1 222	4	70
合 计	70	—

3. 由组距数列确定中位数

由组距数列确定中位数,首先按 $\frac{\sum f}{2}$ 求出中位数所处的位置,然后再按照上限公式或下限公式确定中位数的具体数值。

(1) 下限公式:$m_e = L + \dfrac{\frac{\sum f}{2} - S_{m-1}}{f_m} \times d$

式中,m_e 代表中位数;L 代表中位数所在组的下限;f_m 代表中位数所在组的次数;S_{m-1} 代表中位数所在组以下的累计次数;$\sum f$ 代表总次数;d 代表中位数所在组的组距。

(2) 上限公式:$m_e = U - \dfrac{\frac{\sum f}{2} - S_{m+1}}{f_m} \times d$

式中,U 代表中位数所在组的上限;S_{m+1} 代表中位数所在组以上的累计次数。

下限公式和上限公式都是以中位数所在组内的次数均匀分配为前提的。在这种情况下,可以按比例推算中位数的近似值。式中 $\dfrac{\frac{\sum f}{2} - S_{m-1}}{f_m}$ 与 $\dfrac{\frac{\sum f}{2} - S_{m+1}}{f_m}$ 都是中位数的次数在该组内应占的份额。

下面通过表 3-10 来说明由组距数列确定中位数的方法：

$$中位数位置 = \frac{\sum f}{2} = \frac{2\,000}{2} = 1\,000(亩)$$

由此可见，中位数在亩产 500~600 公斤这一组内。根据表中资料分别代入下限公式与上限公式求中位数。

表 3-10　某地区粮食亩产量分组资料

按亩产量分组（公斤）	亩数	累计次数	
		向上累计	向下累计
200~300	50	50	2 000
300~400	150	200	1 950
400~500	200	400	1 800
500~600	1 000	1 400	1 600
600~700	300	1 700	600
700~800	250	1 950	300
800~900	50	2 000	50
合　计	2 000	—	—

用下限公式计算：$m_e = 500 + \dfrac{1\,000 - 400}{1\,000} \times 100 = 560(公斤)$

用上限公式计算：$m_e = 600 - \dfrac{1\,000 - 600}{1\,000} \times 100 = 560(公斤)$

则该地区平均粮食亩产量为 560 公斤。

4. 中位数的应用特点

中位数的应用特点具体如下：

(1) 中位数是一个位置平均数，不受极端数值的影响；

(2) 中位数在组距数列中不受"开口组"的影响；

(3) 由于中位数只考虑标志值的位置，而不考虑标志值的大小，因此在一般情况下，不宜用中位数代替算术平均数。

（五）众数

1. 众数的意义

众数是总体中出现次数最多的标志值，也就是现象总体中最常遇到的标志值。在实际工作中有时利用众数代替算术平均数来大致说明总体的一般水平。例如，为了掌握市场上某种商品的价格水平，不必全面登记该商品的全部贸易量和贸易额加以平均，只需用该日市场上最普遍的成交价格。

假定市场上某种商品的最多成交量价格为 5 元/公斤,这 5 元即可用来代表该商品的平均价格。又如商店要了解消费者对衣服、鞋帽的尺寸、号码的一般需要,更好地组织货源,也可利用众数。应当指出,众数只有在总体单位比较多,而又有明显的集中趋势的资料中才有意义。

2. 众数的确定

(1) 由单项数列确定众数

根据单项数列确定众数比较简单,次数最多的标志值就是众数。某配送中心某月男汗衫配送情况如表 3-11 所示,从表 3-11 中可以看出,100cm 男汗衫配送量最大。因此 100cm 男汗衫为众数。

表 3-11　某商店某月男汗衫配送情况

男汗衫尺码(cm)	月配送量(件)
80	20
85	30
90	100
95	500
100	1 000
105	800
110	50
合　计	2 500

(2) 由组距数列确定众数

由组距数列确定众数,首先确定众数组,然后通过公式计算众数的近似值。计算公式有下限公式和上限公式,计算时可任选一种。

下限公式:$m_0 = L + \dfrac{\Delta_1}{\Delta_1 + \Delta_2} \times d$

式中,m_0 代表众数;L 代表众数组的下限;Δ_1 代表众数组与以下一组次数之差;Δ_2 代表众数组与以上一组次数之差;d 代表众数组的组距。

上限公式:$m_0 = U - \dfrac{\Delta_2}{\Delta_1 + \Delta_2} \times d$

式中,U 代表众数组的上限。

从公式可见,这种方法是用众数组与上下组次数的差数来修订众数值的。当众数组上下组次数相等,从而 $\Delta_1 = \Delta_2$ 时,则 m_0 即等于众数组的组中值;当 $\Delta_1 < \Delta_2$ 时,m_0 小于众数组的组中值;而当 $\Delta_1 > \Delta_2$ 时,m_0 大于该组的组中值。下面以某市职工家庭收入资料为例,说明众数的确定方法。

计算步骤如下：

第一步，确定众数组。从表 3-12 可知，人均收入 1 150~1 160 元这一组为众数组。

第二步，计算众数的近似值。

(1) 用下限公式

$$m_0 = L + \frac{\Delta_1}{\Delta_1 + \Delta_2} \times d = 1\,150 + \frac{900}{900 + 1\,000} \times 10 = 1\,150 + 4.74 = 1\,154.74(元)$$

(2) 用上限公式

$$m_0 = U - \frac{\Delta_2}{\Delta_1 + \Delta_2} \times d = 1\,160 - \frac{1\,000}{900 + 1\,000} \times 10 = 1\,160 - 5.26 = 1\,154.74(元)$$

则该市职工家庭平均月收入的众数是 1 154.74 元。

表 3-12　某市职工家庭收入分组资料

每人平均月收入（元）	职工户数（户）
1 130~1 140	100
1 140~1 150	300
1 150~1 160	1 200
1 160~1 170	200
1 170~1 180	150
1 180~1 190	100
1 190~1 200	50
1 200~1 210	30
合　　计	2 130

3. 众数的应用特点

众数的应用特点具体如下：

(1) 众数是一个位置平均数；

(2) 众数不受极端数值的影响；

(3) 组距数列中出现开口组时，对众数无影响；

(4) 众数往往是不容易确定的平均数。

扩展阅读 3-1

怎样理解基尼系数

三、位置平均数与算术平均数的关系

中位数、众数、算术平均数在反映被研究现象的集中趋势时,各有各的特点和用途,它们之间存在着一定的关系,这种关系取决于总体的次数分配状况。

当资料分布右偏时,意味着算术平均数受大的极端值的影响,这时 $m_0 < m_e < \bar{x}$,如图 3-3 所示。当资料分布左偏时,意味着算术平均数受小的极端值的影响,这时,$\bar{x} < m_e < m_0$,如图 3-4 所示。在资料分布完全对称的情况下,算术平均数处于分布曲线的对称点上,对称点又是曲线的中心点和最高点,这时,$\bar{x} = m_e = m_0$,如图 3-5 所示。

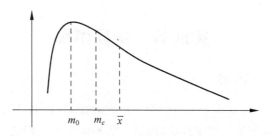

图 3-3 右偏分布

三种平均数的关系用数量表示为

(1) $m_0 = 3m_e - 2\bar{x}$;(2) $m_e = \dfrac{2\bar{x} + m_0}{3}$;(3) $\bar{x} = \dfrac{3m_e - m_0}{2}$

根据中位数、众数、算术平均数之间的这个关系,若已知其中的两个平均指标,即可估计到另外一个平均指标,并可判断分配的偏向。如某地区物流企业的产值小于 914 万元占半数,经测定,出现最多的为 910 万元,则估计该地区物流企业的平均产值为:

$$\bar{x} = \dfrac{3m_e - m_0}{2} = \dfrac{3 \times 914 - 910}{2} = 916(万元)$$

可见:$910 < 914 < 916$,即 $m_0 < m_e < \bar{x}$,则该地区物流企业产值分布为右偏。

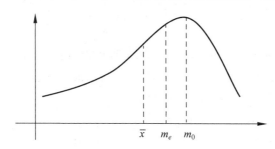

图 3-4 左偏分布

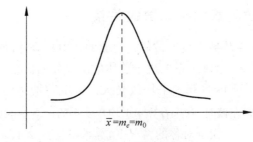

图 3-5 对称分布

第四节 变异指标

一、变异指标的概念

平均指标是用来反映总体集中趋势的一个代表值,它把各单位之间的数量差异抽象化,只能综合反映各单位某一数量标志的共性,而不能反映它们之间的差异性。在两个总体的平均水平相同的情况下,总体各单位之间标志值的差别可能大不相同。如甲、乙两组各有 5 名工人,其日产量(件)如下。

甲组:31,32,30,29,28　　　　乙组:10,20,50,25,45

虽然两组平均日产量都为 30 件,但工人日产量差别却大不一样,甲组工人日产量差别小,乙组工人日产量差别很大。

标志变异指标就是反映总体某一数量标志各个标志值变动范围或变动程度大小的综合指标,也称标志变动度。

二、变异指标的种类及计算方法

测定标志变动度的指标主要有全距、方差、标准差和离散系数等。下面分别进行介绍。

(一)全距

全距是指一个数列中两个极端数值之差,又称极差,用 R 表示。它用来说明标志值的变动范围。其公式为:$R = x_{max} - x_{min}$,式中,x_{max} 表示最大标志值,x_{min} 表示最小标志值。

现在仍以前面两组工人日产量为例,计算全距。

甲组　全距:$R_{甲} = 32 - 28 = 4$(件)

乙组　全距:$R_{乙} = 50 - 10 = 40$(件)

很明显,乙组全距比甲组大,从而说明乙组的平均数代表性比甲组小。

全距是测定标志变动程度的一种简单的粗略的方法,容易受极端数值影响,因而测定结果往往不能充分反映现象的实际变动范围。在实际工作中,全距可用于检验产品质量的稳定性和进行质量控制。

(二) 方差与标准差

方差(variance)是各个标志值与其平均数离差平方的算术平均数,标准差(standard deviation)是方差的平方根,故又称为均方根差。方差和标准差是测定标志变动度的最重要的指标,其计算公式也分为简单平均式与加权平均式两种。

1. 简单平均式

在资料未分组时,样本方差与样本标准差应采用简单平均式计算,其公式分别为

$$s^2 = \frac{\sum(x-\bar{x})^2}{n-1} \qquad s = \sqrt{\frac{\sum(x-\bar{x})^2}{n-1}}$$

2. 加权平均式

对于分组资料,样本方差与样本标准差应采用加权平均式计算,其公式分别为

$$s^2 = \frac{\sum(x-\bar{x})^2 f}{\sum f - 1} \qquad s = \sqrt{\frac{\sum(x-\bar{x})^2 f}{\sum f - 1}}$$

例如,计算某地区120家物流企业利润额的标准差,计算过程如表3-13所示。

则该地区120家物流企业的平均利润额为

$$\bar{x} = \frac{\sum xf}{\sum f} = \frac{51\,500}{120} = 429.17(万元)$$

该地区120家物流企业利润额的标准差为

$$s = \sqrt{\frac{\sum(x-\bar{x})^2 f}{\sum f - 1}} = \sqrt{\frac{1\,697\,916.67}{120-1}} = \sqrt{14\,268.21} = 119.45(万元)$$

表3-13 某地区120家物流企业的利润额标准差计算表

按利润额分组(万元)	企业数(个)f	总利润(万元)xf	离差 $x-\bar{x}$	离差平方 $(x-\bar{x})^2$	离差平方×权数 $(x-\bar{x})^2 f$
200~300	19	4 750	−179.17	32 101.89	609 935.89
300~400	30	10 500	−79.17	6 267.89	188 036.67
400~500	41	18 450	20.83	433.89	17 789.44
500~600	17	9 350	120.83	14 599.89	248 198.11
>600	13	8 450	220.83	48 765.89	633 956.56
合计	120	51 500	—	—	1 697 916.67

极差的优点和缺点

极差的优点是计算方法简单。极差经常用于检查产品质量的稳定性或进行质量控制。在仅需要了解数据分布离散的范围时,极差是一个比较适用的指标。

极差的缺点是它的大小仅仅取决于两个极端值,没有考虑到中间各个数值的分布情况,而且当数据分布有异常值存在时,会直接影响极差的大小,就使得极差不能充分反映数据分布中所有各项数据的离中趋势。极差是一个较粗糙的测定数据分布离中趋势的指标。

(三) 离散系数

方差和标准差都是反映总体各标志值离散的绝对水平的统计指标,其计量单位与标志值的计量单位相同,而且是名数,其值大小不仅取决于各单位标志值之间的差异程度,还取决于总体平均水平的高低。因此,不便于不同水平的同类现象,特别是不同类现象进行直接对比。为此,须将上述指标与平均数对比,计算出离散系数(coefficient of variation),也称为变异系数,这样才能消除平均水平高低的影响。变异系数的计算公式为

$$V = \frac{\sigma}{\overline{X}} \quad 或 \quad V = \frac{s}{\overline{x}}$$

式中,左边的表示总体离散系数,右边的表示样本离散系数。例如,随机抽取了一组男女职工,分别调查了他们的月消费支出,分别得到他们的平均月消费支出和月消费支出标准差:

男青年:$\overline{x}_1 = 1\,875$ 元,$s_1 = 203.46$ 元 女青年:$\overline{x}_2 = 1\,523$ 元,$s_1 = 176.41$ 元

若要比较男女职工月生活费用的差异,直接从标准差来看是男职工的标准差。但能否说明男职工月生活费用支出的差异比女职工大呢? 我们不能轻易下结论,因为男职工的平均月生活费用支出高于女职工,这时需要计算两组职工的离散系数进行比较。

男职工:$V_1 = \dfrac{s_1}{\overline{x}_1} = \dfrac{203.46}{1\,875} = 0.108\,5$ 女职工:$V_2 = \dfrac{s_2}{\overline{x}_2} = \dfrac{176.41}{1\,523} = 0.115\,8$

从离散系数来看,女职工大于男职工,这表明女职工间月生活费用支出的差异大于男职工。离散系数从相对的角度观察数据之间的差异和离散程度,比标准差要好些。

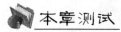

一、单项选择题

1. 按照反映现象的时间状况不同,总量指标可以分为(   )。
   A. 单位总量和标志总量　　　　　　B. 数量指标和质量指标
   C. 时期指标和时点指标　　　　　　D. 实物指标和价值指标

2. 结构相对指标是( )。
   A. 报告期水平与基期水平之比　　　　B. 总体部分数值与总体全部数值之比
   C. 实际数与计划数之比　　　　　　　D. 甲单位水平与乙单位水平之比
3. 在下列平均指标中，不受极端值影响的平均指标是( )。
   A. 中位数　　　B. 算术平均数　　　C. 调和平均数　　　D. 几何平均数
4. 某地区年底有 1 000 万人口，零售商店数有 5 万个，则商业网点密度指标为( )。
   A. 5 个/千人　　　　　　　　　　　　B. 0.5 个/千人
   C. 200 个/千人　　　　　　　　　　　D. 0.2 个/千人
5. 标志变异指标说明变量的( )。
   A. 变动趋势　　B. 集中趋势　　　C. 离中趋势　　　D. 一般趋势
6. 众数就是所研究的变量数列中( )。
   A. 具有最少次数的变量值　　　　　　B. 具有中等次数的变量值
   C. 具有平均次数的变量值　　　　　　D. 具有最多次数的变量值
7. 通过计算得知两同类型企业员工工资的标准差系数分别为 $V_{\sigma甲}=8.2\%$ 和 $V_{\sigma乙}=8.8\%$，则两个企业员工平均工资的代表性是( )。
   A. 甲大于乙　　B. 乙大于甲　　　C. 甲乙相同　　　D. 无法判断
8. 平均数是对( )。
   A. 总体单位数的平均　　　　　　　　B. 变量值的平均
   C. 标志的平均　　　　　　　　　　　D. 变异的平均

二、判断题
1. 平均数反映了总体分布的集中趋势，它是总体分布的重要特征值。( )
2. 所有变量值与平均数的离差之和为最大。( )
3. 计划完成相对指标的数值大于 100%，就说明完成并超额完成了计划。( )
4. 平均差是各标志值对其算术平均数的离差的平均数。( )
5. 同一个总体，时期指标值的大小与时期长短成正比，时点指标值的大小与时点间隔成反比。( )
6. 当各组次数相等时，加权算术平均数等于简单算术平均数。( )
7. 总量指标是统计中最基本的综合指标，在实际统计工作中应用十分广泛。( )
8. 结构相对指标一般采用百分数表示，其分子和分母只能是时期指标。( )

三、简答题
1. 什么是总量指标？
2. 时期指标和时点指标各有什么特点？
3. 为什么在社会经济领域中，调和平均数作为算术平均数的变形使用？

4. 计算和运用平均指标应注意哪些问题？
5. 什么是变异指标，主要有哪些？

四、计算题

1. 某公司 2017 年计划产值比 2016 年增长 6%，实际完成计划的 110%，问该公司 2017 年产值计划超额完成多少？又知该公司单位产品成本计划在 2016 年 750 元的基础上降低 25 元，实际 2017 年单位成本是 710 元，试计算降低成本计划完成程度指标。

2. 某公司所属三个分公司营业收入完成情况如表 3-14 所示，请用相对指标的原理计算并填写表中空缺数值。

表 3-14　各分公司营业收入情况表

| | 去年完成营业收入（万元） | 今年 | | | 计划完成相对数（%） | 今年为去年的（%） |
| | | 计划 | 实际 | | | |
		营业收入（万元）	营业收入（万元）	比重（%）		
一公司			1 067		97.00	106.7
二公司	1 200	1 320			100.00	
三公司	1 800	1 890				115.5
合计						

3. 腾飞公司根据五年计划要求，其生产的某型号包装机在该五年计划的最后一年生产量应达到 700 万件，实际生产情况如表 3-15 所示。

表 3-15　腾飞公司包装机生产量情况表　　　　　　　（单位：万件）

| 年份 | 2013 | 2014 | 2015 | 2016 | | | | 2017 | | | |
				一季	二季	三季	四季	一季	二季	三季	四季
产量	450	480	520	160	160	175	165	170	190	210	210

请计算该型号包装机生产计划完成情况，提前多少时间完成？

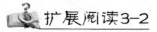

扩展阅读 3-2

国家邮政局公布 2018 年上半年邮政行业运行情况

第四章

抽样推断

📋 **本章导读**

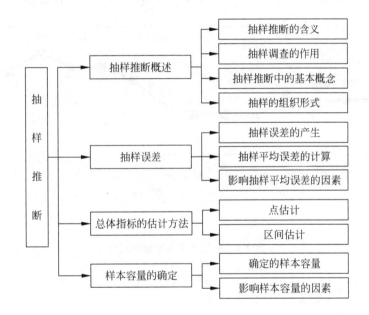

知识目标

- ➢ 了解抽样推断的含义;
- ➢ 了解抽样误差产生的原因;
- ➢ 掌握抽样误差的计算方法;
- ➢ 掌握总体参数的估计方法;
- ➢ 掌握样本容量确定的方法。

技能目标

➢ 抽样误差的计算与实际应用；
➢ 区间估计方法的掌握。

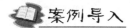

2018年三季度全国工业产能利用率分析

2018年三季度,全国工业产能利用率为76.5%,比上年同期下降0.3个百分点。前三季度,全国工业产能利用率为76.6%,与上年同期持平,如图4-1所示。

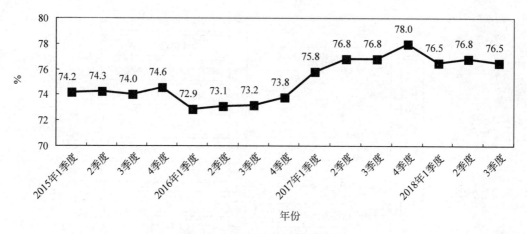

图4-1 分季度工业产能利用率

分三大门类看,三季度,采矿业产能利用率为71.1%,比上年同期回升0.1个百分点;制造业产能利用率为76.9%,比上年同期下降0.4个百分点;电力、热力、燃气及水生产和供应业产能利用率为74.4%,比上年同期回升0.7个百分点。

分主要行业看,三季度,煤炭开采和洗选业产能利用率为70.1%,食品制造业为75.0%,纺织业为79.9%,化学原料和化学制品制造业为73.7%,非金属矿物制品业为71.3%,黑色金属冶炼和压延加工业为78.7%,有色金属冶炼和压延加工业为78.8%,通用设备制造业为75.5%,专用设备制造业为78.4%,汽车制造业为79.6%,电气机械和器材制造业为77.3%,计算机、通信和其他电子设备制造业为80.4%,如表4-1所示。

表 4-1　2018 年三季度工业产能利用率

行　业	三季度		前三季度	
	产能利用率（%）	比上年同期增减（%）	产能利用率（%）	比上年同期增减（%）
工业	76.5	−0.3	76.6	0.0
其中：采矿业	71.1	0.1	72.4	1.7
制造业	76.9	−0.4	77.0	−0.1
电力、热力、燃气及水生产和供应业	74.4	0.7	73.3	1.1
其中：煤炭开采和洗选业	70.1	1.1	71.4	4.0
石油和天然气开采业	89.3	1.4	87.9	−0.4
食品制造业	75.0	−1.0	75.7	0.5
纺织业	79.9	0.0	80.6	0.2
化学原料和化学制品制造业	73.7	−2.3	74.8	−1.9
医药制造业	76.5	−1.9	77.8	−0.7
化学纤维制造业	82.5	−1.7	82.0	−1.4
非金属矿物制品业	71.3	−0.3	70.0	−0.5
黑色金属冶炼和压延加工业	78.7	2.0	78.1	2.7
有色金属冶炼和压延加工业	78.8	0.3	79.2	1.0
通用设备制造业	75.5	−1.0	77.4	0.7
专用设备制造业	78.4	3.4	78.9	3.6
汽车制造业	79.6	−2.5	80.6	−1.1
电气机械和器材制造业	77.3	−1.5	77.9	−1.3
计算机、通信和其他电子设备制造业	80.4	0.0	79.0	−0.6

附注

1. 指标解释

产能利用率：是指实际产出与生产能力（均以价值量计量）的比率。

企业的实际产出是指企业报告期内的工业总产值；企业的生产能力是指报告期内，在劳动力、原材料、燃料、运输等保证供给的情况下，生产设备（机械）保持正常运行，企业可实现的、并能长期维持的产品产出。

2. 行业分类标准

执行国民经济行业分类标准（GB/T 4754—2017）

资料来源：根据国家统计局网站资料汇编。

引例思考

本案例中大中型企业采用全面调查的方式，而小微企业抽样调查，调查共涉及 9 万多家工业企业。小微企业按抽样方法推算总体，与大中型企业调查数据合成，计算出全国工业产能利用率。这些统计调查数据是怎样计算出来的？抽样调查样本是如何抽取的？抽样误差是怎样控制的？这正是本章所要研究的问题。

第一节 抽样推断概述

一、抽样推断的含义

（一）抽样推断的定义

抽样推断是遵循随机原则，从总体中抽取部分单位进行调查，然后根据这一部分单位的指标数值去推断总体的指标数值。

所谓随机原则又称同等可能性原则，即在总体中抽取样本时，每一个单位被抽中的机会都相等，被抽中与不被抽中纯属偶然，不受人的主观因素影响。按随机原则取样，能使抽取出来的样本分布近似于总体的分布，使样本的代表性增强。

（二）抽样推断的特点

1. 随机性

随机性是抽样调查区别于其他非全面调查的一个最显著特点。重点调查中的调查单位是根据是否重点单位来选取的，典型调查中的调查单位是根据是否典型单位来选取，二者选取都不具有随机性。

但是，随机性不等于随意性，因为随意性受人的主观因素影响。

2. 非全面调查

与全面调查相比，抽样调查只需要调查总体中的部分单位而非全部单位，因而是一种非全面调查。需要注意的是，抽样所抽取的全部样本单位作为一个"代表团"，用整个"代表团"来代表总体，而不是用随意挑选的个别单位代表总体。

3. 从数量上推断总体指标

这是抽样调查的目的所在，同时也是抽样调查的一个重要特点。重点调查不能从部分单位调查结果推断出总体指标；典型调查虽然可以推断总体指标，但其推断的可靠程度和误差大小是无法知道的。

4. 抽样误差可以事先加以控制

由于抽样调查具有随机性这一特点，从而就使其可以建立在专门研究随机事件规律的概率论基础之上，运用概率论原理和推断的可靠程度，使抽样误差控制在一定的范围内。这一特点是其他非全面调查所不具备的。值得注意的是，抽样误差虽可以控制但不可以消除。

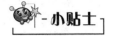

抽样误差产生的因素

抽样误差是指由于随机抽样的偶然因素使样本各单位的结构对总体各单位结构的代表性差别,而引起的抽样指标和全及指标之间的绝对离差。如抽样平均数与总体平均数的绝对离差,抽样成数与总体成数的绝对离差,等等。影响抽样误差大小的因素主要有:

(1) 总体单位的标志值的差异程度。差异程度愈大则抽样误差愈大,反之则愈小。

(2) 样本单位数的多少。在其他条件相同的情况下,样本单位数愈多,则抽样误差愈小。

(3) 抽样方法。抽样方法不同,抽样误差也不相同。一般说,重复抽样比不重复抽样,误差要大些。

(4) 抽样调查的组织形式。抽样调查的组织形式不同,其抽样误差也不相同,而且同一组织形式的合理程度也会影响抽样误差。

资料来源:https://wenda.so.com/q/1369232118065077

二、抽样调查的作用

抽样调查具有以下作用。

1. 无法进行全面调查时采用抽样调查

有些现象无法进行全面调查,但又必须了解其总体的有关指标时,必须采用抽样调查。例如,某灯泡厂在某时期生产了一大批灯泡,现在要了解这批灯泡的平均使用寿命。若采用全面调查,须将这批灯泡全部通电直至全部报废为止,那该灯泡厂的生产成果也就化为乌有了。像这种具有破坏性的调查,只能采用抽样调查。

当被研究总体为无限总体,无法进行全面调查时,也只能采用抽样调查。如大气或环境中的污染情况的调查就属于这种情况。

2. 实施全面调查有困难时可以采用抽样调查

有些现象从理论上虽可以进行全面调查,但实施起来有困难,这种情形下,也应采用抽样调查。例如,欲调查某市家庭的平均年收入,调查总体为该市所有家庭。由于家庭户数是有限的,因此从理论上来讲是可以进行全面调查的。但是,由于家庭户数很多空间分布分散,全面调查实施起来是相当困难的,势必耗费大量的人力、物力和财力,因而是不切实际的,同时也没有必要。而采用抽样调查则可以取得事半功倍的效果。

3. 抽样调查可以补充和验证全面调查的质量

与全面调查相比,抽样调查只需要调查部分单位,产生的登记性误差较小,当将抽样误差控制在一个很小的范围时,可以使抽样调查的总误差小于全面调查的误差。因此,在全面调查之后进行抽样复查,以复查结果作为验证和补充全面调查结果的依据,可以提高全面调查的质量。

总之,抽样调查是一种科学实用的调查方法,不仅广泛应用于自然科学领域,也越来越多地应用于社会经济领域。

三、抽样推断中的基本概念

(一) 总体与样本

总体是所要认识的研究对象的全体。它由某些具有共同性质或特征的个体组成。对总体的认识和推断是抽样调查的最终目的。一个总体中所包含的单位数通常用 n 表示。

样本是指按随机原则从总体中抽取部分单位所组成的整体,样本是总体的近似缩影。样本中包含的每一个体称为样本单位,一个样本中所包含的单位数通常用 n 表示。

由于样本单位数目的不同,统计学将样本分为两种:大样本和小样本。通常样本单位数目在 30 以上(含 30)的称为大样本;30 以下的称为小样本。在社会经济统计中,一般采用大样本。

(二) 样本统计量和总体参数

无论是总体还是样本,都可以用平均数、中位数、比率(成数)以及标准差和方差等集中趋势指标和离散趋势指标来描述它们的特征。当它们用来描述样本特征时,称为样本统计量;当它们用来描述总体特征时,称为总体参数。

如表 4-2 所示,列出了样本统计量和总体参数符号。

表 4-2 样本统计量和总体参数符号

样本统计量	总体参数
样本容量:n	总体容量:N
样本平均数:$\bar{x}$	总体平均数:$\bar{X}$
样本成数:p	总体成数:P
样本标准差:s	总体标准差:σ
样本方差:s^2	总体方差:σ^2

样本成数(p)是指样本中满足某个条件的样本数(n_1)与样本总数(n)的比。$p=n_1/n$。

总体成数(P)是指总体中具有某一相同标志表现的单位数(N_1)占全部总体单位数(N)的比重。$P=N_1/N$。

总体参数与样本统计量之间既相互联系又相互区别,二者的联系主要表现为样本统计量是估计相应总体参数的基础。

二者的区别主要表现如下。

(1) 计算范围不同：总体参数是在总体范围内计算的,而样本统计量是在样本范围内计算的。

(2) 总体参数是未知的,是抽样调查所要推断或估计的；而样本统计量是已知的,是可以根据样本资料计算的。

(3) 总体参数是确定性变量,而样本统计量则是随机变量,因为从总体中可抽取的样本不止一个,抽取的样本不同,样本统计量自然不同。

(三) 抽样方法

在抽样推断理论中,抽样方法有两种：重复抽样和不重复抽样。

1. 重复抽样

重复抽样是指从总体中抽取样本单位时,每次抽取的样本单位在记录有关调查标志的标志值后,均将其放回总体中。

重复抽样方法具有如下特点：

(1) 每次抽取都不改变总体的结构；

(2) 每个单位在每次抽取中被抽中的概率均相等；

(3) 总体中任一单位有重复被抽中的可能。

2. 不重复抽样

不重复抽样是指样本单位被抽出来在记录有关调查标志的标志值之后不再放回到总体中去。

不重复抽样方法具有如下特点：

(1) 总体的内部结构会随每次抽取而改变；

(2) 总体中任一单位最多只有一次被抽中的机会；

(3) 每个单位在每次抽取中被抽中的概率是不相等的。

在抽样推断实践中,一般采用不重复抽样。主要有两个原因：其一,在某些抽样调查中,样本单位不可放回。其二,相对于重复抽样,不重复抽样条件下,样本的代表性较高,抽样误差较小。

随 机 抽 样

随机抽样法就是调查对象总体中每一部分都有同等被抽中的可能,是一种完全依照机会均等的原则进行的抽样调查,被称为是一种"等概率"。随机抽样有四种基本形式,即简单随机抽样、等距抽样、类型抽样和整群抽样。

总体单位被抽中的概率可以通过样本设计来规定,通过某种随机化操作来实现,虽然随机样本一般不会与总体完全一致,但它所依据的是大数定律,而且能计算和控制抽样误差,因此可以正确地说明样本的统计值在多大程度上适合于总体,根据样本调查的结果可以从数量上推断总体,也可在一定程度上说明总体的性质和特征。概率抽样主要分为简单随机抽样、系统抽样、分类抽样、整群抽样、多阶段抽样等类型。现实生活中绝大多数抽样调查都采用概率抽样方法来抽取样本。

资料来源:http://baike.baidu.com/link? url

(四)样本容量和样本个数

样本容量是指一个样本所包含的单位数,其包含的单位数通常用 n 表示。

样本个数不同于样本容量,它是指从总体 N 个单位中任意抽取 n 个单位的抽样结果构成样本的所有可能的配合数目。样本个数与抽样方法有紧密联系,抽样方法不同,抽取的样本个数也各不相同。

按照随机原则,从总体中抽取的样本个数的具体数目取决于两个因素:一是抽样方法,二是考虑样本中样本单位的排列顺序。考虑排列顺序即为排列问题,不考虑排列顺序即为组合问题。相应地从理论上说,样本的可能数目有如下四种情况。

(1)考虑顺序且为重复抽样条件下的样本可能数目为 N^n

(2)考虑顺序且为不重复抽样条件下的样本可能数目为 A_N^n

(3)不考虑顺序且为重复抽样条件下的样本可能数目为 C_{N+n-1}^n

(4)不考虑顺序且为不重复抽样条件下的样本可能数目为 C_N^n

四、抽样的组织形式

根据抽样对象的性质、研究目的和工作条件不同,随机抽样可以采取不同的组织形式。常见的组织形式有简单随机抽样、分层抽样、等距抽样和整群抽样等。如组织形式选择得当,往往使抽取的样本对总体代表性强,且便于组织实施。

(一)简单随机抽样

简单随机抽样也叫纯随机抽样。简单随机抽样是从总体中抽取样本时,对总体不进行任何处理,既不分组也不排队,而是直接按照随机原则从总体中逐个抽取样本单位。简单随机抽样是抽样组织的基本形式。

采用简单随机抽样的具体方法通常有两种:

1. 抽签法

抽签法是先将总体每个单位编号,逐个写在签条或卡片上,充分混合后,从中随机抽出所需要的样本单位数目。例如,开奖用的摇中奖号码球属于这一类。

2. 随机数字表法

随机数字表是由 0 至 9 十个数字组成的表格。其特点是每个数字和由数字组成的每个数组出现的机会是相同的。数组可由相邻的 2 个、3 个、……等数字组成。可利用计算机或计算器来产生随机数,如表 4-3 所示。

表 4-3 随机数字表

行\栏	1	2	3	4	5	6	7	8	9	10
1	03 931	33 309	57 047	74 211	63 445	17 361	66 282	77 184	85 762	46 505
2	74 426	33 278	43 972	10 119	89 917	15 665	52 872	81 530	56 195	98 425
3	09 066	00 903	20 793	95 452	92 648	45 454	09 552	09 416	42 438	48 432
4	42 238	12 426	87 025	14 267	20 979	04 508	64 535	79 554	50 209	17 705
5	16 153	08 002	26 540	41 744	81 959	65 642	74 240	37 489	56 459	52 983
6	21 457	40 742	29 820	96 783	29 400	21 840	15 035	45 978	09 277	13 827
7	21 581	57 802	02 050	89 728	17 937	27 621	47 075	52 940	25 080	33 555
8	55 612	78 095	83 197	33 732	05 810	24 813	86 902	79 530	51 105	26 952
9	44 657	66 999	99 324	51 281	84 463	60 563	79 312	03 436	14 489	02 086
10	91 340	84 979	46 949	81 973	37 949	61 023	43 997	20 795	01 352	89 906
11	91 227	21 199	31 935	27 022	84 067	05 462	36 211	48 872	36 536	41 042
12	50 001	38 140	66 321	19 924	72 163	09 538	12 152	17 614	98 144	82 427
13	65 390	05 224	72 958	28 609	81 406	39 147	25 546	05 692	84 810	44 109
14	27 504	96 131	83 944	41 575	10 573	08 619	64 486	21 085	37 957	05 102
15	37 169	94 851	39 117	89 632	00 959	16 487	65 539	93 593	76 028	23 664
16	11 508	70 225	51 111	38 351	19 444	66 499	71 945	90 023	62 928	14 789
17	37 449	30 362	06 694	54 699	04 052	53 115	62 757	03 144	16 530	52 542
18	46 515	70 331	85 922	38 329	57 015	15 765	97 161	47 029	62 491	37 099
19	60 986	81 223	42 412	58 359	21 532	30 502	32 305	26 882	50 000	47 039
20	63 798	64 995	46 583	07 085	44 160	78 128	83 991	13 562	13 800	15 764
21	82 486	34 846	99 254	67 632	43 218	50 070	21 361	77 103	47 491	65 164
22	21 885	32 905	92 431	09 060	64 287	51 674	64 126	34 453	42 189	82 994
23	60 336	98 782	07 408	53 458	00 564	50 089	26 445	10 638	08 818	94 242
24	43 937	46 891	24 010	25 560	86 355	33 941	25 786	68 682	56 828	78 191
25	97 656	63 175	89 303	16 275	07 100	92 063	21 942	61 374	32 181	17 834
26	03 299	01 221	05 418	38 982	55 758	92 237	26 759	64 295	87 158	64 938
27	79 626	06 486	03 574	17 668	07 785	76 020	79 924	40 045	82 157	65 050
28	85 636	68 335	47 539	03 129	65 651	11 977	02 510	05 702	17 130	20 916
29	18 059	14 367	61 337	06 177	12 143	46 609	32 989	57 555	63 812	57 696
30	08 362	15 656	60 627	36 478	65 648	16 764	53 412	81 090	49 530	35 918

使用表4-2时,不限于5位数字,可以用2位、3位或4位数字。使用时应先将被查总体项目编号,如要从100件库存商品中抽查10件,先把100件商品从001至100编号,然后从随机数表中选择一个随机起点和一个选号路线,随机起点和选号路线可以任意选择,但一经选定就不得改变。

从随机数表中任选一行或任何一栏开始,按照一定的方向(上下左右均可)依次查找,符合总体项目编号要求的数字,即为选中的号码,与此号码相对应的总体项目即为选取的样本项目,一直到选足所需的样本量为止。如从第1行第1栏开始,由上往下查,按每组后3位数字进行选择,依次选出066,001,059,接着从第二栏中查出002,095,…,遇到重复的只选一次,直至选出10个样本。

在抽样的各种组织形式中,简单随机抽样最符合随机原则,它能保证总体中每个单位被抽中的机会均相等。因此,从理论上说,简单随机抽样是最理想的一种组织形式。

但是,其应用有两个条件:一是总体单位总量不能太大,否则对总体各单位编号就有困难;二是总体中各单位调查标志的差异程度不能太大,否则抽取的样本有可能会产生极端情形,即样本单位的标志值均偏小或偏大,从而导致抽样误差增大。

(二)分层抽样

若总体各单位调查标志的标志值的差异较大,可以采用分层抽样。

分层抽样也叫类型抽样。它是将总体单位先按某种标志分成若干类型组或类型层,然后在各类型组或类型层中随机抽取样本单位。分层的原则是使每层内部各单位的差异尽可能较小,层与层之间的差异尽可能较大,这样做的目的是减小抽样产生的误差。

设总体单位总量为N,总体被划分成K层,第i层有N_i个单位,则$\sum N_i = N$。然后在每层内部独立地按简单随机抽样抽取n_i个单位作为子样本,最后组成整个总体的样本,即$\sum n_i = n$。

由此可见,分层抽样是由K个简单随机抽样横向复合生成的,是统计分组与简单随机抽样相结合的产物。其特点是,对于总体单位来说是非全面调查,而对于层来说是全面调查。

(三)等距抽样

等距抽样又称机械抽样或系统抽样。它是将总体的全部单位先按某一标志进行排队,然后按固定顺序和固定间隔来抽取调查单位。等距抽样的排队标志,可以与调查内容有关,也可以与调查内容无关。等距抽样一般为不重复抽样。

等距抽样的具体步骤如下。

(1)将总体的每个单位按某一标志排队。

(2)将总体的每个单位进行编号。

(3) 将排成的序列分成长度相等的若干段,每段称为一个抽样间隔 K。抽样间隔的计算公式为

$$K = \frac{N}{n} \tag{4-1}$$

(4) 在第 1 个抽样间隔中随机抽取一个样本单位,其编号记为 i,称为随机起点。则每个抽样间隔抽取的样本单位的编号依次为 $i, i+K, i+2K, \cdots, i+(n-1)K$。

等距抽样方式适用于比较庞大而又分散的总体。

(四) 整群抽样

整群抽样是先将总体各单位分成若干个群,然后以群为单位从总体中随机抽取样本群。分群的原则是:使每个群内部各单位调查标志的标志值差异尽可能大,而群间差异尽可能小。其目的是减小抽样产生的误差。

设总体单位总量为 N,总体被分成 R 群,每群所含单位数均为 M,则 $N=RM$。在 R 群中遵循随机原则不重复抽取 r 群,然后对被抽中的每个群进行全面调查。例如,检验人员检查一批货物,以便确定其损坏程度。

这批货物由 1 000 个密封盒组成,每盒装有 10 个零件。如果检验人员想抽取 100 个零件作为样本,可能要开启 100 个密封盒。由于启封的盒不易存放和管理,因此检验人员希望少开盒,然后对抽出的每一盒中的所有零件都进行检查,这就是整群抽样方法。

如果将群作为总体单位来看,则整群抽样就类似于简单随机抽样。由此可见,整群抽样是由简单随机抽样"放大"生成的。

整群抽样和分层抽样都是统计分组和简单随机抽样结合的产物,但它们还是有本质区别的。其区别主要表现在三个方面:

(1) 分群(层)原则不同。对于分层抽样,层间差异应尽可能大,层内差异应尽可能小;而对于整群抽样则相反。

(2) 抽样单位不同。分层抽样的抽样单位是基本单位(即总体单位),而整群抽样的抽样单位是群。

(3) 调查方式不同。对于分层抽样,在层内是抽样调查,在层间是全面调查;而对于整群抽样则相反。

第二节 抽样误差

一、抽样误差的产生

抽样调查的目的是用样本的指标推断总体的指标。但样本毕竟只是总体的一部分,只含有总体的部分信息,因而用样本指标去推断总体指标必然会产生一定的误差。误差

的大小与推断准确性的高低成反比,即误差越大,推断的准确性越低;误差越小,推断的准确性越高。因此,要了解和把握推断的准确性,须对误差的成因有一定了解。

统计调查的误差中的代表性误差,是由于按照随机原则从总体中抽取一部分调查单位进行调查并据此推断总体,因为样本的结构不能代表总体的结构所产生的误差,其大小与调查单位数成反比。

对于抽样调查,它既存在登记性误差,同时又存在代表性误差。

代表性误差又可分为系统性误差和抽样误差。系统性误差是由于破坏了或没有完全遵守随机原则所产生的代表性误差,而抽样误差是即使完全遵守了随机原则,仍然存在的代表性误差。

由于在抽样调查理论中总是假定完全遵守随机原则,因而系统性误差为零。因此,抽样误差即指抽样调查的代表性误差,其可控性强,可以将其控制在一定的范围内,但不可以消灭。

抽样误差的主要表现形式是抽样平均误差。

抽样平均误差是指从总体中任意抽取一个样本所得的样本指标与总体指标的平均偏离程度。通俗地说,抽样平均误差的意思是:不论抽取哪个样本,平均说来会有多大的误差。

二、抽样平均误差的计算

抽样平均误差的计算公式有两种。

(一) 理论公式

设样本的可能数目为 M,$\bar{x}_i$ 为第 i 个样本的样本平均数,用 $\bar{x}_i$ 估计总体平均数 $\bar{X}$ 所产生的误差 $\bar{x}_i - \bar{X}$ 称为实际抽样误差。实际抽样误差是一个随机变量,不同的样本对应的实际抽样误差不同。抽样平均误差就是所有实际抽样误差的平均数。由于实际抽样误差有正有负,正负会抵消。因此,不能将抽样平均误差定义为实际抽样误差的算术平均数。

计算抽样平均误差的理论公式:

$$\mu_{\bar{x}} = \sqrt{\frac{\sum(\bar{x}_i - \bar{X})^2}{M}} \tag{4-2}$$

式中,$\mu_{\bar{x}}$ 为抽样平均数的平均误差。

如果以样本成数估计总体成数,同理可得

$$\mu_p = \sqrt{\frac{\sum(p_i - P)^2}{M}} \tag{4-3}$$

式中，μ_p 为抽样成数的平均误差，p_i 为第 i 个样本的成数，P 为总体成数。

上述公式是计算抽样平均误差的理论公式，适合于所有的抽样组织形式。但运用上述公式计算抽样平均误差有两个条件，一是必须从总体中抽出所有的可能样本，二是必须有总体指标。然而，在抽样调查实践中，往往只从总体中抽取一个样本，根据一个样本的资料无法利用上述公式计算抽样平均误差。而且，总体指标是未知的，需根据样本指标去推断总体指标。因此，上述公式只具有理论意义。即：抽样平均误差的本质是样本平均数（样本成数）的标准差。

（二）实际应用公式

根据数理统计理论，抽样平均误差可以按下列方法计算。

1. 抽样平均数的抽样平均误差

（1）重复抽样：

$$\mu_{\bar{x}} = \sqrt{\frac{\sigma^2}{n}} \tag{4-4}$$

（2）不重复抽样：

$$\mu_{\bar{x}} = \sqrt{\frac{\sigma^2}{n}\left(\frac{N-n}{N-1}\right)} \approx \sqrt{\frac{\sigma^2}{n}\left(1-\frac{n}{N}\right)} \tag{4-5}$$

总体方差 σ^2 在实际抽样中也是未知的，由于在社会经济统计中一般采用大样本，因此通常采用以下方法取得近似的估计值：

① 利用以往调查的经验数据。

② 用样本方差代替。概率论的研究已经证明，样本的方差可以相当地接近总体的方差。

2. 样本成数的抽样平均误差

（1）重复抽样：

$$\mu_p = \sqrt{\frac{P(1-P)}{n}} \tag{4-6}$$

（2）不重复抽样：

$$\mu_p = \sqrt{\frac{P(1-P)}{n}\left(\frac{N-n}{N-1}\right)} \approx \sqrt{\frac{P(1-P)}{n}\left(1-\frac{n}{N}\right)} \tag{4-7}$$

同样，总体方差 $P(1-P)$ 在实际抽样中也是未知的，对大样本而言，也可采用以下方法取得近似的估计值：①利用以往调查的经验数据。②用样本方差代替。③在没有 P 值时，取 $P=0.5$，因为 $P=0.5$ 时，成数的方差最大。

（三）各种组织形式下抽样平均误差的计算

1. 简单随机抽样

简单随机抽样的抽样平均误差可按式(4-4)～式(4-7)计算。

案例

【例 4-1】 某物流企业采取的是简单随机抽样，按不重复抽样的方法抽取样本，如表 4-4 所示，根据这 40 名员工拣货速度资料推算该物流企业员工平均拣货速度。

表 4-4 40 名员工拣货速度资料   秒/件

4.35	5.72	4.57	5.32	4.08	5.8	4.38	5.18
5.35	4.76	4.83	5.14	5.38	4.88	4.58	3.40
3.60	3.80	4.85	3.84	2.4	4.28	4.34	4.00
4.03	5.47	5.33	5.34	5.5	5.06	4.26	4.77
5.08	4.00	5.29	4.26	5.69	5.21	5.44	5.34

根据：$\mu_{\bar{x}} = \sqrt{\dfrac{\sigma^2}{n}\left(\dfrac{N-n}{N-1}\right)} \approx \sqrt{\dfrac{s^2}{n}\left(1-\dfrac{n}{N}\right)}$

经计算，得：$\bar{x} = 4.7225 \quad n = 40$

$$s^2 = \dfrac{\sum(x_i - \bar{x})^2}{n-1} = 0.5478$$

所以，$\mu_{\bar{x}} = \sqrt{\dfrac{0.5478}{40} \times \left(1 - \dfrac{40}{90\,000}\right)} = 0.1170（秒）$

假设员工拣货速度≤5 秒/件即为达标，40 名员工拣货速度 5 秒/件以下的有 22 个，比重为 55%，故速度在 5 秒/件以下成数的抽样平均误差为

$$\mu_p = \sqrt{\dfrac{P(1-P)}{n}\left(1 - \dfrac{n}{N}\right)} = \sqrt{\dfrac{55\% \times 45\%}{40}\left(1 - \dfrac{40}{90\,000}\right)} = 7.86\%$$

2. 分层抽样

在分层抽样中，由于对各组（类）都进行了调查，影响抽样误差大小的仅是其组（类）内方差的平均数。故等比例分层抽样的抽样平均误差的计算公式如下。

（1）重复抽样

抽样平均数的抽样平均误差为

$$\mu_{\bar{x}} = \sqrt{\dfrac{\sigma_i^2}{n}} \approx \sqrt{\dfrac{s_i^2}{n}} \qquad (4-8)$$

式中,$\overline{\sigma_i^2}$ 为总体平均组内方差,$\overline{s_i^2}$ 为样本平均组内方差。

$$\overline{\sigma_i^2} = \frac{\sum \sigma_i^2 N_i}{N} = \frac{\sum \sigma_i^2 n_i}{n}$$

$$\overline{s_i^2} = \frac{\sum s_i^2 n_i}{n}$$

抽样成数的抽样平均误差为

$$\mu_p = \sqrt{\frac{\overline{P_i(1-P_i)}}{n}} \tag{4-9}$$

式中,$\overline{P_i(1-P_i)}$ 为总体平均组内方差。在没有总体平均组内方差时,可用样本的平均组内方差代替。

$$\overline{P_i(1-P_i)} = \frac{\sum P_i(1-P_i)N_i}{N}$$

(2) 不重复抽样

抽样平均数的抽样平均误差为

$$\mu_{\overline{x}} = \sqrt{\frac{\overline{\sigma_i^2}}{n}\left(1-\frac{n}{N}\right)} \tag{4-10}$$

抽样成数的抽样平均误差为

$$\mu_p = \sqrt{\frac{\overline{P_i(1-P_i)}}{n}\left(1-\frac{n}{N}\right)} \tag{4-11}$$

与简单随机抽样相比较,分层抽样具有如下优点:保证了样本在总体中较均匀地分布,从而提高了样本的代表性,降低了抽样平均误差。在简单随机抽样中,影响抽样平均误差的方差是总体方差。而在分层抽样中,影响抽样平均误差的方差则是平均组内方差。由方差加法定理可知,总体方差等于平均组内方差加上组间方差,因此总体方差大于平均组内方差。故在其他条件相同的情况下,分层抽样的抽样平均误差小于简单随机抽样的平均误差。

案例

【例 4-2】 某地区想了解城乡居民每年网上购物的费用情况,采用分层等比例重复抽样调查,将总体分成以下四种类型:20 岁以下、20～35 岁、35～50 岁和 50 岁以上。样本资料如表 4-5 所示。试根据资料计算该地区各类人群平均每年网上购物的费用的抽样平均误差。

表 4-5 某地区城乡居民每年网上购物的费用情况

分层	抽样数	购物费用(元)	样本方差(元)
20 岁以下	20	175	150
20~35 岁	30	2 150	300
35~50 岁	15	1 500	1 000
50 岁以上	5	500	1 200
合　计	70	—	—

解 （1）计算平均层内方差：

$$\overline{s_i^2} = \frac{\sum s_i^2 n_i}{n} = \frac{150 \times 20 + 300 \times 30 + 1\,000 \times 15 + 1\,200 \times 5}{70} = 471.43$$

（2）计算抽样平均误差：

$$\mu_{\overline{x}} = \sqrt{\frac{\overline{s_i^2}}{n}} = \sqrt{\frac{471.43}{70}} = 2.595(元)$$

3. 等距抽样

按无关标志排队的等距抽样的抽样平均误差，可以按纯随机不重复抽样的抽样平均误差公式计算；按有关标志排队的等距抽样的抽样平均误差，从理论上来讲，应采用类型抽样的误差公式计算，但因为每组只抽取一个样本单位，无法计算组内方差，实际工作中还是按纯随机不重复抽样的抽样平均误差公式计算。

4. 整群抽样

在整群抽样中，由于对中选的群来说是全面调查，因此，影响抽样平均误差大小的是群间方差。整群抽样一般采用不重复抽样，其抽样平均误差的计算公式如下：

（1）抽样平均数的抽样平均误差

$$\mu_{\overline{x}} = \sqrt{\frac{\delta_{\overline{x}}^2}{r}\left(\frac{R-r}{R-1}\right)} \tag{4-12}$$

式中，$\delta_{\overline{x}}^2$ 为平均数的群间方差，R 为总体群数，r 为样本群数。

（2）抽样成数的抽样平均误差

$$\mu_p = \sqrt{\frac{\delta_p^2}{r}\left(\frac{R-r}{R-1}\right)} \tag{4-13}$$

式中，δ_p^2 为成数的群间方差。

【例 4-3】 某省有物流企业 3 000 家，分布在 60 个地市县，每个地市县有 50 家。现抽取 5 家物流企业，全面调查营业收入与因冰雪原因遭受损失情况，资料如表 4-6 所示。

现要求计算该省物流企业的平均营业收入及受灾损失营业收入所占总营业收入比重的抽样平均误差。

表 4-6 某省物流企业营业收入情况及受灾损失情况

样本群编号	样本群平均营业收入（百万元）	样本群受灾损失比重（%）
1	8.25	2
2	9.5	1.6
3	8.5	2.4
4	9	1.9
5	8.75	2.1

解

(1) 计算平均营业收入的抽样平均误差

$R = 3\ 000/50 = 60$（群） $r = 5$（群）

$$\bar{x} = \frac{\sum \bar{x}_i}{r} = \frac{8.25 + 9.50 + 8.50 + 9.00 + 8.75}{5} = 8.8（百万元）$$

$$\delta_{\bar{x}}^2 = \frac{\sum (\bar{x}_i - \bar{x})^2}{r} = \frac{(8.25 - 8.8)^2 + (9.50 - 8.8)^2 + \cdots + (8.75 - 8.8)^2}{5} = 0.185$$

所以，平均营业收入的抽样平均误差为

$$\mu_{\bar{x}} = \sqrt{\frac{\delta_{\bar{x}}^2}{r}\left(\frac{R-r}{R-1}\right)} = \sqrt{\frac{0.185}{5} \times \left(\frac{60-5}{60-1}\right)} = 0.186（百万元）$$

(2) 计算受灾损失营业收入所占总营业收入比重的抽样平均误差

$$p = \frac{\sum p_i}{r} = \frac{2.0\% + 1.6\% + 2.4\% + 1.9\% + 2.1\%}{5} = 2\%$$

$$\delta_p^2 = \frac{\sum (p_i - p)^2}{r} = \frac{(2\% - 2\%)^2 + (1.6\% - 2\%)^2 + \cdots + (2.1\% - 2\%)^2}{5}$$
$$= 0.000\ 006\ 8$$

所以，受灾损失营业收入所占总营业收入比重的抽样平均误差为

$$\mu_p = \sqrt{\frac{\delta_p^2}{r}\left(\frac{R-r}{R-1}\right)} = \sqrt{\frac{0.000\ 006\ 8}{5} \times \left(\frac{60-5}{60-1}\right)} = 0.113\%$$

三、影响抽样平均误差的因素

影响抽样平均误差的因素具体如下。

(1) 总体中各单位调查标志的变异程度

总体中各单位调查标志的变异程度越大，抽样平均误差就越大；反之，总体中各单位

调查标志的变异程度越小,则抽样平均误差就越小,两者成正比关系。

一个极端情况是,若总体各单位调查标志的标志值完全相等即总体方差为零时,则样本指标就等于总体指标,此时抽样平均误差就不存在。

(2) 抽样单位数的多少

在其他条件不变的情况下,样本容量越大,抽样平均误差越小;样本容量越小,抽样平均误差越大,两者成反比关系。这是因为,样本容量越大,样本含有的总体信息就越多,样本也就越接近总体的特征。

一个极端情况是,当样本容量等于总体单位总量时,抽样调查就成了全面调查,样本指标恒等于总体指标,抽样平均误差也就不复存在了。

(3) 抽样方法

在其他条件不变的情况下,采用不重复抽样所产生的抽样平均误差要小于采用重复抽样所产生的抽样平均误差。

(4) 抽样的组织方式

抽样的组织方式不同,抽样平均误差也不同。类型抽样的抽样平均误差最小。

第三节 总体指标的估计方法

根据样本指标估计总体指标有两种方法:点估计和区间估计。

一、点估计

点估计是用某一样本指标直接推断相应的总体指标的估计形式。例如,根据样本的平均数估计总体的平均数,根据样本的成数估计总体的成数等。

点估计没有考虑估计的精度,也没有考虑估计的可靠程度,正是这种局限性决定了在实际工作中,对总体指标的估计习惯于用区间估计。

二、区间估计

区间估计是根据样本指标和抽样平均误差,确定用多大的概率保证程度来推断总体指标的可能区间。

(一) 总体平均数的区间估计

在总体服从正态分布或近似服从正态分布,且 n 较大的前提下,样本平均数非常接近总体平均数,二者之间的离差非常小。根据中心极限定理可知,样本平均数与总体平均数之间的离差与抽样平均误差是 $\dfrac{\sigma}{\sqrt{n}}$ 的倍数关系:

$$\lim_{n\to\infty} P\left\{|\bar{x}-\bar{X}|<t\frac{\sigma}{\sqrt{n}}\right\}=F(t)=1-\alpha \qquad (4\text{-}14)$$

上式中，t 为置信度，是扩大或缩小抽样误差范围的倍数，它决定了估计的可靠程度。$F(t)=1-\alpha$ 为抽样估计的置信度，也称作置信水平或置信系数，即抽样估计的可靠程度。置信度也称可靠程度，是指抽取的样本有多大程度能代表总体特征。它表明抽样结果的可靠程度，即总体特征落入精确度界限内的概率。置信度的反面就是风险度，风险度表明总体特征落在样本精确度界限之外的危险性程度。置信度越高，风险度越低，二者互为补数。

α 称为显著性水平，说明总体指标落在置信区间以外的概率。令：

$$\Delta_{\bar{x}}=t\frac{\sigma}{\sqrt{n}}=t\mu_{\bar{x}} \qquad (4\text{-}15)$$

$\Delta_{\bar{x}}$ 称为抽样极限误差，也可称为允许误差，表明样本平均数与总体平均数的最大误差范围。抽样极限误差同时包括两个内容：置信度 t 和准确程度 $\mu_{\bar{x}}$。$\mu_{\bar{x}}$ 一定时，t 越大，抽样极限误差越大，总体指标落在允许误差范围内的概率越大，抽样推断的可靠程度则越大；反之，抽样推断的可靠程度则越小。而 $\mu_{\bar{x}}$ 大时，说明样本的代表性差，抽样的准确性差，反之，说明样本的代表性大，抽样的准确性高。

式(4-14)表明样本平均数总是围绕着总体平均数作上下波动，即 $\bar{x}=\bar{X}\pm\Delta_{\bar{x}}$，但抽样推断是在知道样本平均数和抽样平均误差的情况下推断总体平均数，故要作等价交换得：

$$\bar{x}-\Delta_{\bar{x}}\leqslant\bar{X}\leqslant\bar{x}+\Delta_{\bar{x}} \qquad (4\text{-}16)$$

式(4-16)就是总体平均数的区间估计公式。我们可以有 $F(t)$ 的把握程度认为总体平均数落在 $[\bar{x}-\Delta_{\bar{x}},\bar{x}+\Delta_{\bar{x}}]$ 的范围内，$[\bar{x}-\Delta_{\bar{x}},\bar{x}+\Delta_{\bar{x}}]$ 为置信区间。$F(t)$ 的大小由概率度 t 决定。

常用的显著性水平值及其相应的概率度 t 值如表 4-7 所示。

表 4-7 常用置信水平的 t 值

置信水平	显著性水平 α	概率度 t 值
90%	0.10	1.645
95%	0.05	1.96
95.45%	0.045 5	2
99.73%	0.002 7	3

（二）总体成数的区间估计

总体成数区间估计公式为

$$p-\Delta_p\leqslant P\leqslant p+\Delta_p \qquad (4\text{-}17)$$

其中：$\Delta_p=t\mu_p$ 为抽样成数的抽样极限误差，其意义与 $\Delta_{\bar{x}}$ 相同。

【例 4-4】 资料如例 4-1 40 名员工拣货速度资料,现设这 40 名员工拣货速度是按重复抽样方法抽取,置信水平为 95%。

1. 计算总体平均拣货速度的置信区间

(1) 计算样本的均值和方差:

$$\bar{x} = \frac{\sum x}{n} = \frac{188.9}{40} = 4.7225(秒)$$

$$s^2 = \frac{\sum(x_i - \bar{x})^2}{n-1} = 0.5478$$

(2) 按重复抽样方法抽取,则总体平均拣货速度的置信区间为:

$$\bar{x} \pm t\sqrt{\frac{s^2}{n}} = 4.7225 \pm 1.96 \times \sqrt{\frac{0.5478}{40}} = 4.7225 \pm 0.2294$$

即我们有 95% 的概率保证,该企业员工的平均拣货速度在 4.4931 秒至 4.9519 秒之间。

2. 计算总体产品合格率的置信区间

(1) 按规定,员工拣货速度≤5 秒/件即为达标,40 名员工拣货速度 5 秒/件以下的有 22 个,则样本的达标率为

$$p = \frac{22}{40} = 55\%$$

(2) 按重复抽样方法抽取,则总体产品合格率的置信区间为

$$p \pm t\sqrt{\frac{p(1-p)}{n}} = 55\% \pm 1.96 \times \sqrt{\frac{55\% \times 45\%}{40}} = 55\% \pm 15.42\%$$

即我们有 95% 的概率保证,该企业员工拣货速度达标率在 39.58% 至 70.42% 之间。

第四节 样本容量的确定

一、确定的样本容量

在实际抽样调查中,要做的第一件事就是确定样本容量的大小。从理论上说,样本的容量越大越好,这是因为样本容量与抽样误差成反比。但样本容量的增加也会受到许多限制:增加调查费用,耗费一定的人力和财力。在实际估计中,我们首先应确定一个适当的样本容量,然后根据这一样本进行估计。

（一）估计总体平均数时样本容量的确定

1. 重复抽样时

$$n = \frac{t^2 \sigma^2}{\Delta_{\bar{x}}^2} \tag{4-18}$$

由式(4-18)得知，样本容量与概率度 t 成正比，在其他条件不变的情况下，置信概率越大，所需的样本容量也越大；样本容量与总体方差成正比，总体的差异越大，所要求的样本容量也越大；样本容量与抽样极限误差成反比，我们所接受的极限误差越大，所需的样本容量就越小。在实际应用中，如果总体的方差未知，可以用样本的方差来代替总体的方差。

案例

【例4-5】 资料如例4-1 40名员工拣货速度资料，要对该物流企业员工平均拣货速度进行估计，根据以往资料得知员工平均拣货速度的标准差为0.86秒，若置信概率为95.45%，估计误差不超过0.255秒，采用重复抽样，应抽取的样本容量为：

$$n = \frac{t^2 \sigma^2}{\Delta_{\bar{x}}^2} = \frac{2^2 \times 0.86^2}{0.255^2} \approx 46(人)$$

2. 不重复抽样时

$$n = \frac{t^2 \sigma^2 N}{\Delta_{\bar{x}}^2 N + t^2 \sigma^2} \tag{4-19}$$

式(4-19)是不重复抽样时确定样本容量的公式。

案例

【例4-6】 资料如例4-5，假设该物流企业从事拣货工种的员工共计500人，根据以往资料得知员工平均拣货速度的标准差为0.86秒，若置信概率为95.45%，估计误差不超过0.255秒，采用不重复抽样，应抽取的样本容量为

$$n = \frac{t^2 \sigma^2 N}{\Delta_{\bar{x}}^2 N + t^2 \sigma^2} = \frac{2^2 \times 0.86^2 \times 500}{0.255^2 \times 500 + 2^2 \times 0.86^2} = \frac{1\,479.2}{35.470\,9} \approx 42(人)$$

（二）估计总体成数时样本容量的确定

1. 重复抽样时

$$n = \frac{t^2 P(1-P)}{\Delta_p^2} \tag{4-20}$$

式(4-20)是重复抽样时确定样本容量的公式。

案例

【例 4-7】 资料如例 4-1 40 名员工拣货速度资料,要对该物流企业员工拣货达标率进行估计,根据以往资料得知该物流企业员工拣货达标率为 55%,若按 95.45% 的置信概率来估计,要求估计误差不超过 10%,采用重复抽样,应抽取的样本容量为

$$n = \frac{t^2 P(1-P)}{\Delta_p^2} = \frac{2^2 \times 55\% \times 45\%}{10\%^2} = 99(人)$$

2. 不重复抽样时

$$n = \frac{t^2 P(1-P)N}{\Delta_p^2 N + t^2 P(1-P)} \tag{4-21}$$

式(4-20)是不重复抽样时确定样本容量的公式。

案例

【例 4-8】 资料如例 4-1 40 名员工拣货速度资料,要对该物流企业 500 名员工拣货达标率进行估计,根据以往资料得知该物流企业员工拣货达标率为 55%,若按 95.45% 的置信概率来估计,要求估计误差不超过 10%,采用不重复抽样,应抽取的样本容量为

$$n = \frac{t^2 P(1-P)N}{\Delta_p^2 N + t^2 P(1-P)} = \frac{2^2 \times 55\% \times 45\% \times 500}{10\%^2 \times 500 + 2^2 \times 55\% \times 45\%} = \frac{495}{5.99} \approx 83(人)$$

二、影响样本容量的因素

影响样本容量的主要因素有以下几个。

1. 总体的差异程度

总体各单位调查标志的标志值差异大,则样本容量也应大一些;反之则小一些。两者成正比。

2. 估计的准确性

准确性要求越高,则抽样的极限误差就必须小,因而样本容量就要求越大;反之,样本容量越小。

3. 估计的置信度

一般来说,估计的置信度越大,则样本容量也越大;反之,样本容量就越小。

4. 抽样的组织方式

组织方式不同,所要求的样本容量也不同。在其他情况都相同的条件下,分层抽样与简单随机抽样相比,样本容量要小一些。

5. 抽样方法

一般来说,在其他条件都相同的情况下,不重复抽样与重复抽样相比,样本容量要小一些。

本章测试

一、单项选择题

1. 先将总体单位按某一标志顺序排列,然后按照固定顺序和相同间隔来抽取样本单位的抽样组织方式是( )。

　　A. 简单随机抽样　　B. 分类抽样　　C. 等距抽样　　D. 整群抽样

2. 在抽样调查中,无法避免的误差是( )。

　　A. 登记误差　　B. 系统性误差　　C. 计算误差　　D. 抽样误差

3. 反映样本指标与总体指标之间的抽样误差可能范围的是( )。

　　A. 抽样极限误差　　　　　　　　B. 概率度

　　C. 概率保证程度　　　　　　　　D. 抽样平均误差

4. 从 2 000 名学生中按照不重复抽样方法抽取了 100 名学生进行调查,其中有女生 45 名,则样本成数的抽样平均误差是( )。

　　A. 0.24%　　B. 4.85%　　C. 5.62%　　D. 3.78%

5. 在其他条件不变的情况下,样本单位数和抽样误差的关系是( )。

　　A. 样本单位数目越大,抽样误差越大

　　B. 样本单位数目越大,抽样误差越小

　　C. 样本单位数目的变化与抽样误差的数值无关

　　D. 抽样误差变化程度是样本单位数目变动程度的一半

二、判断题

1. 抽样调查的着眼点就在于对样本数量特征的认识。( )
2. 极限抽样误差总是大于抽样平均误差。( )
3. 不同的抽样组织形式下,计算抽样平均误差应该采取不同的公式。( )
4. 实际调查时只能按照计算的必要样本容量来抽取样本数目。( )
5. 抽样误差在抽样推断中是不可避免的。( )

三、简答题

1. 抽样方法有哪两种?
2. 简述随机抽样可以采取哪些不同的组织形式。
3. 怎样理解抽样平均误差?
4. 影响抽样平均误差的因素主要有哪些?

5. 根据样本指标估计总体指标有哪两种方法？

6. 影响样本容量的主要因素有哪些？

四、计算题

1. 某公司一批数量为 10 000 件的商品运抵仓库，随机抽取 100 件检验其质量，发现有 10 件商品不合格。试按照重复与不重复抽样分别计算合格率抽样平均误差。

2. 对某城市全部 96 000 户职工家庭生活抽样调查，已知过去该市职工家庭生活收入的标准差为 40 元，允许误差不得超过 10 元，要求：在 95.45% 的概率保证程度下，进行简单随机不重复抽样时，应抽取多少户？

3. 某物流企业职工的收入情况如表 4-8 所示。

表 4-8 某物流企业职工的收入情况表

不同收入类型	职工人数（人）	年平均收入（百元）	各类职工收入的标准差（百元）
较高的	200	1 320	48
一般的	1 600	804	30
较低的	1 200	600	45
合计	3 000		

要求：按照职工人数的 5% 抽样，计算以下几个问题。

（1）抽样年平均收入。

（2）年平均收入的抽样平均误差。

（3）在 95% 的概率保证程度下，职工月平均收入的可能范围。

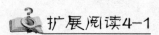

2017 年物流企业负担及营商环境调查

第五章

时间数列分析

 本章导读

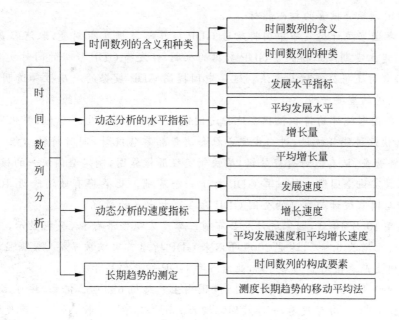

知识目标

- 了解时间序列的概念、作用、分类的编制原则;
- 熟练掌握和应用时间序列水平分析与速度分析的方法;
- 理解时间序列构成要素的含义;
- 了解时间序列长期趋势分析的目的,掌握测定长期趋势的移动平均法。

技能目标

➢ 准确把握时期数列与时点数列的区别。
➢ 掌握时间数列的平均发展水平、增长量和平均增长量等指标的计算及分析。
➢ 能够运用发展速度、增长速度等指标分析经济现象。

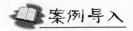 案例导入

GDP 核算及统计

20 世纪 80 年代初,中国开始研究联合国国民经济核算体系的国内生产总值(GDP)指标。中国于 1985 年开始建立 GDP 核算制度。1993 年,中国正式取消国民收入核算,GDP 成为国民经济核算的核心指标。

2003 年国家统计局宣布中国将改进 GDP 核算与数据发布制度,取消容易引起误解的预计数,建立定期修正和调整 GDP 数据的机制,在发布 GDP 数据的同时发布相关的重要数据,必要时还将公布核算方法。这是中国提高 GDP 数据的准确性和透明度,向国际通行办法迈进的重要一步。

2014 年国家统计局将积极稳妥地推进国家统一核算地区生产总值,深化固定资产投资统计,加快改进能耗统计,进一步完善社会消费品零售统计,同时将精心组织实施第三次全国经济普查,认真做好普查登记,尽快制定经济核算图,制定全国统一的核算办法,为 2015 年正式实施全国统一的核算 GDP 打下一个基础。此举将有效消除近 10 年来各省 GDP 总和与国家统计局核算的全国 GDP 存在较大出入的情况。

2015 年 10 月 19 日,国家统计局公布前三季度宏观经济数据,数据显示,三季度国内生产总值同比增长 6.9%,这是 2009 年以来 GDP 增速首次跌破 7%。数据显示,2009 年一季度国内生产总值增长为 6.1%,此后 6 年 GDP 增速均高于 7%。

2016 年 1 月 19 日,初步核算,2015 年国内生产总值 689 052 亿元,按可比价格计算,比上年增长 6.9%。分季度看,一季度同比增长 7.0%,二季度增长 7.0%,三季度增长 6.9%,四季度增长 6.8%。分产业看,第一产业增加值 60 862 亿元,比上年增长 3.9%;第二产业增加值 282 040 亿元,增长 6.2%;第三产业增加值 346 150 亿元,增长 8.2%。

2016 年 3 月 5 日公布的政府工作报告明确了 2016 年经济增长预期目标(6.5% 至 7%),标志着我国为经济增长预期目标划定了明确区间。同时,"十三五"时期的经济增长目标降到了 6.5% 以上。

2017 年 1 月 20 日,国新办举行新闻发布会,国家发展改革委副主任兼国家统计局局长宁吉喆介绍 2016 年国民经济运行情况。宁吉喆指出,2016 年全年国内生产总值比上

年增长 6.7%，总量达到 743 586 亿元，正式迈过 70 万亿元大关。这一数据也与此前国家发改委主任徐绍史的"剧透"相吻合，约为 5 万亿元的增量规模与 5 年前中国经济 10% 经济增速时代的规模相当，在全球经济体中表现突出，如表 5-1 所示。

表 5-1 我国近 11 年 GDP 增长情况统计表

年份	国内生产总值		第一产业		第二产业		第三产业	
	绝对值（亿元）	同比增长	绝对值（亿元）	同比增长	绝对值（亿元）	同比增长	绝对值（亿元）	同比增长
2017 年	827 121.70	6.90%	65 467.60	3.90%	334 622.60	6.10%	427 031.50	8.00%
2016 年	743 585.50	6.70%	63 672.80	3.30%	296 547.70	6.30%	383 365.00	7.70%
2015 年	689 052.10	6.90%	60 862.10	3.90%	282 040.30	6.20%	346 149.70	8.20%
2014 年	643 974.00	7.30%	58 343.50	4.10%	277 571.80	7.40%	308 058.60	7.80%
2013 年	595 244.40	7.80%	55 329.10	3.80%	261 956.10	8.00%	277 959.30	8.30%
2012 年	540 367.40	7.90%	50 902.30	4.50%	244 643.30	8.40%	244 821.90	8.00%
2011 年	489 300.60	9.50%	46 163.10	4.20%	227 038.80	10.00%	216 098.60	9.50%
2010 年	413 030.30	10.60%	39 362.60	4.30%	191 629.80	12.70%	182 038.00	9.70%
2009 年	349 081.40	9.40%	34 161.80	4.00%	160 171.70	10.30%	154 747.90	9.60%
2008 年	319 515.50	9.70%	32 753.20	5.40%	149 956.60	9.80%	136 805.70	10.50%
2007 年	270 232.30	14.20%	27 788.00	3.50%	126 633.60	15.10%	115 810.70	16.10%
2006 年	219 438.50	12.70%	23 317.00	4.80%	104 361.80	13.50%	91 759.70	14.10%

资料来源：http://data.eastmoney.com/cjsj/grossdomesticproduct.aspx?p=1

引例思考

(1) 2011—2017 年时期第二产业增速分别是多少？
(2) 2011—2015 年，GDP 增速回落的主要因素是什么？

第一节 时间数列的含义和种类

一、时间数列的含义

客观物质世界中的一切事物都处在不断发展变化之中。社会经济现象作为客观物质世界的一个重要组成部分，它的规模、结构以及现象间的相互联系，随着时间的推移，也都在不断地发展变化着。统计作为认识社会的重要武器，不仅要从现象的相互联系之中进行静态研究，而且还要从它们的发展变化过程进行动态研究。要实现统计的这一任务，就必须借助于时间数列。

所谓时间数列，又称动态数列，它是将社会经济现象某种统计指标的数值，按照时间的先后顺序加以排列而形成的统计数列，一般用 x_t 或者 y_t 表示。如将历年来我国国民生产总值加以排列，或者将某企业某年各月的产品产量、职工人数、劳动生产率加以排列，都可以形成时间数列。

时间数列不同于变量数列。变量数列是按标志值的大小顺序排列而成的,用于空间上的静态研究;而时间数列则是按时间的先后顺序排列而成的,用于时间上的动态研究。无论是变量数列,还是时间数列都是由两个要素构成,只不过构成的两要素不同而已。变量数列由变量和变量值出现的次数两要素构成,时间数列则由现象所处时间和现象的发展水平两要素构成。另外,由于时间数列是我们研究事物发展状况及预测未来发展趋势的基础和前提条件,因此在社会经济现象动态分析中有着十分重要的作用。

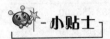 小贴士

为什么有的月度统计中没有1月份数

为了消除春节假期不固定因素带来的影响,增强数据的可比性,按照国家统计制度,从2012年定报起,对部分月报不单独开展1月份统计数据的调查,1-2月份数据一起调查,一起发布。即2012年以来,国家统计局2月份不再发布1月份规模以上工业生产、固定资产投资、民间固定资产投资、房地产投资和销售、社会消费品零售总额、工业经济效益等数据。

二、时间数列的种类

根据编制时间数列所采用的统计指标形式不同,时间数列可分为绝对数时间数列、相对数时间数列和平均数时间数列。

(一)绝对数时间数列

绝对数时间数列是由一系列同类总量指标的数值按时间的先后次序排列而成的时间数列。它可以反映社会经济现象的总量在各个时间所达到的绝对水平及其发展变化的过程。按照总量指标所反映的现象总量性质不同,绝对数时间数列可分为时期数列和时点数列。

1. 时期数列

时期数列,是用时期总量指标编制的时间数列。数列中每项指标数值均表明某种社会经济现象在一定时期内发展过程的总量(如表5-2所示)。

表5-2 2010—2017年我国交通运输、仓储和邮政业增加值

年 份	2010	2011	2012	2013	2014	2015	2016	2017
增加值(亿元)	18 783.6	21 842.0	23 763.2	26 042.7	28 500.9	30 487.8	33 058.8	36 802.7

注:数据来源于国家统计局网站,表中数据按当年价格计算。

表 5-1 中的时间数列,每项指标数值所反映的都是某一段时间内(一年)的交通运输、仓储和邮政业增加值资料,因此为时期数列。由表 5-1 可知,2010—2017 年,我国交通运输、仓储和邮政业增加值不断增加,按当年价格计算,七年期间翻了一番。时期数列中的各项指标所涉及的时间长度,称为"时期",指标数值的大小与时期的长短有直接的关系。时期越长,数值越大;时期越短,数值越小。因此说,时期数列具有可加性,相加的结果反映现象在更长时间内的发展总量。

2. 时点数列

时点数列,是用时点总量指标编制的时间数列。数列中的每项指标数值都是反映现象在某一时刻或时点上所达到的总量水平(如表 5-3 所示)。

表 5-3　2010—2017 年我国交通运输、仓储和邮政业城镇单位就业人员数(年底数)

年　份	2010	2011	2012	2013	2014	2015	2016	2017
城镇单位就业人员数(万人)	631.1	662.8	667.5	846.2	861.4	854.4	849.5	861.4

数据来源:《中国统计网》

由表 5-2 可知,2010—2017 年,我国交通运输、仓储和邮政业城镇单位就业人员数有不断增长的趋势,七年间累计增加 230.3 万人,年均增加 32.9 万人。在时点数列中,两个相邻时点之间的时间间隔称为"时点间隔"。它可以是相等的,也可以是不等的。本例的时点间隔是相等的,即均为一年。

时点数列中的指标数值与时点间隔的长短无直接的联系,指标数值是现象在一段时间内增减抵消后的结果。因此说,时点数列不具有可加性。

(二)相对数时间数列

相对数时间数列是由一系列同种相对指标的数值按时间的先后次序排列而成的时间数列。相对数时间数列是用来说明社会经济现象之间相互关系发展变化情况的(如表 5-4 所示)。由于相对指标有六种形式,因此相对数时间数列也有六种形式,即计划完成程度相对数时间数列、比例相对数时间数列、结构相对数时间数列、比较相对数时间数列、强度相对数时间数列及动态相对数时间数列。相对数时间数列中的各个指标都是相对的,其计算基础不同,因此不能直接相加。

表 5-4　2007—2014 年我国交通运输、仓储和邮政业增加值占 GDP 比重(%)

年　份	2010	2011	2012	2013	2014	2015	2016	2017
比重(%)	4.6	4.5	4.4	4.4	4.5	4.4	4.3	4.2

数据来源:《中国统计网》

由表 5-3 可知,2010—2017 年,我国交通运输、仓储和邮政业增加值占 GDP 比重呈现出先下降后保持稳定的特征,由 2010 年的 4.6% 下降至 2017 年的 4.2% 后基本稳定,这与服务业增加值占 GDP 比重持续增加的特征是不同的。

(三)平均数时间数列

平均数时间数列是由一系列平均指标的数值按时间顺序排列而成的时间数列。平均数时间数列可以用来反映各个时期社会经济现象一般水平的发展过程和变化的趋势(如表 5-5 所示)。

表 5-5　2010—2017 年我国交通运输、仓储和邮政业城镇单位就业人员平均工资

年　份	2010	2011	2012	2013	2014	2015	2016	2017
城镇单位就业平均工资(元)	40 466	47 078	53 391	57 993	63 416	68 822	73 650	—

数据来源:《中国统计网》

由表 5-4 可知,2010—2017 年,我国交通运输、仓储和邮政业城镇单位就业人员平均工资持续提高,七年间翻了近一番。

平均数时间数列中的每个指标都是平均数,相加起来是没有意义的。

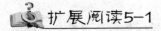

2017 年冷链物流发展报告

第二节　动态分析的水平指标

编制时间数列只是为我们进行动态分析和研究提供了数量依据,而要对现象进行分析和研究,则要通过具体的统计指标来实现。常用的动态分析指标有:发展水平、平均发展水平、增长量、平均增长量、发展速度、增长速度、平均发展速度和平均增长速度等。前边四种用于现象发展的水平分析,属于水平指标;后边四种用于现象发展的速度分析,属于速度指标。水平指标是速度指标的基础,速度指标是水平指标进一步加工的结果,是动

态分析的继续与深入。现在我们将两类指标分别进行研究。本节先讨论现象发展的水平指标。

一、发展水平指标

所谓发展水平，又称发展量，即时间数列中每一项具体的统计指标数值。它反映社会经济现象在各个不同时期或时点上所达到的规模和水平，通过不同时期发展水平的比较，可以给人具体的、深刻的印象。例如表 5-1 和表 5-2。

作为发展水平，它既可以是总量指标，也可以是相对指标或平均指标。由总量指标组成的时间数列，其指标数值，即为总量指标发展水平；由相对指标组成的时间数列，其指标数值即为相对指标发展水平；由平均指标组成的时间数列，其指标数值即为平均指标发展水平。

由于发展水平指标在时间数列中所处的位置不同，可以分为最初水平、最末水平和中间水平。一般地说，处于时间数列首项的指标数值，叫最初水平；处于末项的指标数值，叫最末水平；中间各项的指标数值，叫中间水平。如果用 y_0、y_1、y_2、$\cdots$、y_{n-1}、y_n 代表时间数列中的各个发展水平，则 y_0 就是最初水平，y_n 就是最末水平，y_1、y_2、$\cdots$、y_{n-1} 就是中间水平。如果用 y_1、y_2、$\cdots$、y_{n-1}、y_n 代表时间数列中的各个发展水平，则 y_1 就是最初水平，y_n 就是最末水平，y_2、y_3、$\cdots$、y_{n-1} 就是中间水平。

在利用时间数列指标进行对比分析时，我们常把所研究那个时期的发展水平叫报告期水平或计算期水平，而把选作对比基础的发展水平叫基期水平。无论哪一种发展水平，都不是固定不变的，而是随着研究目的变化而变化的，也就是说，现在的报告期水平，可能是将来的基期水平；这个数列的最末水平，也可能是另一个数列的最初水平。

不过应当注意的是，发展水平指标在文字叙述上习惯用"增加到"、"增加为"或"降低到"、"降低为"表示。例如，初步核算，2017 年全国粮食总产量为 61 793.03 万吨，比上年增加 167.98 万吨。又如，2017 年我国进出口总额为 410 450 385 万美元，2016 年为 12 802 993 万美元。运用时，一定不要把"到"和"为"字漏掉，否则，要说明的社会经济现象指标的意义就要发生变化。

二、平均发展水平

平均发展水平是指时间数列中不同时期的发展水平采用一定的方法加以加权平均求得的平均数。由于它是将社会经济现象在不同时期上的数量差异平均化而求得的，为了与前边学过的平均数有所区别，通常又把它称为序时平均数或动态平均数。

平均发展水平可以由绝对数时间数列计算，也可以由相对数和平均数时间数列计算。而计算绝对数时间数列的序时平均数则是最基本的方法。

（一）根据绝对数时间数列计算序时平均数

由于绝对数时间数列分时期数列和时点数列，两种数列各具不同的性质，因而在计算序时平均数时，方法上也不一样。

1. 由时期数列计算序时平均数

因为时期数列中各项指标数值可以加总，加总的结果反映现象在较长时间内发展变化的总量，因此它的序时平均数可以用简单算术平均方法计算。即将数列中各项指标的数值直接加总除以发展水平的项数。用公式表示则为

$$\bar{y} = \frac{y_1 + y_2 + \cdots + y_n}{n} = \frac{\sum y}{n}$$

式中：$\bar{y}$ 为平均发展水平；$y_i(i=1,2,\cdots,n)$ 为各期发展水平；n 为时期指标的个数。需要注意的是，由时期数列计算序时平均数时，尤其是对于年度时间数列，如果指标是实物量或者劳动量指标，则可以利用上述公式直接进行计算；如果指标是以货币单位计量的价值量指标，则需要将其转化为同一价格水平的指标，然后利用上述公式进行计算。

例如 2017 年 1—12 月份我国货物周转量（万吨）资料如表 5-6 所示。

表 5-6　2017 年 1—12 月份我国货物周转量

月份	货物周转量（万吨）	月份	货物周转量（万吨）	月份	货物周转量（万吨）
1	337 393	5	369 034	9	394 983
2	208 730	6	368 298	10	388 500
3	356 940	7	367 370	11	392 533
4	365 752	8	380 584	12	389 054

此表是根据每月货物周转量资料编制的时期数列，由于各月货物周转量高低不等，因而发展变化趋势不够明显。如果计算出各季的月平均货物周转量，就会明显地反映销售趋势。如：

$$第一季度月平均货物周转量 = \frac{337\ 393 + 208\ 730 + 356\ 940}{3} = 301\ 021.0（万吨）。$$

用同样方法计算出其他各季的月平均货物周转量，则如表 5-7 所示。

表 5-7　2017 年各季度我国月平均货物周转量

季　度	第一季度	第二季度	第三季度	第四季度
月平均货物周转量（万吨）	301 021.0	367 694.7	380 979.0	390 029.0

如果要反映该2017年我国每月的货物周转量情况,只要将1—12月份各月的货物周转量直接加总再除以12即可,其计算结果为360 084.8万吨。

2. 由时点数列计算序时平均数

如果时点数列中的数值是逐日记录,逐日排列,就称为连续时点数列,否则,就称为间断时点数列。需要注意的是,由时点数列计算序时平均数时,如果指标是实物量或者劳动量指标,则可以利用相应的公式直接进行计算。如果指标是以货币单位计量的价值量指标,尤其是对于跨度较长的年度时间数列或月度时间,如若干个年份,则需要将其转化为同一价格水平的指标,然后利用相应的公式进行计算。对于月度时间数列,如果时间跨度较短,不超过一年,即使是以货币单位计量的价值量指标,计算序时平均数时,为方便起见,仍然可以用简单算术平均数的方法直接进行计算,不需要将其转化为同一价格水平的指标。

$$\text{时点数列}\begin{cases}\text{连续时点数列}\begin{cases}\text{间隔相等的连续时点数列}\\\text{间隔不等的连续时点数列}\end{cases}\\\text{间断时点数列}\begin{cases}\text{间隔相等的间断时点数列}\\\text{间隔不等的间断时点数列}\end{cases}\end{cases}$$

第一种方法:由间隔相等的连续时点数列来计算。如果掌握了整个研究时期中每日的时点资料,则序时平均数的计算方法与时期数列相同,即以各日时点数值的总和除以日数,求得平均每日时点数。用公式表示:

$$\bar{y}=\frac{\sum y}{n}$$

式中:y 为每日的时点水平;n 为日历日数。

例如:某单位某星期每天出勤的职工人数分别是120人,122人,118人,116人,117人,121人,则该单位本星期平均每天的出勤人数为

$$\bar{y}=\frac{120+122+118+116+117+121}{6}=119(人)$$

用这种方法计算的序时平均数,其结果是非常精确的,但在实际工作中往往不可能或不必要取得每日的时点资料,因此,这种方法在实际运用上有很大的局限性。

第二种方法:由间隔不等的连续时点数列来计算。在连续时点数列中,如果被研究现象不是逐日变动的,则可根据整个研究时间内每次变化的资料,用每次变动持续的间隔长度(f)为权数对各时点水平(y)加权,应用加权算术平均法计算序时平均数。用公式表示则为

$$\bar{y}=\frac{y_1f_1+y_2f_2+\cdots+y_nf_n}{f_1+f_2+\cdots+f_n}=\frac{\sum yf}{\sum f}$$

式中,y 为时点水平;f 为时点间隔长度。

例如,某企业的职工人数在第一季度内的变动情况为:1月1日至20日为1 250人,

1月21日至2月8日为1 264人,2月9日至2月28日为1 272人,3月1日至3月15日为1 270人,3月16日至3月31日为1 284人,则该企业第一季度日均职工人数为:

$$\bar{y} = \frac{\sum yf}{\sum f} = \frac{1\,250 \times 20 + 1\,264 \times 19 + 1\,272 \times 20 + 1\,270 \times 15 + 1\,284 \times 16}{20 + 19 + 20 + 15 + 16}$$

$$= \frac{114\,050}{90} = 1\,267(人)$$

第三种方法:由间隔相等的间断时点数列来计算。如果掌握的时点数列是时间间隔的期初或期末资料,则要以简单算术平均法分层计算其序时平均数。例如,某银行2017年3月至6月各月末人民币存款余额如表5-8所示。

表5-8　某银行2017年3月至6月各月末人民币存款余额

时间	3月末	4月末	5月末	6月末
现金库存额(亿元)	62	68	70	69

根据表中资料,计算该银行二季度平均每月现金库存额,则首先要计算该季度三个月各月的平均人民币存款余额:

$$月平均人民币存款余额 = \frac{月初存款余额 + 月末存款余额}{2}$$

因此:4月份月平均人民币存款余额为 $\frac{62+68}{2} = 65(万元)$

5月份月平均人民币存款余额为 $\frac{68+70}{2} = 69(万元)$

6月份月平均人民币存款余额为 $\frac{70+69}{2} = 69.5(万元)$

根据上述资料再计算第二季度的月均人民币存款余额为 $\frac{65+69+69.5}{3} = 67.83(万元)$

将上边两个步骤加以合并简化,则为

$$\frac{\frac{62+68}{2} + \frac{68+70}{2} + \frac{70+69}{2}}{3} = \frac{\frac{62}{2} + 68 + 70 + \frac{69}{2}}{4-1} = 67.83(万元)$$

这种分层计算方法若用公式表示则为

$$\bar{y} = \frac{\frac{y_1}{2} + y_2 + y_3 + \cdots + \frac{y_n}{2}}{n-1}$$

第四种方法:由间隔不等的间断时点数列来计算。如果掌握的时点数列是时间间隔不相等的期初或期末资料,则要以时间间隔长度为权数对时点资料进行加权算术平均。

其计算公式可表示为：

$$\bar{y} = \frac{\frac{y_1+y_2}{2}f_1 + \frac{y_2+y_3}{2}f_2 + \cdots + \frac{y_{n-1}+y_n}{2}f_{n-1}}{f_1+f_2+\cdots+f_{n-1}}$$

例如，某地区某年各时点的人口资料变动如表5-9所示。

表5-9　2017年某地区某年各时点的人口资料

时　间	1月1日	6月1日	8月1日	12月31日
人口总数（万人）	2 130	2 138	2 140	2 151

则该地区某年的平均人口数为：

$$\bar{y} = \frac{\frac{213+2\,138}{2}\times 5 + \frac{2\,138+2\,140}{2}\times 2 + \frac{2\,140+2\,151}{2}\times 5}{5+2+5} = \frac{25\,675.5}{12} = 2\,139.6(万人)$$

根据时间间隔相等或间隔不等的时点数列计算序时平均数的方法，是假定现象在各个时点之间的变动是均匀的。但实际情况并非如此，因此，计算的平均数也仅是实际平均数的近似数值。

（二）根据相对数时间数列或平均数时间数列计算序时平均数

因为相对数或平均数时间数列是由两个相互联系的绝对数时间数列对比而求得的，是绝对数时间数列的派生数列。因此，只要分别计算出分子、分母两个绝对数时间数列的序时平均数，而后加以对比即可求得相对数或平均数时间数列的序时平均数。

假定 $\bar{c}$ 为相对数或平均数时间数列的序时平均数，$\bar{a}$ 为分子数列的序时平均数，$\bar{b}$ 为分母数列的序时平均数，则计算公式为 $\bar{c} = \frac{\bar{a}}{\bar{b}}$。

例如：某商业零售企业第一季度各月流动资金周转次数如表5-10所示。

表5-10　2017年某商业零售企业第一季度各月流动资金周转资料

项　目	1月	2月	3月
销售收入 a（万元）	900	1 030	1 100
流动资金平均占用额 b（万元）	500	660	700
流动资金周转次数 c（次）	1.80	1.56	1.57

试计算该工厂第一季度月平均流动资金周转次数。

表中销售收入是时期指标，流动资金占用额是时点指标，而流动资金平均占用额则是月初和月末流动资金占用额的平均数。因此根据所给资料的性质分别求出第一季度各月

的平均数,再加以对比来计算流动资金平均周转次数。其具体计算方法为:

$$\text{该工厂第一季度流动资金平均周转次数} = \frac{\text{第一季度月平均销售收入}}{\text{第一季度流动资金月平均占用额}}$$

即:$\bar{c} = \dfrac{\bar{a}}{\bar{b}} = \dfrac{\frac{900+1\,030+1\,100}{3}}{\frac{500+660+700}{3}} = \dfrac{1\,010}{620} = 1.63(\text{次})$

由平均数时间数列求序时平均数。例如,某交通运输企业第一季度工业总产值与职工人数资料如表 5-11 所示,试求第一季度平均每月的劳动生产率。

表 5-11 2017 年某交通运输企业第一季度总产值与职工人数资料

月　份	1 月	2 月	3 月	4 月
总产值 a(万元)	250	278	280	325
期初职工人数 b(人)	195	200	201	215
劳动生产率 c(元/人)	12 820	13 900	13 930	15 120

则该交通运输企业第一季度平均每月的劳动生产率为

$$\bar{c} = \frac{\bar{a}}{\bar{b}} = \frac{\frac{250+278+280}{3}}{\frac{\frac{195}{2}+200+201+\frac{215}{2}}{4-1}} = 13\,333.3(\text{元}/\text{人})$$

三、增长量

增长量是指时间数列中报告期水平与基期水平之差,说明社会经济现象在一定时期内增减变化的绝对量。其计算公式为:

增长量 = 报告期水平 − 基期水平

作为增长量指标可正可负。如果计算的结果为正值,则为增长的绝对量;如果计算的结果为负值,则表示减少或降低的绝对量。在计算增长量时,由于研究的目的不同,选择的基期也不同,因而增长量指标又可分为环比增长量和定基增长量。

环比增长量(也叫逐期增长量),是报告期水平与前一期水平之差,表明报告期较前期增减变化的绝对量。用符号表示为

$$y_1 - y_0, y_2 - y_1, y_3 - y_2, \cdots, y_n - y_{n-1}$$

定基增长量(也叫累计增长量),是报告期水平与某一固定基期水平(通常为最初水平)之差,表明报告期较某一固定基期增减变化的绝对量,用符号表示则为

$$y_1 - y_0, y_2 - y_0, y_3 - y_0, \cdots, y_n - y_0$$

这两种增长量,虽然是分别根据不同的基期计算的,但它们之间却存在着一定的联系,这种联系具体表现为:定基增长量等于相应的各个环比增长量之和;环比增长量等于相邻的两定基增长量之差。用符号表示则为

$$y_n - y_0 = (y_1 - y_0) + (y_2 - y_1) + (y_3 - y_2) + \cdots + (y_n - y_{n-1})$$

$$y_n - y_{n-1} = (y_n - y_0) - (y_{n-1} - y_0)$$

翻番的含义

在实际工作中,我们经常见到"翻番"一词,它也是速度指标。具体地说,翻一番,指标数值为原来的两倍,即增长一倍,称为一个倍增(增长速度 100%)。翻两番是在原来增加一倍的基础上再增加一倍,即为原来的四倍,实则比原来增加三倍。至于翻更多番的情况,可以想象其速度之大。

四、平均增长量

平均增长量是逐期增长量的序时平均数,表明社会经济现象在一定时期内平均每期增长的数量。其计算方法是:逐期增长量之和除以逐期增长量的个数。用公式表示为

$$\text{平均增长量} = \frac{\text{环比增长量之和}}{\text{环比增长量的个数}} = \frac{\text{定基增长量}}{\text{时间数列项数} - 1}$$

此外,在实际应用和分析中,还会用到另外一个辅助的水平分析指标——增长 1% 的绝对值,是指现象每增长 1% 所代表的实际数量。其计算公式为

$$\text{增长 1\% 的绝对值} = \frac{y_t - y_{t-1}}{\frac{y_t - y_t}{y_t} \times 100} = \frac{\text{环比增长量}}{\text{环比增长速度} \times 100}$$

例如,对 2008—2014 年我国国内生产总值作增长量分析,计算结果如表 5-12 所示。

表 5-12 2008—2014 年我国国内生产总值增长情况   亿元

年 份	2008	2009	2010	2011	2012	2013	2014
发展水平	338 364.00	369 615.50	408 903.00	447 696.40	482 381.90	519 454.60	557 216.30
环比增长量	—	31 251.50	39 287.50	38 793.40	34 685.50	37 072.70	37 761.70
定基增长量	—	31 251.50	70 539.00	109 332.40	144 017.90	181 090.60	218 852.30
平均增长量	—	31 251.50	35 269.50	36 444.13	36 004.48	36 218.12	36 475.38
增长 1% 的绝对值	—	3 383.64	3 696.16	4 089.03	4 476.96	4 823.82	5 194.55

注:表中国内生产总值数据折合为 2010 年不变价格,基础数据来源于《中国统计年鉴 2015》。

首先,利用环比增长量的计算公式,将 2009—2014 年我国国内生产总值与上一年度国内生产总值相减,可以得到 2009—2014 年我国国内生产总值的环比增长量分别为 31 251.5、39 287.5、38 793.4、34 685.5、37 072.7 和 37 761.7 亿元,计算结果如表 5-11 第二行所示。

其次,利用定基增长量的计算公式,以 2008 年为固定基期,将 2009—2014 年我国国内生产总值与 2008 年度国内生产总值相减,可以得到 2009—2014 年我国国内生产总值的定基增长量分别为 31 251.5、70 539.0、109 332.4、144 017.9、181 090.6 和 218 852.3 亿元,计算结果如表 5-11 第三行所示。

再次,利用平均增长量的计算公式,可以得到 2009—2014 年我国国内生产总值的平均增长量分别为 31 251.50、35 269.50、36 444.13、36 004.48、36 218.12 和 36 475.38 亿元,计算结果如表 5-11 第四行所示。

此外,可以计算得到 2009—2014 年我国国内生产总值增长 1% 的绝对值分别为 3 383.64、3 696.16、4 089.03、4 476.96、4 823.82 和 5 194.55 亿元,计算结果如表 5-11 第五行所示。

在实际工作中,我们可以根据环比增长量与定基增长量之间的数量关系,由已知的环比增长量求出所需要的定基增长量,或者由已知的定基增长量求出所需要的环比增长量。例如,已知表中各年的环比增长量,则 2008—2014 年的定基增长量为 557 216.3 − 338 364 = 218 852.3 亿元,也等于 31 251.5 + 39 287.5 + 38 793.4 + 34 685.5 + 37 072.7 + 37 761.7 = 218 852.3 亿元。再如,已掌握 2013 年与 2014 年相邻两个时期国内生产总值的累计增长量分别是 181 090.6 亿元和 218 852.3 亿元,则 2014 年的环比增长量就等于 218 852.3 − 181 090.6 = 37 761.7 亿元。

此外,在实际工作中,对于季度时间数列或月度时间数列等季节时间数列,为了消除季节变动的影响,常计算年距增长量指标,一般称为同比增长量。其计算公式为:

同比增长量 = 本期发展水平 − 去年同期发展水平

例如,2016 年 1 月 20 日国家统计局公布的数据显示,2015 年第四季度我国国内生产总值为 189 372 亿元,与去年同期相比名义增加 10 639.2 亿元,与 2015 年第三季度相比增加 15 776.7 亿元。所以,在对统计数据进行实际应用和分析中,一定要注意环比增长量与同比增长量之间的区别。

第三节 动态分析的速度指标

一、发展速度

发展速度是研究某种社会经济现象发展程度的动态分析指标。它是用时间数列中的报告期水平与基期水平之比来求得的。一般用百分数表示,当发展速度较大时,也可以用

倍数表示。其一般计算公式为

$$发展速度 = \frac{报告期水平}{基期水平} \times 100\%$$

计算发展速度指标由于采用的基期不同,可分为环比发展速度和定基发展速度。

环比发展速度是报告期水平与前一期水平之比,反映社会经济现象逐期发展变化的相对程度。其计算公式为

$$环比发展速度 = \frac{报告期水平}{前一期水平} \times 100\%,即:\frac{y_1}{y_0}, \frac{y_2}{y_1}, \frac{y_3}{y_2}, \cdots, \frac{y_n}{y_{n-1}}$$

定基发展速度是报告期水平与某一固定基期水平之比,反映社会经济现象在较长一段时间内总的发展变化程度,故又称总发展速度。其计算公式为

$$定基发展速度 = \frac{报告期水平}{某一固定基期水平} \times 100\%,即:\frac{y_1}{y_0}, \frac{y_2}{y_0}, \frac{y_3}{y_0}, \cdots, \frac{y_n}{y_0}$$

根据表 5-11 的资料,计算我国国内生产总值的发展速度指标,如表 5-13 所示。

表 5-13　2008—2014 年我国国内生产总值发展速度

年份	2008	2009	2010	2011	2012	2013	2014
发展水平(亿元)	338 364.0	369 615.5	408 903.0	447 696.4	482 381.9	519 454.6	557 216.3
环比发展速度(%)	—	109.2	110.6	109.5	107.7	107.7	107.3
定基发展速度(%)	—	9.2	10.6	9.5	7.7	7.7	7.3

定基发展速度与环比发展速度,由于选择的基期不同,因此,反映现象发展变化的经济含义也不相同。然而,它们之间却存在着一定的数量关系。这种数量关系主要表现为两个方面。

(1) 定基发展速度等于相应的各个环比发展速度的连乘积

$$\frac{y_n}{y_0} = \frac{y_1}{y_0} \times \frac{y_2}{y_1} \times \frac{y_3}{y_2} \times \cdots \times \frac{y_n}{y_{n-1}}$$

(2) 两个相邻时期的定基发展速度之比,等于相应的环比发展速度

$$\frac{y_n}{y_{n-1}} = \frac{y_n}{y_0} \Big/ \frac{y_{n-1}}{y_0}$$

此外,在统计实践中,为了消除季节变动的影响,常计算年距发展速度,用以说明本期发展水平与去年同期发展水平对比而达到的相对发展程度。

$$年距发展速度 = \frac{本期发展水平}{去年同期发展水平}$$

二、增长速度

增长速度是用某一时期的增长量与某一基期水平之比,来反映社会经济现象在一定时期内增减程度的动态分析指标。一般用百分数或倍数表示。其计算公式为

$$增长速度 = \frac{增长量}{基期水平} \times 100\%$$

增长速度指标可正可负。当增长量为正值时,则增长速度为正数,表明为递增速度;当增长量为负值时,则增长速度为负数,表明为递减速度。

计算增长速度时,由于采用的增长量和对比的基期水平不同,可分为定基增长速度和环比增长速度两种。

定基增长速度是报告期的累计增长量与某一固定基期的水平之比,表明某种社会经济现象在较长一段时间内总的增长速度。其计算公式为

$$定基增长速度 = \frac{累计增长量}{某一固定基期水平} = \frac{报告期水平 - 固定基期水平}{固定基期水平}$$

$$= 定基发展速度 - 100\%$$

环比增长速度是报告期的逐期增长量与前一期发展水平之比,表明社会经济现象报告期较前期的相对增长速度。其公式如下:

$$环比增长速度 = \frac{逐期增长量}{前期发展水平} = \frac{报告期水平 - 前期发展水平}{前期发展水平}$$

$$= 环比发展速度 - 100\%$$

根据表 5-11 提供的资料,计算我国国内生产总值的增长速度指标如表 5-14 所示。

表 5-14 2008—2014 年我国国内生产总值增长速度

年 份	2008	2009	2010	2011	2012	2013	2014
环比增长速度(%)	—	109.2	110.6	109.5	107.7	107.7	107.3
定基增长速度(%)	—	9.2	10.6	9.5	7.7	7.7	7.3

从表中计算的指标可知,受美国次贷危机的影响,2009 年我国国内生产总值增长率为 9.2%,略低于 2010 年,2010—2014 年我国国内生产总值增长率呈逐渐下降的态势。国家统计局 2016 年 1 月 20 日发布的数据显示,初步核算,2015 年我国国内生产总值增长率为 6.9%,增速创 25 年新低。

从上面计算公式和所举的例子可以看出,定基增长速度与环比增长速度之间不存在直接的换算关系。但增长速度却与发展速度之间存在着内在的数量关系。即增长速度等于发展速度减 100%,或者,发展速度等于增长速度加 100%。因此,在实际统计工作中,要由已知的环比增长速度求总增长速度时,则要按以下步骤进行:

第一,由已知的环比增长速度加 100% 求环比发展速度。

第二,把求得的各环比发展速度连乘,求定基发展速度,即总速度。

第三,由总速度再减去 100% 即为所求总增长速度。

此外,在实际统计工作中,为了消除季节变动的影响,也常计算年距增长速度,用以说

明年距增长量与去年同期发展水平对比达到的相对增长程度。

$$年距增长速度 = \frac{年距增长量}{去年同期发展水平}$$

三、平均发展速度和平均增长速度

由于各个时期的自然条件、社会条件及生产条件不同,事物发展速度或增长速度在各不同时期也是有差别的,即有的时期快一些,有的时期慢一些。为了说明社会经济现象在较长一段时间内各阶段上发展变化的一般水平,就需要计算平均发展速度和平均增长速度。

平均发展速度是各时期环比发展速度的序时平均数,它说明社会经济现象在较长一段时间中各期平均发展变化的程度。平均增长速度则说明现象在较长一段时期中逐期平均增减变化的程度。平均增长速度不能由环比增长速度直接求出,而是要依据平均发展速度与平均增长速度之间的关系来进行推算,即平均增长速度=平均发展速度-100%,看来,要计算平均增长速度,首先必须求出平均发展速度。

平均发展速度也是一种序时平均数,但它的计算方法与前面讲的序时平均数的计算方法不同。根据它所解决的问题不同,其计算方法有几何平均法和方程式法两种。由于篇幅所限,我们只讲解几何平均法(也称为水平法)。

应用几何平均法计算平均发展速度时,是将各个环比发展速度视作变量(g_i),将环比发展速度的个数视作变量值的个数(n)。计算公式如下:

$$\bar{g} = \sqrt[n]{g_1 \cdot g_2 \cdots g_n} = \sqrt[n]{\prod_{i=1}^{n} g_i} \tag{5-1}$$

由于环比发展速度的连乘积等于定基发展速度,因此,式(5-1)可变化为

$$\bar{g} = \sqrt[n]{\frac{y_1}{y_0} \times \frac{y_2}{y_1} \times \frac{y_3}{y_2} \times \cdots \times \frac{y_n}{y_{n-1}}} = \sqrt[n]{\frac{y_n}{y_0}} \tag{5-2}$$

或

$$\bar{g} = \sqrt[n]{R} \tag{5-3}$$

式中:$\bar{g}$ 为平均发展速度;$g_i(i=1,2,\cdots,n)$ 为各期环比发展速度;$\prod$ 为连乘符号;R 为总速度;n 为环比发展速度的项数。

上边的三个算式计算平均发展速度,其结果是完全一样的,只不过所运用的资料不同而已。若已知各期的环比发展速度资料,可采用式(5-1)计算;若已知最初水平和最末水平,可采用式(5-2)计算;若给出了一个较长时期的总发展速度指标,则利用式(5-3)计算。计算出平均发展速度 $\bar{g}$ 后,则平均增长速度为

$$\bar{g}^* = \bar{g} - 1 = \sqrt[n]{g_1 \cdot g_2 \cdots g_n} = \sqrt[n]{\prod_{i=1}^{n} g_i} - 1$$

根据表 5-12 提供的我国国内生产总值及发展速度资料，计算 2008—2014 年我国国内生产总值的平均发展速度为 108.7%，平均增长速度为 8.7%（结果保留 2 位小数为 8.67%，此处为四舍五入后的结果）。

$$\overline{G} = \sqrt[6]{109.2\% \times 110.6\% \times 109.5\% \times 107.7 \times 107.7 \times 107.3\%}$$
$$= \sqrt[6]{164.68\%}$$
$$= 108.7\%$$

或

$$\overline{G} = \sqrt[6]{\frac{557\ 216.3}{338\ 364.0}} = \sqrt[6]{164.68\%} = 108.7\%$$

平均增长速度 $= 108.7\% - 100\% = 8.7\%$

由于平均发展速度和平均增长速度，概括地反映了现象在较长一段时间内发展及增长程度的一般水平，从而掩盖了各期环比发展速度高低的差异。用几何平均法计算的这一指标，实质上只考虑数列的最初水平和最末水平，而没有考虑中间各项指标数值的影响，因此，运用几何平均法计算平均发展速度或平均增长速度时，应特别注意以下问题。

① 社会经济现象发展变化的方向应基本保持一致。

② 要反映较长时期内社会经济现象总的平均发展速度时，还应与分段计算的平均发展速度及各期的实际发展水平、环比发展速度结合运用。

第四节　长期趋势的测定

一、时间数列的构成要素

影响时间数列变动的具体因素是多种多样的，按照对现象变化影响的类型，可以将这些因素划分为若干种时间序列的构成要素，然后对这几种要素的变动情况进行测度，从而揭示出时间数列变动的规律性。影响时间数列的因素归纳起来通常可分为四种：长期趋势（secular trend）、季节变动（seasonal fluctuation）、循环变动（cycle variation）和不规则变动（irregular variation）。

（一）长期趋势（T）

长期趋势（T）是指时间数列中的指标数值在较长一段时期内，所呈现的逐渐增加向上发展或逐渐减少向下发展的趋势。例如，由于科学技术的日益发展，劳动生产率的不断提高，我国的国内生产总值与人均收入呈逐渐提高的趋势。长期趋势经过若干年以后，也可能改变其变动方向，由上升趋势转变为下降趋势，或由下降趋势变为上升趋势。比如，在产品寿命周期中，处于成长期和成熟期的产品，其产量和利润均呈上升趋势，而成本则呈下降趋势；到了衰退期和更替期，由于新产品的出现，则原有产品产量和利润转为下降趋势，而成本则转为上升趋势。

（二）季节变动（S）

季节变动（S）是指时间数列中的指标数值由于自然条件、生产条件和人们生活习惯的影响，在一年内随着季节的更替而产生的周期性变动。形成季节变动的原因，一方面是自然界季节交替对经济现象产生影响而形成的周期性规律，例如农业生产由于受不同季节气候的影响，就有明显的季节性。

农业生产的季节性又引起以农产品为原料的加工工业、农副产品收购、农副产品货运等都具有季节性。另一方面，由于制度、习惯、法规、法律等对经济现象产生影响也会形成周期性规律。比如，零售商品的供应和需求，在我国传统节日（元旦、春节、中秋、国庆）等特别旺盛；而客运量在寒暑假尤其是春节前后则成倍地增加等。

（三）循环变动（C）

循环变动（C）是指社会经济现象以若干年为周期的涨落起伏相间的变动。这种变动虽然其变动周期长短不同，波动幅度大小也不一样，但由于它是涨落起伏相互交替的变动，不是朝单一方向持续发展的变动，从而区别于长期趋势。又因其变动周期至少在一年以上，且无固定期间，因而也区别于季节变动。

（四）不规则变动（I）

不规则变动（I）或称为偶然变动，是指除了以上各种变动以外，由于偶然的、意外的因素引起的非周期性或趋势性的随机变动。如水灾、旱灾、地震、火山爆发、战争及原因不明所引起的变动等。

二、测度长期趋势的移动平均法

对长期趋势进行测度，其主要目的有三个：一是认识现象随时间变化的趋势和规律性；二是对现象未来的发展趋势做出预测；三是从时间序列中剔除长期趋势成分，从而分解出其他类型的影响因素。测度时间序列长期的方法有多种，常用的有移动平均法、指数平滑法和趋势模型法。我们在这里只介绍移动平均法。

（一）移动平均法的基本原理与实例

移动平均法的基本原理是，通过移动平均法消除时间序列中不规则变动和其他变动，从而揭示出时间序列的长期趋势。移动平均法，是从原有时间数列的第一项指标数值开始，按照一定的时间间隔，逐项移动求其序时平均数的修匀方法。移动平均法按权数的不同,分为简单移动平均法和加权移动平均法。由于加权移动平均法权重的确定主观性比较强,受使用者的学识、经验和能力等因素影响较大,随着现代统计学与计量经济学方法的普及,加权移动平均法应用相对较少,因此只介绍简单移动平均法。根据移动项数的不同,简单移动平均法分为奇数项移动平均法和偶数项移动平均法。

1. 奇数项移动平均法与实例

例:2016 年 1 月至 11 月份我国旅客运输量的 3 项、5 项与 7 项移动平均的计算结果如表 5-15 所示。

表 5-15 我国旅客运输量的 3 项、5 项和 7 项移动平均计算结果

年份	月份	客运量（万人）	三项移动平均值（万人）	五项移动平均（万人）	七项移动平均（万人）
2016	1	184 129	—	—	—
	2	198 501	186 322.67	—	—
	3	176 338	184 242.33	183 647.80	—
	4	177 888	178 536.33	182 592.40	184 155.14
	5	181 383	179 374.33	181 291.20	185 596.43
	6	178 852	184 076.67	184 867.20	184 037.14
	7	191 995	188 355.00	186 806.80	186 055.86
	8	194 218	191 266.33	188 624.00	184 604.29
	9	187 586	190 757.67	186 399.00	184 047.86
	10	190 469	181 927.33	183 497.60	183 155.71
	11	167 727	178 561.33	179 175.40	184 465.00
	12	177 488	172 607.33	181 890.20	184 159.86
2017	1	172 607	183 751.67	182 212.80	182 957.00
	2	201 160	188 616.33	184 500.60	181 777.57
	3	192 082	190 802.67	185 445.60	183 277.86
	4	179 166	184 487.00	186 570.00	185 597.14
	5	182 213	179 869.33	185 082.60	188 821.71
	6	178 229	184 721.67	185 702.00	186 655.43
	7	193 723	189 043.67	187 068.00	187 126.14
	8	195 179	191 632.67	189 700.80	185 532.71
	9	185 996	192 184.00	187 657.40	—
	10	195 377	183 128.33	—	—
	11	168 012	—	—	—

注:旅客运输量原始数据来源于国家统计局网站"数据查询"部分的"月度数据"。

设 $y_1, y_2, \cdots, y_{n-1}, y_n$ 代表时间数列中的各期发展水平,奇数项移动平均值用 $M_t^{(1)}$ 表示,上标(1)表示一次移动平均值,下标 t 表示计算得到的移动平均值所对应的时间数

列期数。

对表 5-14 中我国旅客运输量进行 3 项移动平均时,从时间数列的第 1 项(2016 年 1 月份)指标数值开始,逐项移动直至第 3 项(2016 年 3 月份)指标数值求序时平均数,从而计算得到第 1 个移动平均值,其对应时间数列的第 2 期(2016 年 2 月份)。计算过程可以表示为

$$M_2^{(1)} = \frac{y_1 + y_2 + y_3}{3} = \frac{184\,129 + 198\,501 + 176\,338}{3} = 186\,322.67(万人)$$

3 项移动平均的第 2 个移动平均值的计算,对应时间数列的第 3 期(2016 年 3 月份),是从时间数列的第 2 项(2016 年 2 月份)指标数值开始,逐项移动直至第 4 项(2016 年 4 月份)指标数值求序时平均数。计算过程可以表示为

$$M_3^{(1)} = \frac{y_2 + y_3 + y_4}{3} = \frac{198\,501 + 176\,338 + 177\,888}{3} = 184\,242.33(万人)$$

同理,3 项移动平均的第 3 个移动平均值对应时间数列的第 4 期(2016 年 4 月份),计算过程可以表示为

$$M_4^{(1)} = \frac{y_3 + y_4 + y_5}{3} = \frac{176\,338 + 177\,888 + 181\,383}{3} = 178\,536.33(万人)$$

由于时间数列共计包含 23 期数据,因此进行 3 项移动平均时,倒数第 2 个移动平均值对应时间序列的第 21 期(2017 年 9 月份),是从时间数列的第 20 项(2017 年 8 月份)指标数值开始,逐项移动直至第 22 项(2017 年 10 月份)指标数值求序时平均数。计算过程可以表示为

$$M_{21}^{(1)} = \frac{y_{20} + y_{21} + y_{22}}{3} = \frac{195\,179 + 185\,996 + 195\,377}{3} = 192\,184.00(万人)$$

则 3 项移动法的最后一个移动平均值对应时间序列的第 22 期(2017 年 10 月份),是从时间数列的第 21 项(2017 年 9 月份)指标数值开始,逐项移动直至第 23 项(2017 年 11 月份)指标数值求序时平均数。计算过程可以表示为

$$M_{22}^{(1)} = \frac{y_{21} + y_{22} + y_{23}}{3} = \frac{185\,996 + 195\,377 + 168\,012}{3} = 183\,128.33(万人)$$

5 项与 7 项移动平均值的计算与上述类似,请大家课余时间自行练习,在此就不再进行一一赘述。如果以 N 表示奇数项移动平均的项数,则奇数项移动平均法的计算过程可以表示为如下式子:

$$M_t^{(1)} = \frac{y_{t-(N-1)/2} + y_{t-(N-1)/2+1} + \cdots + y_t + \cdots + y_{t+(N-1)/2-1} + y_{t+(N-1)/2}}{N}$$

由表 5-14 可以看出,利用移动平均法可以消除原有时间数列中旅客运输量的波动现象,从而更加明显地反映出各月旅客运输量随季节波动的趋势。

2. 偶数项移动平均法与实例

不论是 3 项移动平均、5 项移动平均，还是 7 项移动平均，都表现出一定周期波动性。为消除季节变动，可以用表 5-14 中月度旅客运输量进行 12 项移动平均。

由于移动平均的项数等于季节变动的周期长度，季节变动和不规则变动成分在对时间数列移动平均过程中消除掉了，所得到的移动平均值只含有长期趋势和循环变动的影响。如果时间数列不含有循环变动成分，则得到移动平均值只有含有长期趋势的影响。不过，进行偶数项移动平均时，第一次得到的移动平均值对应时间数列的两期中间，所以需进行二次移动平均。2016 年 1 月至 2017 年 11 月份我国旅客运输量的 12 项移动平均的计算结果如表 5-16 所示。

表 5-16　我国旅客运输量的 12 项移动平均计算结果

年份	月份	客运量(万人)	12月总客运量(万人)	一次移动平均值(万人)	中心化移动平均数(万人)
2016	1	184 129	—	—	—
	2	198 501	—	—	—
	3	176 338	—	—	—
	4	177 888	—	—	—
	5	181 383	—	—	—
	6	178 852	—	—	—
	7	191 995	2 206 574	183 881.17	183 401.08
	8	194 218	2 195 052	182 921.00	183 031.79
	9	187 586	2 197 711	183 142.58	183 798.58
	10	190 469	2 213 455	184 454.58	184 507.83
	11	167 727	2 214 733	184 561.08	184 595.67
	12	177 488	2 215 563	184 630.25	184 604.29
2017	1	172 607	2 214 940	184 578.33	184 650.33
	2	201 160	2 216 668	184 722.33	184 762.38
	3	192 082	2 217 629	184 802.42	184 736.17
	4	179 166	2 216 039	184 669.92	184 874.42
	5	182 213	2 220 947	185 078.92	185 090.79
	6	178 229	2 221 232	185 102.67	—
	7	193 723	—	—	—
	8	195 179	—	—	—
	9	185 996	—	—	—
	10	195 377	—	—	—
	11	168 012	—	—	—

注：本表中行距加大，是为了更好显示偶数项移动平均时一次移动平均值对应时间数列两期数值的中间，以示与中心化移动平均数进行区分。

进行偶数项移动平均时,一次移动平均值和中心化移动平均数分别用 $M_t^{(1)}$ 和 $M_t^{(2)}$ 表示,上标(1)和(2)分别表示一次和中心化移动平均数,下标 t 表示中心化移动平均数对应的期数。此外,中心化移动平均数也称为移正平均值。则进行12项移动平均时,第1个一次移动平均值是从时间数列的第1项(2016年1月份)指标数值开始,逐项移动直至第12项(2014年12月份)指标数值求序时平均数,对应时间数列的第6期和第7期中间(2016年6月和2016年7月份中间)。计算过程如下:

$$M_{6.5}^{(1)} = \frac{y_1 + y_2 + y_3 + y_4 + y_5 + y_6 + y_7 + y_8 + y_9 + y_{10} + y_{11} + y_{12}}{12}$$

$$= \frac{2\,206\,574}{12} = 183\,881.17(万人)$$

第2个一次移动平均值是从时间数列的第2项(2016年2月份)指标数值开始,逐项移动直至第13项(2017年1月份)指标数值求序时平均数,对应时间数列的第7期和第8期中间(2016年7月和2016年8月份中间)。计算过程如下:

$$M_{7.5}^{(1)} = \frac{y_2 + y_3 + y_4 + y_5 + y_6 + y_7 + y_8 + y_9 + y_{10} + y_{11} + y_{12} + y_{13}}{12}$$

$$= \frac{2\,195\,052}{12} = 182\,921.00(万人)$$

同理,可知第3个一次移动平均值对应时间数列的第8期和第9期中间(2016年8月和2016年9月份中间),计算过程如下:

$$M_{8.5}^{(1)} = \frac{y_3 + y_4 + y_5 + y_6 + y_7 + y_8 + y_9 + y_{10} + y_{11} + y_{12} + y_{13} + y_{14}}{12}$$

$$= \frac{2\,197\,711}{12} = 183\,142.58(万人)$$

由于时间数列共计包含23期数据,因此进行12项移动平均时,倒数第3个一次移动平均值对应时间序列的是从时间数列的第10项(2016年10月份)指标数值开始,逐项移动直至第21项(2017年9月份)指标数值求序时平均数,对应时间数列的第15期和第16期中间(2017年3月份和4月份中间)。计算过程可以表示为

$$M_{15.5}^{(1)} = \frac{y_{10} + y_{11} + y_{12} + y_{13} + y_{14} + y_{15} + y_{16} + y_{17} + y_{18} + y_{19} + y_{20} + y_{21}}{12}$$

$$= \frac{2\,216\,039}{12} = 184\,669.92(万人)$$

倒数第2个一次移动平均值对应时间序列的是从时间数列的第11项(2016年11月份)指标数值开始,逐项移动直至第22项(2017年10月份)指标数值求序时平均数,对应时间数列的第16期和第17期中间(2017年4月份和5月份中间)。计算过程可以表示为:

$$M_{16.5}^{(1)} = \frac{y_{11}+y_{12}+y_{13}+y_{14}+y_{15}+y_{16}+y_{17}+y_{18}+y_{19}+y_{20}+y_{21}+y_{22}}{12}$$

$$= \frac{2\,220\,947}{12} = 185\,078.92(万人)$$

最后一个一次移动平均值对应时间序列的是从时间数列的第 12 项(2017 年 12 月份)指标数值开始,逐项移动直至第 23 项(2017 年 11 月份)指标数值求序时平均数,对应时间数列的第 17 期和第 18 期中间(2017 年 5 月份和 6 月份中间)。计算过程可以表示为:

$$M_{17.5}^{(1)} = \frac{y_{12}+y_{13}+y_{14}+y_{15}+y_{16}+y_{17}+y_{18}+y_{19}+y_{20}+y_{21}+y_{22}+y_{23}}{12}$$

$$= \frac{2\,221\,232}{12} = 185\,102.67(万人)$$

一次移动平均值计算后,就可以计算中心化移动平均数了。中心化移动平均数是相邻两期一次移动平均值的算术平均数。第 1 个中心化移动平均数是第 1 个和第 2 个一次平均值的算术平均数,即 $M_{6.5}^{(1)}$ 和 $M_{7.5}^{(1)}$ 的算术平均数,对应时间数列的第 7 期(2016 年 7 月份)。计算过程如下:

$$M_{7}^{(2)} = \frac{M_{6.5}^{(1)}+M_{7.5}^{(1)}}{2} = \frac{183\,881.17+182\,921.00}{2} = 183\,401.08(万人)$$

第 2 个中心化移动平均数是第 2 个和第 3 个一次平均值的算术平均数,即 $M_{7.5}^{(1)}$ 和 $M_{8.5}^{(1)}$ 的算术平均数,对应时间数列的第 8 期(2016 年 8 月份)。计算过程如下:

$$M_{8}^{(2)} = \frac{M_{7.5}^{(1)}+M_{8.5}^{(1)}}{2} = \frac{182\,921.00+183\,142.58}{2} = 183\,031.79(万人)$$

第 3 个中心化移动平均数是第 3 个和第 4 个一次平均值的算术平均数,即 $M_{8.5}^{(1)}$ 和 $M_{9.5}^{(1)}$ 的算术平均数,对应时间数列的第 9 期(2016 年 9 月份)。计算过程如下:

$$M_{9}^{(2)} = \frac{M_{8.5}^{(1)}+M_{9.5}^{(1)}}{2} = \frac{183\,142.58+184\,454.58}{2} = 183\,798.58(万人)$$

由于时间数列共计包含 23 期数据,因此进行 12 项移动平均时,倒数第 2 个中心化移动平均数是 $M_{15.5}^{(1)}$ 和 $M_{16.5}^{(1)}$ 的算术平均数,对应时间数列的第 16 期(2017 年 4 月份)。计算过程如下:

$$M_{16}^{(2)} = \frac{M_{15.5}^{(1)}+M_{16.5}^{(1)}}{2} = \frac{184\,669.92+185\,078.92}{2} = 184\,874.42(万人)$$

最后一个中心化移动平均数是 $M_{16.5}^{(1)}$ 和 $M_{17.5}^{(1)}$ 的算术平均数,对应时间数列的第 17 期(2017 年 5 月份)。计算过程如下:

$$M_{17}^{(2)} = \frac{M_{16.5}^{(1)}+M_{17.5}^{(1)}}{2} = \frac{185\,078.92+185\,102.67}{2} = 185\,090.79(万人)$$

如果以 N 表示偶数项移动平均的项数,则偶数项移动平均法的中心化移动平均数的计算过程可以表示为如下式子：

$$M_t^{(2)} = \frac{M_{t-0.5}^{(1)} + M_{t+0.5}^{(1)}}{2}$$

$$= \frac{\frac{y_{t-N/2}}{2} + y_{t-N/2+1} + y_{t-N/2+2} + \cdots + y_t + \cdots + y_{t+N/2-2} + y_{t+N/2-1} + \frac{y_{t+N/2}}{2}}{N}$$

（二）移动平均法的特点

移动平均法具有以下特点。

第一，移动平均法对原数列有修匀或平滑的作用，削弱了原数列的波动性，进行移动平均时项数 N 越大，对原数列的修匀作用越强。一般说来，采用的移动项数越多，对数列的修匀作用就越强，但得到的移动平均数个数越少；反之，移动项数越少，对数列的修匀作用也就越弱，而得到的移动平均数个数越多。

第二，移动平均的项数 N 为奇数时，只需进行一次平均，其移动平均值对应移动平均项数中间一期。如果移动平均的项数 N 为偶数时，需要进行两次移动平均，第一次得到的移动平均值对应时间数列的两期中间，无法对正某一时期，所以需进行二次移动平均，这样才能使平均值对正某一时期，这称为移正平均或者中心化移动平均数。

第三，如果资料所反映的社会经济现象本身存在有自然周期，则应以周期作为移动平均的项数。例如，对于季度资料，则应以 4 项移动平均为宜；对于月份资料，则以 12 项移动平均为好。如果资料本身没有自然周期，则一般采用奇数项作为移动项数较方便，因只需一次移动即可成功。若采用偶数项移动，则需在第一次移动的基础上，再进行第二次移动。

第四，进行移动平均后，得到的移动平均值数列的项数会比原数列少。当 N 为奇数时，新数列前后首尾各减少 $(N-1)/2$ 项；当 N 为偶数时，新数列前后首尾各减少 $N/2$ 项。所以，移动平均的项数越大，会使原数列损失的信息越多，进行移动平均时项数不宜过大或过小。

此外，尽管移动平均法可以比较明显地反映被研究现象发展变化的总趋势，计算也较方便，但却不能外推预测未来的发展趋势。若要修匀数列，同时又要预测现象未来发展趋势的话，则要用第三种方法，即趋势模型法。

本章测试

一、单项选择题

1. 下面四个动态数列中，属于时点数列的是（　　）。
   A. 历年招生人数动态数列　　　　B. 历年增加在校生人数动态数列
   C. 历年在校生人数动态数列　　　D. 历年毕业生人数动态数列

2. 工人劳动生产率动态数列，属于（　　）。
   A. 绝对数动态数列　　　　　　　　B. 静态平均数动态数列
   C. 相对数动态数列　　　　　　　　D. 序时平均数动态数列
3. 说明现象在较长时期发展的总速度的指标是（　　）。
   A. 环比发展速度　　　　　　　　　B. 平均发展速度
   C. 定基发展速度　　　　　　　　　D. 定基增长速度
4. 平均发展速度是（　　）。
   A. 定基发展速度的算术平均数　　　B. 环比发展速度的算术平均数
   C. 环比发展速度连乘积的几何平均数 D. 增长速度加上100%
5. 若各年环比增长速度保持不变，则各年增长量（　　）。
   A. 逐年增加　　　　　　　　　　　B. 逐年减少
   C. 年年保持不变　　　　　　　　　D. 无法判断

二、判断题

1. 平均增长速度是环比增长速度连乘积开 n 次方根。（　　）
2. 所谓序时平均数就是将同一总体不同时期的平均数按时间顺序排列起来。（　　）
3. 发展水平就是动态数列中的每一项具体指标数值，它只能表现为绝对值。（　　）
4. 时间数列中，各个环比发展速度的连乘积等于总的定基发展速度。（　　）
5. 若逐期增长量每年相等，则其各年的环比发展速度是逐年下降的。（　　）
6. 凡在短期内，现象有周期性的规律变动，都不能称为季节变动。（　　）

三、简答题

1. 构成时间数列的基本要素有哪些？
2. 计算平均发展水平和平均增长量时，针对不同类型指标的时间数列，有什么注意事项？
3. 环比增长量与定基增长量、环比发展速度与定基发展速度之间的关系是什么？
4. 什么是平均发展速度？计算平均发展速度的水平法的实质是什么？
5. 时间数列的四种构成要素分别是什么？

四、计算题

1. 某公司2017年第二季度商品库存情况如表5-17所示。

表5-17　某公司2017年第二季度商品库存情况表

日　期	3月31日	4月30日	5月31日	6月30日
库存（万元）	30	38	34	28

试计算该公司 2017 年第二季度的商品平均库存额。

2. 某饲料生产企业第一季度有关生产情况资料如表 5-18 所示。

表 5-18　某饲料生产企业第一季度生产情况表

月　份	1	2	3	4
产量(吨)	105	110	115	
月初工人数(人)	50	50	52	56

试计算：(1) 第一季度平均每月产量。

(2) 第一季度平均工人数。

(3) 第一季度月平均劳动生产率。

3. 某现象 2014—2017 年各年的递减速度分别为 12％、10％、8％和 2％，试用水平法求其平均下降速度。

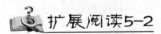

扩展阅读 5-2

辽宁省 2017 年经济运行情况

第六章 相关分析与回归分析

 本章导读

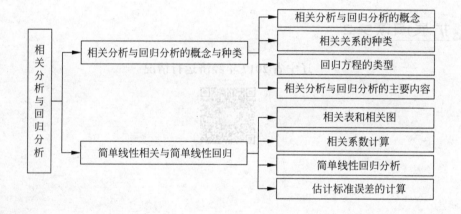

知识目标

- 掌握相关分析与回归分析的基本概念以及两者间的关系；
- 掌握相关系数的计算方法；
- 熟练建立具有直线相关关系的直线回归方程，并能据以进行推断与估计。

技能目标

- 相关系数的计算与分析。
- 线性回归方程的建立，并根据线性回归方程进行推断与预测。

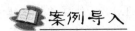 **案例导入**

2018年前三季度我国港口生产一路向好

近日,上海国际航运研究中心发布2018年前3季度中国港口生产情况分析报告。报告指出,在全球贸易紧张局势持续升级的背景下,2018年第三季度,全国规模以上港口完成货物吞吐量34.1亿吨,同比增长5.67%,前3季度累计同比增长2.6%,增速较去年回落5个百分点,港口生产持续向好但增幅趋缓,内河港口表现出较大增长潜力。展望全年,预计2018年全国港口货物吞吐量将突破130亿吨。

一、全球经济复苏态势分化

2018年以来,全球经济遇到的风险和困难逐步增多,主要经济体增长放缓,通胀上升,紧缩货币政策周期开启。与此同时,贸易保护主义抬头,美国近期宣布的提高关税政策以及来自贸易伙伴的反制措施,使得全球贸易紧张局势持续升级。在此背景下,全球经济复苏态势分化,美国经济增长强劲,欧元区和日本经济增速略有下滑,部分新兴经济体增长动能减弱。

国际货币基金组织(IMF)在2018年10月发布的《世界经济展望:稳定增长面临的挑战》报告中近两年来首次下调全球经济增速预期,将2018—2019年的全球增长率预期降为3.7%。整体来看,2018年全球经济形势较2017年有所弱化,港口生产面临的外部不利因素增多。

同期,中国经济保持在合理区间,但下行压力持续加大。就单季度数据来看,2018年三季度中国GDP同比增长6.5%,较二季度放缓0.2个百分点,放缓幅度扩大。但从累计数据看,2018年前3季度,我国消费品市场保持平稳增长,零售业态融合趋势明显,市场供给方式加速创新,消费继续发挥经济增长主要驱动力的作用,GDP同比增长6.7%。

当前中国经济下行压力既有贸易战导致的外部环境恶化因素,也有前期我国加强金融监管、去杠杆、环保加码与房地产调控等政策调整带来的后续阵痛。但随着中国经济转型升级,内需在经济增长中所起的作用不断增强,中国经济将持续稳定运行。

二、单季数据延续良好态势

从货物吞吐量单季度数据看,2018年第三季度,全国港口生产延续了前两季度的良好态势,规模以上港口完成货物吞吐量34.1亿吨,同比增长5.67%。其中沿海港口完成货物吞吐量23.5亿吨,同比增长6.94%;内河港口完成货物吞吐量10.6亿吨,同比增长2.97%;外贸货物吞吐量10.5亿吨,同比增长2.6%;内贸货物吞吐量23.6亿吨,同比增长7.11%。

从货物吞吐量季度累计数据看,2018年前3季度,规模以上港口完成货物吞吐量99.5亿吨,同比增长2.6%,增速较去年回落5个百分点。其中,沿海港口完成货物吞吐量69.3亿吨,同比增长4.3%;内河港口完成货物吞吐量30.2亿吨,同比下降1.1%;外贸货物吞吐量31.3亿吨,同比增长2.3%;规模以上港口完成集装箱吞吐量1.9亿TEU,同比增长4.9%。总体来看,2018年前3季度全国港口生产持续向好但增幅趋缓。

从集装箱吞吐量季度数据来看,三季度是传统的航运旺季,但今年第三季度全国港口集装箱生产表现不及预期。2018年第三季度,规模以上港口完成集装箱吞吐量6 493万TEU,同比增长4.71%,增速较前两季度进一步下滑。

从集装箱吞吐量季度累计数据看,2018年前3季度,全国规模以上港口完成集装箱吞吐量1.9亿TEU,同比增长4.9%。

分月份来看,2018年前3季度集装箱吞吐量增速呈现W形走势,分别在3月及7月跌至1.7%及2.7%,为近一年来最低值。总体来看,2018年前3季度全国港口集装箱吞吐量整体保持低速增长态势。

三、主要港口排名基本不变

从货物吞吐量排名来看,2018年前3季度全国港口排名延续了前两季度排名顺序,总体变化不大。预计2018年全年,除个别港口在名次上会有前后交替,大部分港口货物吞吐量排名将不会发生大的变化:宁波舟山港、上海港、唐山港稳坐前三,宁波舟山港全年货物吞吐量或将突破11亿吨;山东主要港口青岛、烟台、日照则凭借高基数、高增速优势位居前十,预计山东省港口全年货物吞吐量将超过14亿吨;内河主要港口苏州、南京、南通分别排名第五、第十四、第十六,虽然从增速看表现各异,但整体来看,内河港口仍表现出较大的增长潜力。

从集装箱吞吐量排名来看,预计2018年全年全国港口集装箱吞吐量排名也将不会发生大的变化:长三角主要港口上海港、宁波舟山港仍将位居前二,预计两港口全年集装箱吞吐量总和将超过7 000万TEU;珠三角主要港口深圳港、广州港也将位列前五,按目前的增长态势,预计广州港全年吞吐量将超过2 100万TEU。

四、全年生产保持增长

在当前的宏观经济形势下,虽然世界经济近期仍然保持复苏态势,但中美贸易战加大了经济增长的不确定性。同时,随着我国经济结构调整和转型升级的继续推进,国内投资需求仍将保持低速增长。消费保持较快增长,但对港口吞吐量增长带动作用不明显,外贸发展仍将面临较大下行压力。

2018年全年,全国港口货物吞吐量预计将突破130亿吨。其中,内、外贸货物吞吐量将分别完成89亿吨和41亿吨,同比增长3.5%和2.1%左右,港口集装箱吞吐量增速或将回落至4%左右。

展望2019年,在货物吞吐量方面,因基础设施建设和固定资产投资力度趋缓,贸易需求减少,同时国际煤价、矿价、油价不断高企,进口压力逐渐增大,国内大宗商品需求将在稳定的基础上保持适度扩张,但增速将十分有限,预计2019年全国港口货物吞吐量增速将维持在2%左右。

在集装箱贸易方面,因对美贸易的小幅回落,加之国际经贸形势总体不稳,国内消费市场替代性需求将逐渐显现,对集装箱吞吐量会有一定影响。但国内"散改集"等集装箱化运输渐成规模,预计2019年全国港口集装箱吞吐量或将维持4%左右的低速增长。

引例思考:从这两篇文章可以看出,2018年下半年以来,贸易保护主义抬头,全球经济形势弱化,经济增长按地区分化。其中美国经济增长强劲,欧元区和日本经济增长逐渐放缓,中国经济运行总体稳定。受我国经济结构调整的影响,基础设施投资持续放缓,在此背景下,我国港口生产仍能保持稳定增长,实属不易。

但随着中美贸易战持续升级,必将对全球贸易自由化和我国经济发展继续造成冲击,港口生产不确定因素增多。展望第四季度以及全年,长江干线规模以上港口货物吞吐量四季度预计与去年同期基本持平,但今年全年全国规模以上港口生产总体保持增长悬念不大。

引例思考

从该案例可以看出,2018年下半年以来,贸易保护主义抬头,全球经济形势弱化,经济增长按地区分化。其中美国经济增长强劲,欧元区和日本经济增长逐渐放缓,中国经济运行总体稳定。受我国经济结构调整的影响,基础设施投资持续放缓,在此背景下,我国港口生产仍能保持稳定增长,实属不易。

但随着中美贸易战持续升级,必将对全球贸易自由化和我国经济发展继续造成冲击,港口生产不确定因素增多。展望第四季度以及全年,长江干线规模以上港口货物吞吐量四季度预计与去年同期基本持平,但今年全年全国规模以上港口生产总体保持增长的可能性有多大?

第一节 相关分析与回归分析的概念与种类

任何客观事物都不是孤立存在的,而是相互联系、相互制约的。在社会经济领域中,现象之间具有一定的联系,一种现象的变化往往取决于其他现象的变化,或者影响其他现象的变化。为了分析研究各种经济现象,就需要寻找能说明这些经济现象的各种经济变量,并明确这些变量之间的关系,探索这些变量之间的数量变化规律。解决这一问题的常用方法是回归分析和相关分析。

一、相关分析与回归分析的概念

在进行相关分析之前,首先要判断现象之间是否存在相关关系,是何种形式的相关关系。这种判断,最初是要对研究对象进行定性分析,在初步确认有相关关系后,还要运用大量的实际观察资料,编出相关表,绘出相关图,利用相关图表,再进一步判断相关关系的形式,为相关分析奠定基础。

(一) 变量之间的关系

1. 函数关系

若变量之间存在着完全确定的关系,即一个变量能被一个或若干个其他变量按某一规律唯一确定,这种关系通常被称为函数关系。例如,圆的面积 S 和半径 R 之间存在着函数关系 $S=\pi R^2$;销售收入 Y 与所销售的产品数量 X 之间存在着函数关系 $Y=PX$(P 表示单位产品的价格)。

2. 相关关系

若变量之间存在着一定的关系,且具有某种程度的不确定性,如货运量与工业产值之间具有一定的关系,但它们之间的关系并不能用一个确定的函数关系表达出来。这种变量之间不完全确定的关系称为相关关系。相关关系是客观存在的非确定性数量关系。

(二) 基本概念

1. 相关分析的概念

相关分析是研究现象之间是否存在某种依存关系,并对具体有依存关系的现象探讨其相关方向以及相关程度,是研究随机变量之间的相关关系的一种统计方法。

简单线性相关分析具有以下特点:

(1) 相关分析主要是计算一个统计指标,即相关系数,反映变量之间关系的密切程度。

(2) 分析时把两个变量的地位可以看成是对等的,不用分哪个是自变量,哪个是因变量。直接根据两个变量的数值即可计算相关系数。

(3) 在存在互为因果关系的条件下,相关系数也只有一个。

(4) 相关系数有正负号,表示相关的方向。

(5) 计算相关系数时,所需的两个变量的资料都可以是随机的。

2. 回归分析的概念

计算相关系数只能说明现象间相关关系的方向和程度、关系密切与否,但不能说明一个现象发生一定量的变化,另一个现象一般也会发生多大的变化。为了测定现象之间数量变化上的一般关系要使用数学方法,这类数学方法称为回归分析。所谓回归分析,就是对具有相关关系的现象,根据其关系的形态,选择一个合适的数学关系式,来近似地表达变量间的平均变化关系,这个数学关系式,称为回归方程式。

3. 相关分析和回归分析的关系

相关分析和回归分析这两种方法既有密切联系又有区别。

(1) 联系

相关分析和回归分析是互相补充、密切联系的。相关分析需要回归分析来表明现象数量关系的具体形式,而回归分析则应该建立在相关分析的基础上。依靠相关分析表明现象的数量变化具有密切相关,进行回归分析求其相关的具体形式才有意义。在相关程度很低的情况下,回归函数的表达式代表性就几乎不存在了。在具体应用中,相关分析和回归分析两种分析方法经常结合使用。

(2) 区别

与直线相关分析的特点相比,简单直线回归分析具有以下特点:

① 两个变量之间不是对等关系,一个是自变量,一个是因变量,在进行回归分析时,首先加以确定。在回归分析中,变量 y 称为因变量,处于被解释的特殊地位。在相关分析中,变量 y 与变量 x 处于平等的地位,即研究变量 y 与变量 x 的密切程度与研究变量 x 与变量 y 的密切程度是一回事。相关分析中所涉及的变量 y 与变量 x 都是随机变量。回归分析中,因变量 y 是随机变量,x 是非随机的确定变量。

② 相关系数是个抽象的系数,而回归方程是利用自变量的给定值来推算因变量值,它反映的是变量之间的具体的变动关系。相关分析的研究主要是为了刻画两个变量间相关的密切程度。而回归分析不仅可以揭示变量 x 对变量 y 的影响大小,还可以由回归方程进行预测和控制。

③ 有些现象因果关系不明显,x、y 两个变量可以互换,从方程式上看,存在着两个回归方程:一个是以 x 为自变量,y 为因变量,求出的回归方程称"y 倚 x 回归方程";另一个是以 y 为自变量,x 为因变量,求出的回归方程称"x 倚 y 回归方程"。画出图来,是两条斜率不同的回归直线。

④ 直线回归方程中的回归系数也有正负号,回归系数为正号,表示两个变量之间的变动方向相同,为负号则表示两变量之间的变动方向相反。

⑤ 回归分析中的自变量是给定数值,不是随机的,而因变量是随机的,代入给定的自变量值,求出因变量的估计值,这个估计值是许多可能数值的平均值,存在着估计标准误差。

二、相关关系的种类

现象间的相关关系可以按不同的标志分类,不同的相关关系往往要用不同的方法进行研究。

(一) 按影响因素的多少不同分类

按影响因素的多少不同,相关关系可分为单相关、复相关和偏相关。

1. 单相关

两个变量的相关,即一个变量对另一变量的相关关系称为单相关或简单相关。例如,在计件工资的条件下,快递员的月工资只与其完成的递送量成单相关关系。

2. 复相关

三个或三个以上变量的相关关系称为复相关,又称多元相关。例如,物流成本与物流运输里程、员工工资以及管理费用之间的关系是复相关关系。

3. 偏相关

就多个变量测量两个变量的相关程度而假定其他变量不变者,称为偏相关。例如,物流公司的运输总成本对货物运输量和运输里程的关系是复相关,如假定货物运输量不变,运输总成本和运输里程的关系是偏相关。

在实际工作中,如果存在多个因素对现象的影响时,应该加以筛选,抓住其中最主要的因素,研究其相关关系。

(二) 按相关的形式不同分类

按相关的形式不同,相关关系可分为线性相关和非线性相关。

对两个具有相关关系的现象进行实际调查,获得一系列成对的数据后,根据两变量的各对相应数值,在平面直角坐标系中描出的若干个点,如果散点趋于一条直线,称为线性相关(如图 6-1、图 6-2 所示);若散点趋向于某种曲线,则称为非线性相关或曲线相关(如图 6-3 所示)。

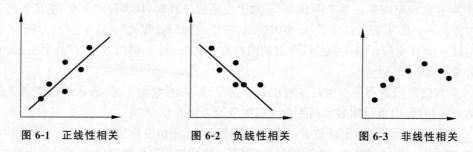

图 6-1 正线性相关　　　　图 6-2 负线性相关　　　　图 6-3 非线性相关

例如,货物运输量与企业总产值之间,大致上成线性相关,而商品流转额和流通费用率之间,通常是非线性相关。

(三) 按相关的方向不同分类

按相关的方向不同,线性相关又分为正相关和负相关。

当一个变量的数值增加或减少时,另一变量的数值也相应增加或减少,即二者作同方向的变化,称为正相关(如图 6-1 所示)。反之,当一个变量的数值增加,另一变量的数值反而减少,或一个变量的数值减少,另一变量的数值反而增加,即二者作反方向的变化,则称为负相关(如图 6-2 所示)。例如,商品流转的规模愈大,而流通费用水平则愈低。必须指出,许多现象正负相关的关系仅在一定范围内存在。

对于非线性相关的方向,一般不作区分。

(四) 按相关的程度不同分类

按相关的程度不同,相关关系可分为完全相关、不相关、不完全相关。

1. 完全相关

一个变量的数量变化由另一个变量的数量变化所确定,则称这两个变量间的关系为完全相关。在这种情况下相关关系即成为函数关系,可以用相应的方程式来准确地表示。根据两变量的各对相应数值,在平面直角坐标系中描出的若干个点,构成一条直线。例如,匀速行驶的车辆的路程(s)取决于车辆行驶的时间(t),即 $s=vt$(如图 6-4、图 6-5 所示)。

2. 不相关

若两个变量彼此互不影响,其数量变化各自独立,称为不相关或零相关。根据两变量的各对相应数值,在平面直角坐标系中描出的若干个点,散点分布趋近球形就属于不相关(如图 6-6 所示)。例如,运输车辆的载货量与员工出勤率分属不同总体的现象,一般认为是不相关的。

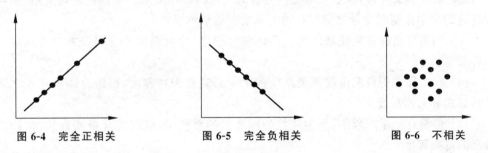

图 6-4　完全正相关　　　　图 6-5　完全负相关　　　　图 6-6　不相关

3. 不完全相关

一个变量的数量变化会随另一个变量的变化而变化,但是两变量之间没有函数关系,介于完全相关和不相关之间称为不完全相关,这是相关分析的主要研究对象(如图 6-1、图 6-2 所示)。

图 形 法

识别变量间相关关系最简单的方法是图形法。所谓图形法,就是将所研究变量的观察值以散点的形式绘制在相应的坐标系中,通过它们呈现出的特征,来判断变量之间是否存在相关关系,以及相关的形式、相关的方向和相关的程度等。

三、回归方程的类型

在进行回归分析时,一般把作为影响因素的变量叫自变量,把发生对应变化的变量叫因变量。回归分析是根据自变量和因变量间的关系形态来划分类型的,如果因变量为自变量的一次函数,则称为线性回归方程式,否则称为非线性回归方程式。

在线性回归方程式中,又存在一元线性回归方程式和多元线性回归方程式。在非线性回归方程中,又有指数曲线、双曲线和抛物线等类型。

本教材主要讲述简单线性相关与一元线性回归分析方法。

四、相关分析与回归分析的主要内容

相关分析,是对客观现象存在的相关关系进行分析研究的总称。从广义上说,相关分析包括回归分析。然而严格说来,二者不仅在研究目的和方法上有区别,它们所根据的假定条件也是不同的,故分别说明为宜。

应用回归分析和相关分析,可以研究下列问题:

(1) 通过相关分析,观察变量之间是否有一定的依存关系。如存在密切关系,则可选择合适的数学模型对变量之间存在的关系给以近似的描述。

(2) 用统计指标说明变量之间关系的密切程度,并可据以评价回归方程对观察值的拟合程度。

(3) 根据样本资料求得的现象之间的关系形式和密切程度,推断总体中现象之间的关系形式和密切程度。

(4) 根据自变量的数值,预测或控制因变量的数值,并应用统计推断方法,估计预测数值的可靠程度。

第二节 简单线性相关与简单线性回归

在对现象间数量上的依存关系进行分析之前,首先要对现象之间是否存在着数量关系,存在何种类型的关系,做出判断。这种判断必须根据对所研究现象的定性认识为基础,即必须以一定的学科理论为指导,结合实践经验,对现象进行分析研究,才能做出正确的判断。

一、相关表和相关图

根据所掌握的统计资料,编制相关图表,可使对现象之间数量关系的认识更为直观、具体。同定性分析结合起来,进一步判定相关关系的表现和类型。

（一）相关表

对现象总体两个相关变量作相关分析，研究其相互依存关系，首先要通过实际调查取得一系列成对的变量值资料，作为相关分析的原始数据。根据资料是否分组，相关表可分为简单相关表和分组相关表。相关表是统计表的一种。在此，仅介绍简单相关表。

简单相关表是资料未经分组的相关表，它是把一个变量的取值按照从小到大的顺序并配合另一变量的取值一一对应而平行排列起来的统计表。简单相关表是现象变量之间相关研究初步结果的表现，如表 6-1 所示。

表 6-1　简单相关表

货运量/百万吨公里	29	31	33	34	34	36	38	42	44	48
工业总产值/亿元	50	56	66	69	70	72	73	80	82	86

从表 6-1 中可以发现，随着工业总产值的增加，货运量也呈增加的趋势，即货运量与工业总产值之间存在一定的依存关系。

（二）相关图

所谓相关图就是利用平面直角坐标系第一象限，把自变量置于横轴上，因变量置于纵轴上，而将两变量相对应的变量值用坐标点的形式描绘出来，用以表明相关点分布状况的图形。

如图 6-7 所示，将表中工业总产值与货运量各对数值在平面直角坐标图上描出各点，可以看出相关点的分布状况。这种图叫相关图或散点图。

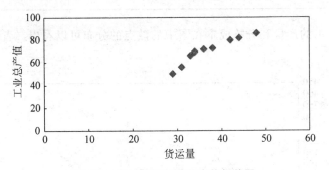

图 6-7　货运量与工业总产值相关图

相关图可以按未经分组的原始资料来编制，也可以按分组的资料来编制。通过相关图将会发现，当 y 对 x 是函数关系时，所有的相关点都会分布在某一条线上；当 y 对 x 是相关关系的情况下，由于其他因素的影响，这些相关点并非处在一条线上，但所有相关点的分布也会显示出某种趋势。所以,相关图会相当直观地显示现象之间相关的方向和密切程度。

从图 6-7 可看出,货运量与总产值之间呈现出一种直线趋势,也即呈现出正的相关关系,但这只是定性地判断。要确切地判断它们之间的数量关系,即定量地进行判断,就要使用相关系数。

【例 6-1】 研究某物流公司产量和分拣成本之间的关系时,收集到 2017 年 1—12 月如表 6-2 所示的资料,试通过图形法判断产量和分拣成本之间的相关关系。

表 6-2 产量和分拣成本的资料

月份	产量(件)x	分拣成本(元)y
1	250	275
2	200	240
3	300	315
4	360	350
5	400	388
6	350	360
7	380	385
8	320	332
9	315	320
10	308	315
11	298	310
12	280	290

由图 6-8 所示的产量和分拣成本在图中的散点的分布可以看出二者之间存在线性正相关。

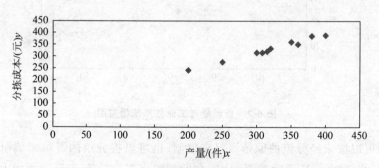

图 6-8 产量和分拣成本的相关关系

二、相关系数计算

(一) 积差法相关系数

相关系数是反映变量间线性相关关系密切程度和相关方向的一个统计指标,其计算方法主要用积差法。

积差法是利用各变量值与算术平均数的离差及离差平均数的大小来计算相关系数的。离差乘积和 $\sum(x-\bar{x})(y-\bar{y})$ 的符号决定了两个变量的相关方向(正相关还是负相关),其数值大小与相关程度有关。$\sum(x-\bar{x})(y-\bar{y})$ 的大小除与样本容量多少有关外,还与 x、y 本身数值大小有关,故还需要与各自的标准差对比,以消除这种不可比因素。故相关系数的积差法公式为

$$r = \frac{\sum(x-\bar{x})(y-\bar{y})}{\sqrt{\sum(x-\bar{x})^2}\sqrt{\sum(y-\bar{y})^2}} \\ = \frac{n\sum xy - \sum x \sum y}{\sqrt{n\sum x^2 - (\sum x)^2}\sqrt{n\sum y^2 - (\sum y)^2}} \tag{6-1}$$

式中:r 为相关系数;$\bar{x}$、$\bar{y}$ 分别为 x、y 变量各自的算术平均数。

【例 6-2】 某地区货运量与工业总产值相关系数的计算过程如表 6-3 所示。

表 6-3 相关系数计算表

月份	货运量 x_i	工业总产值 y_i	$x_i y_i$	x_i^2	y_i^2
1	2.9	50	145	8.41	2 500
2	3.1	56	173.6	9.61	3 136
3	3.3	66	217.8	10.89	4 356
4	3.4	69	234.6	11.56	4 761
5	3.4	70	238	11.56	4 900
6	3.6	72	259.2	12.96	5 184
7	3.8	73	277.4	14.44	5 329
8	4.2	80	336	17.64	6 400
9	4.4	82	360.8	19.36	6 724
10	4.8	86	412.8	23.04	7 396
合计	36.9	704	2 655.2	139.47	50 686

$$r = \frac{n\sum xy - \sum x \sum y}{\sqrt{n\sum x^2 - (\sum x)^2}\sqrt{n\sum y^2 - (\sum y)^2}}$$

$$= \frac{10 \times 2\,655.2 - 36.9 \times 704}{\sqrt{10 \times 139.47 - 36.9^2}\sqrt{10 \times 50\,686 - 704^2}}$$

$$= 0.942$$

案例

【例 6-3】 用式(6-1)计算例 6-1 中某物流公司产量和分拣成本之间的相关系数的大小。产量和分拣成本之间的相关系数计算相关数据如表 6-4 所示。

表 6-4 产量和分拣成本之间的相关系数计算表

月份	产量(件)x	分拣成本(元)y	$x_i y_i$	x_i^2	y_i^2
1	250	275	68 750	62 500	75 625
2	200	240	48 000	40 000	57 600
3	300	315	94 500	90 000	99 225
4	360	350	126 000	129 600	122 500
5	400	388	155 200	160 000	150 544
6	350	360	126 000	122 500	129 600
7	380	385	146 300	144 400	148 225
8	320	332	106 240	102 400	110 224
9	315	320	100 800	99 225	102 400
10	308	315	97 020	94 864	99 225
11	298	310	92 380	88 804	96 100
12	280	290	81 200	78 400	84 100
合计	3 761	3 880	1 242 390	1 212 693	1 275 368

$$r = \frac{n\sum xy - \sum x \sum y}{\sqrt{n\sum x^2 - (\sum x)^2}\sqrt{n\sum y^2 - (\sum y)^2}}$$

$$= \frac{12 \times 1\,242\,390 - 3\,761 \times 3\,880}{\sqrt{12 \times 1\,212\,693 - 3\,761^2}\sqrt{12 \times 1\,275\,368 - 3\,880^2}}$$

$$= 0.990\,4$$

(二) 相关关系判定

相关系数的取值范围在 -1 到 1 之间。相关系数 r 的性质可归纳如下:

(1) 当 $|r|=1$ 时,表示 x 与 y 变量为完全线性相关,x 与 y 之间存在着确定的函数关系。

(2) 当 $r=0$ 时,表示 y 的变化与 x 无关,即 x 与 y 完全没有线性相关关系。

(3) 当 $0<|r|<1$ 时,表示 x 与 y 存在着一定程度的线性相关。$|r|$ 的数值愈大,愈接近于 1,表示 x 与 y 的线性相关程度愈高。反之,$|r|$ 的数值愈小,愈接近 0,表示 x 与 y 的线性相关程度愈低。

通常的判断标准是:

$|r|<0.3$ 称为微弱相关,$0.3 \leqslant |r|<0.5$ 称为低度相关,$0.5 \leqslant |r|<0.8$ 称为显著相关,$0.8 \leqslant |r|<1$ 称为高度相关。

(4) 当 $r>0$ 时,表示 x 与 y 为正相关。

(5) 当 $r<0$ 时,表示 x 与 y 为负相关。

因此,可以通过计算例 6-1 中的 r 值与相关系数的有关性质判定:该地区的货运量与工业总产值存在高度的正的线性相关关系。

在定性分析与定量分析两个方面确定了两个变量之间存在高度的线性相关关系后,就可以使用一元线性回归直线进行拟合,建立两个变量之间的回归方程,为进行货运量的预测提供依据。

三、简单线性回归分析

(一) 回归分析的意义

回归与相关是两个既有密切联系又有所区别的概念。相关关系是两个或两个以上变量之间存在的相互依存关系,这种依存关系不需要区分是主从关系或因果关系。因此,相关分析仅仅是研究变量之间相关方向和相关密切程度的一种统计分析方法。

通过计算相关系数 r 可以确定两变量之间的相关方向与密切程度。但无法表明两个变量之间的数量关系,即无法从一个变量(x)的变化来推测另一个变量(y)的变化情况。

回归分析则是对具有相关关系的多个变量之间的数量变化进行数量测定,配合一定的数学方程,以便对因变量进行估计或预测的一种统计分析方法。

根据回归分析的方法得出的数学表达式称为回归方程或回归模型。回归方程有多种形式,可以是直线回归方程,也可以是曲线回归方程。用回归方程来表明两个变量之间线性相关关系的方程式,称为简单线性回归方程,或一元线性回归方程。这种分析方法称为一元线性回归分析方法。

其一,一元回归分析有两个变量,必须根据研究目的,确定哪个是自变量,哪个是因变量。自变量一般用 x 代表,因变量一般用 y 代表。

相应的回归方程是

$$y = a + bx \tag{6-2}$$

式中,x 为自变量,一般是可控制的非随机变量;而作为因变量的 y,除受 x 影响外,还有其他随机因素影响,所以是随机变量。y 与 x 的对应关系是一种平均意义的数量关系。

其二,在直线回归方程中,自变量 x 的系数 b 是用来表示 y 对 x 回归关系的,故称为回归系数,它也是回归直线的斜率。回归系数符号与相关系数的符号一致,回归系数为正表示正相关,回归系数为负表示负相关。a 称为常数项,它也是回归直线在 y 轴上的截距。a、b 为待定参数。

(二) 一元线性回归方程

在一元线性回归方程分析中,如何确定一条直线来代表各个相关点的变动趋势,即配上一条最适合的直线,足以代表全部相关点直线的趋向,这是建立回归方程最为关键的问题。

例 6-2 中货运量与工业总产值的相关图与相关系数显示,它们之间存在高度的正的线性相关关系,为此可用一元线性回归直线进行拟合。

假定 X 与 Y 是线性相关,则有

$$Y = A + BX + \varepsilon \tag{6-3}$$

它的假定是:$\varepsilon \sim N(0, \sigma^2)$,且 $\text{cov}(\varepsilon_i, \varepsilon_j) = 0$ (当 $i \neq j$ 时)。为测定 X、Y 其变动的一般规律性,两边取期望,有理论回归方程:

$$E(Y) = \alpha + \beta X \tag{6-4}$$

在回归分析中,因变量 Y 是个随机变量,它的期望值一般是无法确知的,所以式(6-4)中参数 α 与 β 的真值一般是不能求到的。为此,只能通过观察值得到参数 α 与 β 的估计值 a 和 b,从而式(6-4)可转化为

$$\hat{y} = a + bx \tag{6-5}$$

式(6-5)中的 $\hat{y}$、a 和 b 分别是 $E(Y)$、α 与 β 的估计值,x 为自变量 X 的观察值。一般称式(6-4)为总体回归方程;称式(6-5)为样本回归方程或经验回归方程,作为总体回归方程的估计式。

确定式(6-5)中 a 和 b 的值,使得到的样本回归直线与观察值拟合得最好。设由式(6-5)确定的回归值 $\hat{y}_i$ 与实际观察值 y_i 的误差平方和为 Q,则 Q 的表达式为

$$Q = \sum_{i=1}^{n} (y_i - \hat{y}_i)^2 = \sum_{i=1}^{n} (y_i - a - bx_i)^2 \tag{6-6}$$

式(6-6)中,y_i 和 x_i 是已知的观察值,$\hat{y}_i$ 是回归值,n 是样本容量。显然,误差平方和 Q 刻画了散点同回归直线的紧密程度。采用最小二乘法可以在所有可能的直线中找到使误差平方和 Q 达到最小的回归直线。

最小二乘法是根据微分极值定理,对 Q 求关于 a 和 b 的偏导数并令其为 0,即:

$$\frac{\partial Q}{\partial a} = -2\sum_{i=1}^{n}(y_i - a - bx_i) = 0$$

$$\frac{\partial Q}{\partial b} = -2\sum_{i=1}^{n}(y_i - a - bx_i)x_i = 0$$

经整理后可得

$$\sum_{i=1}^{n} y_i = na + b\sum_{i=1}^{n} x_i$$

$$\sum_{i=1}^{n} x_i y_i = a\sum_{i=1}^{n} x_i + b\sum_{i=1}^{n} x_i^2$$

上式一般称为标准方程组或正规方程组。解该式可得

$$a = \frac{\sum_{i=1}^{n} y_i}{n} - b\frac{\sum_{i=1}^{n} x_i}{n} \tag{6-7}$$

$$b = \frac{\sum_{i=1}^{n} x_i y_i - \frac{1}{n}(\sum_{i=1}^{n} x_i)(\sum_{i=1}^{n} y_i)}{\sum_{i=1}^{n} x_i^2 - \frac{1}{n}(\sum_{i=1}^{n} x_i)^2} \tag{6-8}$$

同时,可记 $\bar{x} = \dfrac{\sum_{i=1}^{n} x_i}{n}$, $\bar{y} = \dfrac{\sum_{i=1}^{n} y_i}{n}$,则有

$$\hat{y} = a + bx = (\bar{y} - b\bar{x}) + bx = \bar{y} + b(x - \bar{x})$$

也即:

$$\hat{y} - \bar{y} = b(x - \bar{x})$$

因此,回归直线是一条经过点 $(\bar{x}, \bar{y})$,斜率为 b 的直线。若记:

$$l_{xx} = \sum(x_i - \bar{x})^2 = \sum x_i^2 - \frac{1}{n}(\sum x_i)^2$$

$$l_{xy} = \sum(x_i - \bar{x})(y_i - \bar{y}) = \sum x_i y_i - \frac{1}{n}(\sum x_i)(\sum y_i)$$

$$l_{yy} = \sum(y_i - \bar{y})^2 = \sum y_i^2 - \frac{1}{n}(\sum y_i)^2$$

由此可得

$$b = \frac{l_{xy}}{l_{xx}} \tag{6-9}$$

由于 $l_{xx} > 0$,故参数 b(称为样本回归系数)的符号取决于 l_{xy}。显然,当 $b>0$ 时,y 随 x 增大而增大,表明 y 与 x 的变化相同;当 $b<0$ 时,则 y 随 x 增大而变小,表明 y 与 x

的变化相反。

由于 $r = \dfrac{l_{xy}}{\sqrt{l_{xx}l_{yy}}}$，因此 $r = \dfrac{bl_{xx}}{\sqrt{l_{xx}l_{yy}}}$，这是相关系数 r 与样本回归系数 b 之间的关系，显然 r 与 b 的符号是一致的。

【例 6-4】 以例 6-2 的资料为例求回归方程。根据表 6-3 数据可求得

$$b = \dfrac{\sum x_i y_i - \dfrac{1}{n}(\sum x_i)(\sum y_i)}{\sum x_i^2 - \dfrac{(\sum x_i)^2}{n}} = \dfrac{2\,655.2 - \dfrac{36.9 \times 704}{10}}{139.47 - \dfrac{(36.9)^2}{10}} = 17.36$$

$$a = \dfrac{1}{n}\sum y_i - b\dfrac{\sum x_i}{n} = \dfrac{704}{10} - 17.36 \times \dfrac{36.9}{10} = 6.34$$

故回归方程为

$$\hat{y} = 6.34 + 17.36x$$

式中，$a = 6.34$ 亿元为估计的固定工业总产值；$b = 17.36$ 为货运量当每增加 1 百万吨公里时，工业总产值平均增加 17.36 亿元。若该地区货运量为 6.6 百万吨公里，则可预测：

$$工业总产值 = 6.34 + 17.36 \times 6.6 = 120.92(亿元)$$

四、估计标准误差的计算

建立回归方程的目的，主要用于推算或预测，即要根据给定的自变量的数值，来推算未知的因变量的数值。但推算出来的因变量的数值，只是一个可能的估计值，代表一般关系的平均值，它和实际值是有出入的。

这个推算结果的准确程度如何，主要取决于所配合的回归直线的代表性。故回归直线的代表性和推算结果的准确性是一个问题的两个方面。在进行回归分析时，必须弄清这个问题。

估计标准误差是说明使用回归方程推算结果的准确程度的分析指标，也是反映回归直线代表性大小的分析指标。估计标准误差和标准差的性质相同，都是说明离散程度的指标。

估计标准误差的符号为 S_y，其计算公式如下：

$$S_y = \sqrt{\dfrac{\sum(y - \hat{y})^2}{n-2}} \tag{6-10}$$

上式中，$n - 2$ 是自由度。从定义上看，估计标准误差是观察值 y 与估计值 $\hat{y}$ 的平均离差。就回归直线来说，这个离差值愈小，反映观察点愈靠近回归直线，即回归直线的代

表性愈大；若离差值愈大,则观察点离回归直线愈远,回归直线的代表性愈小。

根据式(6-10)计算比较烦琐,可以利用计算回归方程的数据直接计算,其公式如下：

$$S_y = \sqrt{\frac{\sum y^2 - a\sum y - b\sum xy}{n-2}} \tag{6-11}$$

案例

【例 6-5】 根据例 6-2 的数据来计算估计标准误差：

$$S_y = \sqrt{\frac{\sum(y_i - \hat{y}_i)^2}{n-2}} = \sqrt{\frac{\sum y_i^2 - a\sum y_i - b\sum x_i y_i}{n-2}}$$

$$= \sqrt{\frac{50\,686 - 6.34 \times 704 - 17.36 \times 2\,655.2}{10-2}} = 3.89$$

估计标准误差愈大,回归直线的代表性愈小,因而据以估计的准确程度就低；估计标准误差愈小,回归直线的代表性愈大,因而据以估计的准确程度就高。如果估计标准误差为 0,则所有相关点都在回归直线上,说明估计结果会完全准确。

案例分析

2016 年 1 月份中国非制造业总体情况

中国非制造业 PMI(purchasing managers' index,采购经理指数)指标体系由商务活动指数、新订单指数、新出口订单指数、在手订单指数、存货指数、投入品价格指数、销售价格指数、从业人员指数、供应商配送时间指数、业务活动预期指数等 10 个分类指数构成。由于没有合成的非制造业综合 PMI 指数,国际上通常用商务活动指数反映非制造业经济发展的总体变化情况,以 50% 作为经济强弱的分界点,高于 50% 时,反映非制造业经济扩张；低于 50%,则反映非制造业经济收缩。中国物流与采购联合会、国家统计局服务业调查中心发布的 2016 年 1 月份的中国非制造业商务活动指数为 53.5%,环比下降 0.9 个百分点。

2016 年 1 月,在中国非制造业 PMI 各单项指数中,存货、投入品价格和业务活动预期指数环比均有所上升,升幅均在 1 个百分点之内；其余各主要指数环比均有所下降,其中,新出口订单指数环比降幅最大,为 3.6 个百分点,新订单指数降幅次之,为 2.1 个百分点。

专家认为：1 月份,受资本市场短期波动的影响,非制造业商务活动指数有所回落,但整体运行稳定。民生消费热度不减。零售、餐饮、住宿业及消费品批发活动趋于活跃。土木工程建筑业活动商务活动指数上升,基础建设活动稳步推进。房地产业商务活动指数和新订单指数均有明显回落,季节性因素影响较大,继续关注去库存和放宽落户限制等配套政策给节后市场带来的积极影响。今年应围绕民生发展和消费升级,着力于提升有效供给,激发市场潜在需求,推进结构调整方式的转变,增强经济发展的新动力。

新订单指数回落至50%以下。2016年1月,新订单指数为49.6%,环比下降2.1个百分点。分行业来看,建筑业新订单指数为53.1%;服务业新订单指数为49%。20个行业中,航空运输业、土木工程建筑业、零售业、金融业和电信广播电视和卫星传输服务业等12个行业高于50%;批发业位于50%;房地产业、生态保护环境治理及公共设施管理业和居民服务及修理业等7个行业低于50%。

新出口订单指数降幅最大。2016年1月,新出口订单指数为47.3%,环比下降3.6个百分点。分行业来看,建筑业新出口订单指数为48.7%;服务业新出口订单指数为47.1%。20个行业中,铁路运输业、航空运输业、房屋建筑业、零售业、生态保护环境治理及公共设施管理业和餐饮业等8个行业高于50%;建筑安装装饰及其他建筑业、装卸搬运及仓储业、房地产业和电信广播电视和卫星传输服务业等12个行业低于50%。

投入品价格指数小幅上升。2016年1月,投入品价格指数为49.9%,环比上升0.9个百分点。分行业来看,建筑业投入品价格指数为50.7%;服务业投入品价格指数为49.8%。20个行业中,餐饮业、住宿业、铁路运输业、建筑安装装饰及其他建筑业、租赁及商务服务业和房屋建筑业等12个行业高于50%;航空运输业、批发业、水上运输业、邮政业、土木工程建筑业和道路运输业等8个行业低于50%。

从业人员指数仍处于50%以下。2016年1月,从业人员指数为48.8%,环比下降0.1个百分点。分行业来看,建筑业从业人员指数为53.7%;服务业从业人员指数为47.9%。20个行业中,建筑安装装饰及其他建筑业、航空运输业、金融业、土木工程建筑业、房屋建筑业和铁路运输业等8个行业高于50%;邮政业、住宿业、水上运输业、装卸搬运及仓储业、餐饮业和房地产业等12个行业低于50%。

业务活动预期指数微幅回升。2016年1月,业务活动预期指数为58.4%,环比上升0.1个百分点。分行业来看,建筑业业务活动预期指数为58.7%;服务业业务活动预期指数为58.4%。20个行业中,航空运输业、生态保护环境治理及公共设施管理业、铁路运输业、金融业、邮政业、零售业和电信广播电视和卫星传输服务业等19个行业高于50%;装卸搬运及仓储业低于50%。

摘自:http://www.chinawuliu.com.cn/lhhkx/201602/01/309210.shtml

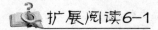

2017年全国物流成本占GDP比小幅下降

本章测试

一、单项选择题

1. 直线相关系数的绝对值接近 1 时，说明两变量相关关系的密切程度是（　　）。
   A. 完全相关　　　　B. 微弱相关　　　　C. 无线性相关　　　D. 高度相关

2. 在相关分析中，若一个变量递增时另一个变量递减，则两个变量间的关系是（　　）。
   A. 正相关　　　　　B. 负相关　　　　　C. 不相关　　　　　D. 复相关

3. 相关分析与回归分析在是否需要确定自变量和因变量的问题上，（　　）。
   A. 前者无须确定，后者需要确定　　　　B. 前者需要确定，后者无须确定
   C. 两者均须确定　　　　　　　　　　　D. 两者均无须确定

4. 下列关系中，属于正相关关系的有（　　）。
   A. 产品产量与单位产品成本之间的关系
   B. 商品流通费用与销售利润之间的关系
   C. 合理限度内，施肥量和平均单产量之间的关系
   D. 流通费用率与商品销售量之间的关系

5. 回归分析所研究的两个变量之间的关系是（　　），必须根据研究的目的，确定哪个是自变量，哪个是因变量。
   A. 对等的　　　　　B. 不对等的　　　　C. 无法确定　　　　D. 正相关的

二、判断题

1. 相关关系和函数关系都属于完全确定性的依存关系。（　　）

2. 估计标准误差是指因变量的实际值 y 与估计值 y_c 的平均离差。（　　）

3. 两个相关变量的数量按相同方向变化，即相互影响的变量同时递增或同时递减，这种相关关系称为负相关。（　　）

4. 回归分析所研究的两个变量是对等关系，即不必确定两个变量中哪个是自变量，哪个是因变量。（　　）

5. 在进行相关分析和回归分析时，必须以定性分析为前提，判定现象之间有无关系及其作用范围。（　　）

三、问答题

1. 什么是相关关系？其特点是什么？
2. 什么是正相关与负相关？
3. 什么是相关分析？什么是回归分析？试述相关分析与回归分析的联系与区别。
4. 回归分析与相关关系研究什么问题？
5. 回归直线方程中参数 a 与 b 的含义是什么？

6. 什么叫估计标准误差？它有哪些作用？

四、计算题

1. 某公司 2017 年上半年产品产量与单位成本资料如表 6-5 所示。

表 6-5　某企业产品产量和单位成本资料表

月份	产量（千件）	单位成本（元/件）
1	2	73
2	3	72
3	4	71
4	3	73
5	4	69
6	5	68

要求：

(1) 根据资料确定回归方程，计算产量每增加 1 000 件时单位成本平均变动量。

(2) 当产量为 6 000 件时，单位成本为多少？

2. 考察某种化工原料在水中的溶解度与温度的关系，共作了 9 组试验。已知溶解度与温度线性相关，温度为自变量，溶解度为因变量，其数据如表 6-6 所示。

表 6-6　某种化工原料在水中的溶解度与温度资料表

温度/摄氏度	0	10	20	30	40	50	60	70	80
溶解度/克	14.0	17.5	21.2	26.1	29.2	33.3	40.0	48.0	54.8

要求：(1) 根据资料确定回归方程。

(2) 温度每上升 1℃，溶解度将增加多少克？

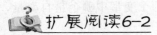

全球经济复苏缓慢　海运危机还将持续多久

第七章

指数分析

本章导读

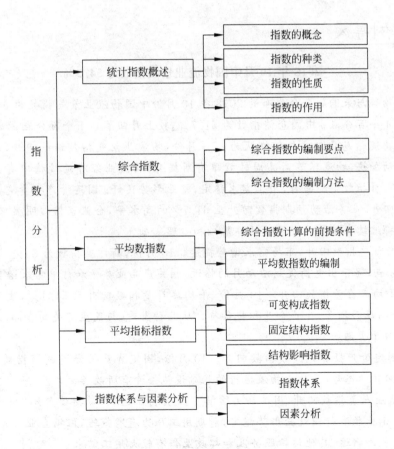

> 知识目标
>
> ➢ 掌握指数的概念、指数的分类及指数作用;
> ➢ 熟练掌握综合指数、平均数指数及平均指标指数的编制方法;
> ➢ 熟练掌握利用指数体系对复杂现象的变动进行因素分析的方法。

> 技能目标
>
> ➢ 数量指标指数和质量指标指数的编制方法;
> ➢ 加权算术平均数指数和加权调和平均数指数的计算;
> ➢ 掌握利用指数体系对复杂现象的变动进行因素分析的方法,并能够实际运用。

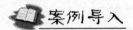
案例导入

2018 年 10 月中国物流业景气指数为 54.5%

中国物流与采购联合会发布的 2018 年 10 月份中国物流业景气指数为 54.5%,较上月回升 1.4 个百分点;中国仓储指数为 51.7%,较上月回落 0.1 个百分点。

中国物流信息中心主任何辉认为:10 月份,物流业景气指数继续回升,反映出生产和消费活动加快,物流环节商品周转效率有所提升,物流业经济延续稳中有升的发展态势。从业人员指数企稳回升,用工需求稳定,就业形势良好;固定资产投资完成额指数连续三个月回升,业务活动预期指数回升至 61.7% 的高水平,企业家信心明显回升,奠定了物流企业将继续保持快速发展的硬件基础和心理基础。

(1) 新订单指数回升,市场需求增势提速。10 月份,新订单指数为 54%,较上月回升 1.6 个百分点,显示出电商促销活动月的临近,相关产品业务量和订单需求增多。

(2) 平均库存量指数回升。10 月份,平均库存量指数回升至 51.1%,生产企业经营活跃,产成品库存增多,生产企业积极备货。从品种上看,与民生有关的食品、纺织品和日用品库存回升明显。

(3) 固定资产投资完成额指数回升。10 月份,固定资产投资完成额指数为 53.5%,继续保持回升的态势,反映出物流运行的基础设施条件有所改善。

(4) 从业人员指数回升,用工压力缓解。10 月份,从业人员指数回升 2.1 个百分点至 50.7%,显示出物流行业就业形势稳定,前期用工压力有所减缓,但据企业反映情况看,道路运输业、装卸搬运、其他运输服务业和邮政业仍有较大用工需求。

从后期走势看,新订单指数回升至 54%、业务活动预期指数保持 60% 以上高景气区间运行,预示着物流业经济将保持稳中有升的态势,而在"双十一、圣诞节"等国内外节假日因素带动下,快递物流等细分物流业态将进入季节性旺季。

资料来源:中央广电总台央视新闻

引例思考

(1) 物流业景气指数能够反映我国物流业哪些问题?

(2) 物流企业平均库存量指数回升意味着什么?

第一节 统计指数概述

统计指数分析方法是一种最古老、最重要且在对现象的总体数量研究中应用非常广泛的统计方法。指数的概念是从对物价变动的研究中产生的,并有一个逐渐扩展的过程。其渊源可以追溯到1650年英国人沃恒(R. Voughan)所创编的物价指数上,迄今已有300多年历史。最初的物价指数大多是由个人为研究目的而编制的,后来各国政府为了经济管理的需要,也陆续开始编制物价指数。

随着社会实践的需要,指数运用范围逐渐扩大为反映各种经济现象变化,指数种类越来越多,其中最常用的有各种价格指数(零售物价指数、生活费用价格指数、股价指数等)、成本指数、工资指数、产品产量指数、劳动生产率指数等。

统计指数是一种常用且重要的统计指标,运用指数可以对很多社会经济问题进行分析。例如,通过消费价格指数的变化,可以对通货膨胀现象进行分析;通过生产指数可以反映经济增长的实际水平;通过运输费用指数,可以反映物流成本的变化;通过股价指数,可以显示股市行情;通过购买力平价指数,可以进行经济水平的国际对比;等等。举凡经济分析的各个领域,指数方法都获得了广泛的应用,故统计指数常常也被称为"经济指数"。

随着物流业的发展,与物流相关的指数也陆续发布,成为物流业发展的指向标。

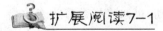

扩展阅读7-1

中国物流业景气指数(LPI)

一、指数的概念

指数作为一种对比性的统计指标具有相对数的形式,通常表现为百分数。若把作为对比基准的水平(基数)视为100,则所要考察的现象水平相当于基数的多少。

就不同的总体和不同的研究目的而言,对指数有不同的理解。一般来说,指数的含义有广义和狭义之分。

(一) 广义指数

就广义指数本身,也有两种不同的理解。一种理解是:凡是相对数都是指数。另一种理解是:凡是反映同类现象数量变动的相对数都是指数。从中可知,指数从本质上来说就是一种相对数。广义指数的两种理解的区别只在于相对数的具体形式和种类。

(二) 狭义指数

狭义指数是指反映复杂总体数量变动的相对数。例如,反映货运价格变动及货物运输量变动的运价指数和运输量指数,就属于狭义指数的范畴。由于狭义指数是从总的方面来反映复杂总体综合变动的,故又称之为总指数。

狭义指数的相对形式有多种。反映复杂总体在时间上变动情况的是动态指数;反映复杂总体在不同空间上变动情况的是区域指数;而将同一复杂总体的实际和计划对比所得的相对数是计划完成指数。区域指数、计划完成指数与动态指数的计算原理是一样的。

除非特别说明,一般说的指数都是动态指数。本章着重讨论的也是狭义指数中动态指数的编制理论和方法。

二、指数的种类

指数种类可以从不同的角度加以划分。

(一) 按指数所要说明的对象范围不同划分

按指数所要说明的对象是总体还是其构成单位的数量变动,可以将指数分为个体指数和总指数。

1. 个体指数

个体指数是反映构成总体的个体数量变动的相对数。个体指数一般用 K 表示。例如,反映某类货物仓储量变动的相对数就是个体指数。

某类货物仓储量指数为 $K_q = q_1/q_0$

个体价格指数为 $K_p = p_1/p_0$

式中 q 代表"量", p 代表"价格",下标 1 和 0 分别代表报告期和基期。

2. 总指数

总指数是反映复杂总体综合变动方向和变动程度的相对数。例如,反映所有货物仓储量变动的仓储量指数,反映所有货物仓储价格综合变动程度的仓储价格指数,均是总指数的范畴。总指数一般用符号 $\overline{K}$ 表示。

有的时候,对复杂总体还要进行分类,计算各组(类)的数量变动。因此在总指数与个体指数之间,还存在一种组(类)指数。组指数实质上就是小范围的总指数。

例如,在编制零售商品物价指数时,就需要先将零售商品进行分类,在分类的基础上,从每类中选代表规格品,然后由各类代表规格品的个体指数推算类指数,再由各类指数推算零售商品物价总指数。可见类指数在个体指数与总指数之间起"桥梁"作用。

(二) 按指数所反映的指标的性质不同划分

按指数所反映的指标的性质不同,可以将指数分为数量指标指数和质量指标指数。

1. 数量指标指数

数量指标指数也叫数量指数,是指说明总体或个体在规模、水平方面变动的相对数。例如,工业产品产量指数、商品销售量指数、仓储量指数、职工人数指数等都是数量指标指数。个体数量指数用 K_q 表示,数量总指数则用 $\overline{K}_q$ 表示。

2. 质量指标指数

质量指标指数也称为质量指数,是指说明总体或个体内涵数量变动情况的相对数。例如,劳动生产率指数、平均工资指数、价格指数、单位成本指数都属于质量指标指数。个体质量指数以 K_p 表示,质量总指数以 $\overline{K}_p$ 表示。

(三) 按指数反映的时间状况的不同划分

按指数反映的时间状况的不同,可以分为动态指数和静态指数。

动态指数是指同一总体两个不同时间同类指标对比形成的相对数。"2016 年 5 月,某市物价指数实际上升 5.5"就属于动态指数。

静态指数是指相同时间不同空间的指标数值对比得到的相对数。例如,甲乙两地同类商品价格对比所形成的相对数就是静态指数。

(四) 按所采用的基期不同划分

在指数数列中,按所采用的基期不同,统计指数可以分为定基指数和环比指数。

将一系列性质相同的统计指数按时间顺序排列起来,就形成了一个指数数列。如果数列中指数的基期是固定不变的,则此类指数就是定基指数。

如果基期是可变的,每一期都将前一期的数字作为对比的基数,则是环比指数。如将历年的国内生产总值与某一固定年份的国内生产总值对比,所形成的指数就是定基指数。如是逐年对比,则是环比指数。

（五）按其编制的方法不同划分

在总指数中，按其编制的方法不同，可分为综合指数和平均数指数。

1. 综合指数

综合指数是指利用复杂总体两个时期可比的现象总量进行对比而得到的相对数，它是计算总指数的基本形式。总指数计算分析的其他方法都是以综合指数的编制原理为依据的。

2. 平均数指数

平均数指数是指利用个体指数或类（组）指数，通过加权平均方法计算而得的相对数。它可以反映复杂总体综合变动程度和变动方向。平均数指数是总指数计算的另一种形式。平均数指数在一定条件下是综合指数的变形，但也可以具有独立意义。

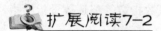扩展阅读7-2

为什么大多数价格指数采用了同比指数，而不是定基指数

三、指数的性质

正确应用指数的统计方法，必须要对指数性质有深刻的了解。概括地讲，指数具有以下性质。

1. 相对性

指数是总体各变量在不同场合下对比形成的相对数，它可以度量一个变量在不同时间或不同空间的相对变化，如一种商品的价格指数或数量指数，这种指数称为个体指数；它也可用于反映一组变量的综合变动，如消费价格指数反映一组指定商品和服务的价格变动水平，这种指数称为综合指数。总体变量在不同时间上对比形成的指数称为时间性指数，在不同空间上对比形成的指数称为区域性指数。

2. 综合性

指数是反映一组变量在不同场合下的综合变动水平，这是就狭义的指数而言的，它也是指数理论和方法的核心问题。实际中所计算的主要是这种指数。没有综合性，指数就不可能发展成为一种独立的理论和方法论体系。综合性说明指数是一种特殊的相对数，它是由一组变量或项目综合对比形成的。比如，由若干种商品和服务构成的一组消费项目，通过综合后计算价格指数，以反映消费价格的综合变动水平。

3．平均性

指数是总体水平的一个代表性数值。平均性的含义有二：一是指数进行比较的综合数量是作为个别量的一个代表，这本身就具有平均的性质；二是两个综合量对比形成的指数反映了个别量的平均变动水平，比如物价指数反映了多种商品和服务项目价格的平均变动水平。

四、指数的作用

统计研究社会现象数量关系的变动情况，是以其特有的方法为基础的。指数分析的方法，就是其中重要的一种。从一般意义来说，指数的作用包括以下方面。

1．表明不能直接相加的复杂总体现象的总变动状况

通过应用指数分析方法，可以使不能直接相加、不能直接对比的现象的量能够直接相加、直接对比，从而获得能够反映现象一般水平的统计指标，这种反映包括三个方面：

（1）反映总体在数量上的变动程度；

（2）反映总体在数量上的变动方向；

（3）反映总体在数量上的变动所带来的绝对效果。

如某地区零售商品物价指数 $\bar{K}_p = 108\%$，它说明该地区所有零售商品价格总的来说是上涨了，上涨的幅度为 8%。由于商品价格的上升，必然导致该地区商品销售额的绝对数的增加。

2．分析现象总体变动中各因素的变动情况及其对总变动影响的方向和程度

根据总体内各影响因素之间的数量联系，利用指数体系可以分析各因素变动对总体变动的影响。

例如，两个不同时期的成本总额的变动受产品产量和单位成本变动的影响，或者说成本总额的变动是产品产量和单位成本变动共同作用的结果。利用指数体系可以分析这两者变动的影响方向、影响程度各是怎样，由于两者的变动所带来的绝对效果的变化各是多少。

3．分析总体数量特征在长时间内的变动趋势

连续编制的动态指数数列，可以用来进行长时期的总体数量特征发展趋势分析。不仅如此，它还可以把相互有联系指标的指数数列加以比较分析。

例如工农业产品综合比价指数数列，即是从农产品收购价格指数和工业品零售价格指数两个数列的联系中进行分析，以观察在长时间内工农产品比价的发展趋势。

4. 对经济现象进行综合评价

对于社会经济现象的数量变动状况,很多方面都可以运用指数来进行综合评价。例如,用综合经济动态指数评价一个企业经济效益的高低,根据指数理论建立社会发展和国民经济运行的评价和预警系统等。

第二节 综合指数

综合指数是计算总指数的基本形式和出发点,它是由两个综合的总量指标对比形成的指数。凡是一个总量指标可以分解为两个或两个以上的因素乘积时,将其中一个或一个以上的因素固定起来,仅观察其中那个没有被固定的因素的变动情况,以这种形式编制的总指数称为综合指数。

一、综合指数的编制要点

下面以表 7-1 所示资料,说明综合指数的编制方法。

表 7-1　某物流中心 2016 年及 2017 年仓储业务收入情况

仓库	计量单位	业务量		业务量变动		每单位收费水平(元)		收费水平变动	
		基期 q_0	报告期 q_1	方向	程度 $k_q = \dfrac{q_1}{q_0}$(%)	基期 p_0	报告期 p_1	方向	程度 $k_p = \dfrac{p_1}{p_0}$(%)
1#库	吨	5 000	6 000	增	120	12	15	增	125
2#库	箱	8 000	7 200	减	90	10	12	增	120
3#库	m²	5 000	7 500	增	150	8	20	增	250
4#库	件	6 000	6 000	平	100	16	12	减	75

这是一个由四个存储不同品种货物的仓库构成的复杂总体,可编制综合指数以反映该物流中心仓储业务量和收费水平两个方面的变动情况。个体指数的计算比较简单,如 1#库的个体业务量指数和个体收费水平指数分别为

$$k_q = q_1/q_0 = 6\,000/5\,000 = 120\%$$
$$k_p = p_1/p_0 = 15/12 = 125\%$$

反映四个储存不同品种物品仓库的业务量和收费水平总的变动情况的相对数是总指数。由于所存物品的使用价值不同,计量单位也不同(吨、箱、m²、件),使得我们既不能直接将物品的存储业务量或收费价格水平加总起来对比计算总指数,也不能取其个体指数的简单平均数计算总指数。

为了解决各仓库物品由于使用价值不同和计量单位不同不能直接相加和对比的问

题,需要引入一个媒介因素,使得原来直接相加没有经济意义的现象可以直接相加,这个媒介因素就叫做同度量因素。确定正确的同度量因素及确定同度量因素应固定的时期是编制综合指数的两个要点。

(一) 确定同度量因素

1. 同度量因素的概念

同度量因素是指在总指数计算的过程中,为解决总体的构成单位及其数量特征不能直接加总(即不能同度量)的问题而使用的一个媒介因素或转化因素。

2. 同度量因素的作用

(1) 同度量作用

同度量作用是将不能直接加总的指标过渡到可以直接加总的指标。

(2) 权数作用

对总指数的大小有权衡轻重的作用。为此,有时又将同度量因素称为权数。

3. 同度量因素的确定

怎样找同度量因素呢?这就要对被研究现象的经济关系进行分析。例如把各种商品价格乘以商品的销售量可得到商品销售额,将各仓库的仓储业务量乘以收费水平可得到仓储业务收入。

即: 商品价格 × 商品销量 ＝ 商品销售额

仓储业务量 × 仓库收费水平 ＝ 仓储业务收入

$$p \times q = pq$$

不同的商品销售量(或价格)是不能直接相加的。如果要综合地反映销售量的变动情况,就必须引入商品价格因素,使不能相加的商品销售量转化为能相加的商品销售额。在这里,商品销售价格起了同度量作用。

如果要综合地反映商品价格的变动情况,就必须用商品销售量作同度量因素。可见同度量因素必须从现象的内在联系中寻找,而且二者互为同度量因素。

确定正确地同度量因素,是运用综合指数法编制总指数的第一步。

同度量因素

同度量因素亦称为同度量系数或权数,是指在计算总指数过程中,通过同度量因素把不能进行直接相加的每种代表品的实物量,转化为可以相比较的价值量的指标。在不同的使用价值还原为价值的过程中,同度量因素不仅起着媒介作用,而且也起着权数的作用。

（二）将同度量因素固定在某个时期

同度量因素的确定解决了复杂总体的量加总的问题,但价值量像销售额、成本总额等指标中,包含了两个因素(销售量和销售价格、产品生产量和单位成本)的影响,其对比反映出来的变动是两个因素共同变动的结果。要体现总指数是单纯反映指数化因素变动的目的,就必须消除同度量因素的变动影响,这就需要将相应的同度量因素固定在某个时期。

如表 7-1 中,为了反映各仓库货物存储量的变动情况,需要将同度量因素收费水平固定在某一时期(如都固定在基期或报告期)上,以便进行对比,单纯看指数化因素的变动。如果要反映各种货物仓储收费水平总的变动情况,也需将对应的货物存储量固定在某一时期上。

确定同度量因素应固定的时期,是运用综合指数法编制总指数的第二步。

二、综合指数的编制方法

综合指数有两种,即数量指标综合指数和质量指标综合指数。

（一）数量指标指数的编制

数量指标指数是反映复杂现象总体规模、水平或工作总量综合变动的总指数。例如,工业产品生产量指数、商品销售量指数等。现以仓储业务量指数为例,来说明数量指标综合指数的编制方法和过程。

仓储业务量总指数是反映多种物品仓储量变动的总指数。不同种类的物品,由于使用价值不同,计量单位不一样,其实物量是不能相加的。因此需要把各种不能直接相加的实物量过渡到可以直接相加的价值量。在编制数量指数的过程中,可以通过同度量因素把不同的实物量转化为价值量,即

$$仓储业务量 \times 仓库收费水平 = 仓储业务收入$$

同度量因素所属的时期有报告期、基期和特定期等,不同时期的同度量因素,其数值是不同的。因而把同度量因素固定在报告期或基期或特定期上计算的总指数其结果也是不同的。

同度量因素应该固定在哪个时期上？对于这个问题,统计学界有不同的主张,因而就产生了采用不同时期的同度量因素的各种总指数公式。

在我国应用比较普遍、理论界大多数人认为比较合理的是德国经济学家埃蒂思·拉斯贝尔(E. Laspeyres)在 1864 年提出的总指数公式,即拉氏数量指数公式。拉氏数量指数,主张将同度量因素质量指标固定在基期。

拉斯贝尔数量指数公式为

$$\bar{K}_q = \frac{\sum q_1 p_0}{\sum q_0 p_0} \tag{7-1}$$

【例 7-1】 以表 7-1 的资料为例进行分析。仓储业务量指数为：

$$\overline{K}_q = \frac{\sum q_1 p_0}{\sum q_0 p_0} = \frac{6\,000 \times 12 + 7\,200 \times 10 + 7\,500 \times 8 + 6\,000 \times 16}{5\,000 \times 12 + 8\,000 \times 10 + 5\,000 \times 8 + 6\,000 \times 16}$$

$$= \frac{300\,000}{276\,000} = 1.08696 \text{ 或 } 108.70\%$$

$$\sum q_1 p_0 - \sum q_0 p_0 = 300\,000 - 276\,000 = 24\,000(元)$$

计算结果表明，由于报告期仓储业务量增加了 8.70%，使得仓储业务收入增加 24 000 元。

（二）质量指标指数的编制

质量指标指数是反映现象质量或现象内涵变动程度的指数。例如，成本指数、价格指数等。在上述编制数量指数的过程中，是以质量因素作为同度量因素，并将其固定在基期上。

在编制质量指标指数时，则应采用相应的数量因素作为同度量因素，也将其固定在某一个时期上。仍以表 7-1 资料为例，说明质量指数的编制方法。

表 7-1 中，4 个仓库所储存的货物是不同使用价值的物品，单位商品的收费水平不能直接相加。为了综合反映该物流中心各种库存物资收费水平的变动情况，就需要用各种货物的库存业务量作为同度量因素，将不能直接相加的收费水平转化为可以直接相加的价值量。

作为同度量因素的库存业务量究竟应该固定在什么时期呢？对于这个问题，统计学界也有不同的主张和看法，因而产生了各种不同的指数公式。

在我国应用比较普遍、理论界大多数人认为比较合理的是德国经济学家哈曼·派许（H. Paasche）在 1874 年提出的总指数公式，即派氏质量指数公式。派氏质量指数主张将同度量因素数量指标固定在报告期。

派氏质量指数公式为

$$\overline{K}_p = \frac{\sum p_1 q_1}{\sum p_0 q_1} \tag{7-2}$$

【例 7-2】 以表 7-1 的资料为例进行分析，库存收费水平指数为：

$$\overline{K}_p = \frac{\sum p_1 q_1}{\sum p_0 q_1} = \frac{6\,000 \times 15 + 7\,200 \times 12 + 7\,500 \times 20 + 6\,000 \times 12}{6\,000 \times 12 + 7\,200 \times 10 + 7\,500 \times 8 + 6\,000 \times 16}$$

$$= \frac{398\,400}{300\,000} = 1.328 \text{ 或 } 132.8\%$$

$$\sum p_1q_1 - \sum p_0q_1 = 398\,400 - 300\,000 = 98\,400(元)$$

计算结果表明，由于收费水平报告期比基期提高了 32.8%，使得仓储业务收入增加 98 400 元。

第三节　平均数指数

以综合指数法编制总指数是将一个真实的现象总量与一个假定的现象总量进行对比，从相对数和绝对数两方面反映复杂现象的总变动程度以及由此而产生的经济效果。综合指数计算方法简便，含义明确，但要满足综合指数的计算是有前提条件的。

一、综合指数计算的前提条件

综合指数计算的前提条件具体如下。

1. 要有全面的原始资料

利用综合指数法计算总指数是一种可行的方法。但在计算综合指数时，必须有全面的原始资料。以销售量指数、销售价格指数编制为例，在实际工作中，一般要取得报告期和基期各种物品的销售量、销售价格资料。

2. 要有对应的、不同时期、不同指标属性的资料

例如，在编制物价指数和商品销售量指数时，除了要掌握各种商品销售量和销售价格外，还要掌握基期销售量和报告期价格乘积的资料，实际统计工作中要搜集这样的资料工作量大，困难很多。

由于这两个前提条件，极大地限制了以综合指数法编制总指数的应用。因此我们必须寻找另一种计算方法来解决总指数的编制问题。实际工作中常采用"平均数指数"的计算方法来编制总指数，它实际上是综合指数法的派生形式。

平均数指数是个体指数的加权平均数。在实际统计工作中，有时受到统计资料搜集困难的限制，不能直接利用综合指数公式编制总指数，而是以个体指数为基础采取平均数形式编制总指数，这种方法就称为平均数指数法。

习惯上，把用综合指数法编制的指数称为综合指数；把用平均数指数法编制的指数称为平均数指数，实际上这两者都属于总指数。

平均数指数在一定条件下是综合指数的变形，但也可以是具有独立意义的平均数指数。本教材仅介绍作为综合指数变形的平均数指数的编制方法。

二、平均数指数的编制

平均数指数有两种表现形式：一种是加权算术平均数指数；另一种是加权调和平均数指数。

（一）加权算术平均数指数的编制

加权算术平均数指数是对个体数量指数的算术加权平均。这种指数形式实际上是拉斯贝尔数量指数公式的变形，下面以销售量指数为例加以说明。

以基期价格为同度量因素的销售量综合指数公式，即式（7-1）为：

$$\overline{K}_q = \frac{\sum q_1 p_0}{\sum q_0 p_0}$$

设 $k_q = \frac{q_1}{q_0}$ 为销售量个体指数，则 $q_1 = K_q q_0$。

将其代入式（7-1），便可得加权算术平均数指数的计算公式：

$$\overline{K}_q = \frac{\sum q_1 p_0}{\sum q_0 p_0} = \frac{\sum K_q q_0 p_0}{\sum q_0 p_0} \tag{7-3}$$

式（7-3）就是以个体数量指数为变量，以基期价值资料为权数的算术平均数指数公式。

 案例

【例 7-3】 利用式（7-3）编制货物存储业务量总指数的过程如表 7-2 所示。

表 7-2 加权算术平均数指数计算表

货物存储仓库	业务量个体指数 $K_q = q_1/q_0$	基期仓储业务收入（元）$q_0 p_0$
1#库	1.20	60 000
2#库	0.90	80 000
3#库	1.50	40 000
4#库	1.00	96 000
合计	—	276 000

$$\overline{K}_q = \frac{\sum K_q q_0 p_0}{\sum q_0 p_0} = \frac{1.2 \times 60\,000 + 0.9 \times 80\,000 + 1.5 \times 40\,000 + 1 \times 96\,000}{60\,000 + 80\,000 + 40\,000 + 96\,000}$$

$$= \frac{300\,000}{276\,000} = 1.086\,96 \text{ 或 } 108.70\%$$

$$\sum K_q q_0 p_0 - \sum q_0 p_0 = 300\,000 - 276\,000 = 24\,000 \text{（元）}$$

这个计算结果同用公式（7-1）计算的结果完全一致。由此可见，当编制总指数时，在只掌握个体数量指数和基期价值资料的情况下，运用加权算术平均数指数公式可以比较方便地编制数量指数。

(二)加权调和平均数指数的编制

编制加权调和平均数指数,是对个体质量指数按调和平均数形式进行加权计算。这种指数实际上是派氏综合指数公式的变形,下面以价格指数为例进行说明。

以报告期的销售量为同度量因素的价格综合指数公式,即式(7-2)为:

$$\overline{K}_p = \frac{\sum p_1 q_1}{\sum p_0 q_1}$$

设 $K_p = \frac{p_1}{p_0}$ 为个体价格指数,则 $p_0 = \frac{p_1}{K_p} = \frac{1}{K_p} p_1$。

将其代入式(7-2),便可得加权调和平均数指数的计算公式:

$$\overline{K}_p = \frac{\sum p_1 q_1}{\sum p_0 q_1} = \frac{\sum p_1 q_1}{\sum \frac{1}{K_p} p_1 q_1} \tag{7-4}$$

式(7-4)就是以个体质量指数为变量,以报告期价值资料为权数的加权调和平均数指数公式。

【例 7-4】 利用式(7-4)编制货物存储收费水平总指数的过程如表 7-3 所示。

表 7-3 加权调和平均数指数计算表

货物存储仓库	货物仓储收费水平个体指数 $K_p = \frac{p_1}{p_0}$	报告期仓储业务收入(元) $p_1 q_1$
1#库	1.25	90 000
2#库	1.20	86 400
3#库	2.50	150 000
4#库	0.75	72 000
合计	—	398 400

$$\overline{K}_p = \frac{\sum p_1 q_1}{\sum \frac{1}{K_p} p_1 q_1} = \frac{90\,000 + 86\,400 + 150\,000 + 72\,000}{\frac{90\,000}{1.25} + \frac{86\,400}{1.2} + \frac{150\,000}{2.5} + \frac{72\,000}{0.75}}$$

$$= \frac{398\,400}{300\,000} = 1.328 \text{ 或 } 132.8\%$$

$$\sum p_1 q_1 - \sum \frac{1}{K_p} p_1 q_1 = 398\,400 - 300\,000 = 98\,400(\text{元})$$

这个计算结果同用式(7-2)计算的结果完全一致。由此可见,当编制总指数时,在只掌握个体质量指数和报告期价值资料的情况下,运用加权调和平均数指数公式可以比较方便地编制质量总指数。

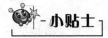小贴士

为什么当期消费品零售总额同比名义增速与直接用绝对值计算不一致

统计数据随着数据资料的完善、后期核查过程中发现问题等原因会对数据进行修订,往往会对初步数据做出调整,在计算增速时以修正后的上年同期数据进行计算。这也是国际统计工作的通用做法。

第四节　平均指标指数

综合指数和平均数指数都属于总指数的范畴,都是从总量指标的对比上反映总体的变动程度和变动方向的。平均指标指数,则是从总体在不同时期上两个总平均水平的对比中得到反映其变动程度和方向的相对数。平均指标指数与总指数比较,具有以下两个特点:

其一,平均指标指数是利用分组资料编制的指数。它所测定的总体平均指标是对组平均数的加权平均。其权数是各组单位数占总体单位数的比重。

其二,平均指标指数除了一般地测定总体平均指标变动程度之外,还可以测定总体内部各组水平的平均变动和总体结构变动对总平均指标变动的影响。

这里需要说明的是,平均指标指数和平均数指数是两个不同的概念。平均指标指数是两个不同时期的平均指标对比的结果,反映平均指标变动情况;而平均数指数是指用平均数的方法来计算总指数,反映总量指标变动情况。

根据统计研究的不同要求,可以计算三种形式的平均指标指数:可变构成指数、固定结构指数和结构影响指数。

一、可变构成指数

平均指标指数的主要形式是可变构成指数。可变构成指数是将总体两个不同时期的平均指标进行对比所形成的指数,反映的是总体平均指标(如平均劳动生产率、平均工资、平均仓储水平等)的变动程度和方向。

可变构成指数的计算公式为

$$\overline{K}_{xf} = \frac{\overline{X}_1}{\overline{X}_0} = \frac{\dfrac{\sum x_1 f_1}{\sum f_1}}{\dfrac{\sum x_0 f_0}{\sum f_0}} \qquad (7-5)$$

式(7-5)中的 $\overline{X}_1$、$\overline{X}_0$ 分别表示报告期和基期的总平均水平,x_1 和 x_0 表示报告期和基期总体内各组的平均水平,$\dfrac{f_i}{\sum f_i}$ 表示总体内部构成。

由此可见,总平均指标的变动受两个因素的变动影响,即各组变量水平的变动和总体内部构成变动的影响。要进一步弄清两者对总平均指标变动的影响,可以编制固定构成指数和结构影响指数进行分析。

在编制平均指标指数时应注意:将组平均指标视为质量指标,总体内部结构视为数量指标,再按综合指数的编制原理编制平均指标指数。

现根据表 7-4 所示资料,编制可变构成指数并进行分析。

表 7-4 某物流配送中心职工人数及平均工资资料

类别	工人数(人)		月平均工资(元)	
	f_0	f_1	x_0	x_1
技工	300	200	2 400	2 500
辅工	200	300	1 800	1 900
合计	500	500	2 160	2 140

可变构成指数:$\overline{K}_{xf} = \dfrac{\overline{X}_1}{\overline{X}_0} = \dfrac{\dfrac{\sum x_1 f_1}{\sum f_1}}{\dfrac{\sum x_0 f_0}{\sum f_0}} = \dfrac{2\,140}{2\,160} = 0.990\,7$

$\overline{X}_1 - \overline{X}_0 = 2\,140 - 2\,160 = -20(元)$

通过计算,了解到该物流配送中心职工报告期的平均工资比基期降低了 0.009 3,即下降了 0.93%;平均每人减少了 20 元。是不是工人们的收入水平确实降低了呢?从表 7-4 中我们可以清楚地看到技术工人的工资由基期的 2 400 元增加到报告期的 2 500 元;辅助工人的工资也由基期的 1 800 元增加到报告期的 1 900 元,平均每个职工都增加了 100 元,计算结果怎么是平均每人减少了 20 元呢?显然,这是受到工人结构变化的影响所致。

因此,需要通过编制固定结构指数和结构影响指数来分析组平均水平和总体结构变动对总平均指标变动的影响。

二、固定结构指数

固定结构指数是把总体结构固定起来,观察组平均指标的变动对总平均指标变动的影响方向和影响程度。固定结构指数是平均指标指数的另一种形式。

依据指数分析法原理,为了消除总体结构变动的影响,反映各组工资水平的变动对总平均工资变动的影响,要把工人结构固定在报告期。

固定结构指数的计算公式为

$$\overline{K}_x = \frac{\overline{X}_1}{\overline{X}_n} = \frac{\dfrac{\sum x_1 f_1}{\sum f_1}}{\dfrac{\sum x_0 f_1}{\sum f_1}} \quad (7-6)$$

式(7-6)中的 $\overline{X}_n$ 表示按报告期工人的构成计算的基期工人的平均工资水平,$\dfrac{f_1}{\sum f_1}$ 表示报告期总体内部工人的构成。

现以表 7-4 中资料为例编制固定构成指数:

$$\overline{K}_x = \frac{\overline{X}_1}{\overline{X}_n} = \frac{\dfrac{\sum x_1 f_1}{\sum f_1}}{\dfrac{\sum x_0 f_1}{\sum f_1}} = \frac{2\,140}{\dfrac{2\,400 \times 200 + 1\,800 \times 300}{500}} = \frac{2\,140}{2\,040} = 1.049$$

$$\overline{X}_1 - \overline{X}_n = 2\,140 - 2\,040 = 100(元)$$

即排除工人结构的变动,纯粹由于各组工人月平均工资变动的影响,使总平均工资上升了 4.9%,人均增加 100 元。

三、结构影响指数

结构影响指数是在总体两个不同时期的平均指标进行对比时,将组平均指标固定起来,以便较客观地反映总体结构的变动对总体平均指标变动的影响方向和影响程度。

依据指数分析法原理,为了消除组平均指标变动的影响,反映总体结构的变动对总平均工资变动的影响,要把组平均指标固定在基期。

结构影响指数的计算公式为

$$\overline{K}_f = \frac{\overline{X}_n}{\overline{X}_0} = \frac{\dfrac{\sum x_0 f_1}{\sum f_1}}{\dfrac{\sum x_0 f_0}{\sum f_0}} \quad (7-7)$$

式(7-7)中所有符号的含义与式(7-5)、式(7-6)相同。

仍以表 7-4 中资料为例编制结构影响指数:

$$\overline{K}_f = \frac{\overline{X}_n}{\overline{X}_0} = \frac{\dfrac{\sum x_0 f_1}{\sum f_1}}{\dfrac{\sum x_0 f_0}{\sum f_0}} = \frac{\dfrac{2\,400 \times 200 + 1\,800 \times 300}{500}}{2\,160} = \frac{2\,040}{2\,160} = 0.944\,4$$

$$\overline{X}_n - \overline{X}_0 = 2\,040 - 2\,160 = -120(元)$$

即排除组平均工资变动的影响,纯粹由于总体结构变动的影响,使总平均工资报告期比基期下降 5.56%,人均减少了 120 元。

第五节 指数体系与因素分析

人们在总结综合指数原理与方法的基础上,产生了指数因素分析这一重要的统计分析方法。而指数体系则是从事指数因素分析的方法论基础。

一、指数体系

(一)指数体系的概念

一个指数通常只能说明某一方面的问题,因而,实践中往往需要将多个指数结合起来加以运用,这就形成了相应的"指数体系"。

指数体系可以有两种不同的含义。"广义的指数体系"类似于指标体系的概念,泛指由若干个内容上相互关联的统计指数所结成的体系。根据研究问题的需要,构成这种体系的指数可多可少。

例如工业品批发价格(或出厂价格)指数、农产品收购价格指数、消费品零售价格指数等构成了"市场物价指数体系",而国民经济运行的生产、流通和使用各环节以及国民经济各部门的多种经济指数则构成了"国民经济核算指数体系",其中除了上面列举的有关价格指数之外,还包括诸如国内总产出价格指数和物量指数、国内生产总值(GDP)价格指数和物量指数、投资价格指数和物量指数,以及资产负债存量价格指数等,其内容构成十分庞大复杂。

"狭义的指数体系"仅指几个指数之间在一定的经济联系基础上所结成的严密的数量关系式。其最为典型的表现形式就是:总变动指数等于两个(或两个以上)因素指数的乘积。本节所要讨论的就是这种形式的指数体系。

例如:

商品销售额指数 = 商品销售量指数 × 商品销售价格指数

总产值指数 = 产量指数 × 产品价格指数

总成本指数＝产量指数×单位产品成本指数

总产量(或总产值)指数＝全员工人数指数×劳动生产率指数

增加值指数＝员工人数指数×劳动生产率指数×增加值率指数

显然,这些指数体系都是建立在有关指标之间的经济联系基础之上的,因而它们具有非常实际的经济分析意义。

扩展阅读7-3

为什么商品房没有纳入 CPI 统计

(二)指数体系的作用

指数体系具有以下作用。

1. 指数体系是计算总指数时选择和确定同度量因素指标属性和时期的依据

按指数体系的要求,为使各因素指标指数连乘积等于对象指标指数,指数化因素和同度量因素的指标属性应该不同,而且在同一指数体系里,各因素指标指数所使用的同度量因素所在时期不一样。只有这样,才能保证指数体系的完整性。

例如,在商品销售额指数体系中,要使商品销售额指数＝商品销售量指数×商品价格指数,在因素指标指数中,计算商品销售量指数应用商品价格这个质量指标作同度量因素,并且将其固定在基期;计算商品价格指数要用报告期的商品销售量作同度量因素。这样的商品销售量指数和商品销售价格指数的连乘积才等于商品销售额指数。

2. 根据指数体系,可以进行指数之间的相互换算

在由三个指数所构成的指数体系中,只要知道其中的任意两个指数,便可依据其数量对等关系,推算另一指数。例如总成本指数为120%,生产量指数为98%,则根据指数之间的关系可以推出其单位成本指数为:120%÷98%＝122.4%。

3. 指数体系是因素分析法的基础

依据指数体系可以对复杂经济现象的变动进行因素分析,从数量方面研究现象的总变动中,各个因素指标变动对其影响的方向、程度和绝对效果。

二、因素分析

（一）因素分析法的概念及要点

因素分析法是指数因素分析法的简称。它是以综合指数的编制原理为依据，以指数体系为基础，分析在受多因素影响的总体某一数量特征的变动中，各个因素变动的影响方向、程度和影响效果的方法。它是统计指数法的延伸。

理解因素分析法要把握以下四个方面的要点：

（1）因素分析法所研究的对象是受多因素影响的复杂现象，这一现象从量上来说表示为各因素的连乘积。

（2）因素分析法是依据综合指数原理进行的，即假定只有一个指数化因素，其余因素均视为同度量因素，并依据综合指数的原理确定同度量因素的时期。

（3）因素分析法的基础是指数体系，即各因素指数的乘积必须等于复杂现象的总变动指数，各因素影响差额之和必须等于复杂现象变动差额。

（4）因素分析的结果需要作出文字说明。

（二）因素分析的种类

1. 按影响因素的数目多少分类

（1）两因素分析

对由两个影响因素构成的指数体系进行分析，称为两因素分析。例如对"销售额指数＝销售量指数×销售价格指数"这个指数体系所进行的销售量、销售价格两个影响因素进行分析，就属此分类。

（2）多因素分析

对由三个或三个以上影响因素构成的指数体系所进行的因素分析，称为多因素分析。例如，对"原材料费用总额指数＝生产量指数×产品单耗指数×原材料单价指数"这个指数体系所进行的产品产量、单耗和原材料单价的因素分析，就属于多因素分析的范畴。

2. 按所研究总体某一数量特征总变动指标的表现形式分类

（1）总量指标变动的因素分析

对成本总额、总产值、原材料费用总额等总量指标变动所进行的因素分析，是总量指标变动的因素分析。它又可以分为两因素分析和多因素分析。如对成本总额、销售总额的因素分析均属两因素分析，而对原材料费用总额的变动分析就是总量指标变动的多因素分析。

（2）平均指标变动的因素分析

总平均水平变动受各组平均水平和总体结构变动影响，对其进行因素分析，就是平均指标变动的因素分析。在此，所分析的平均指标形式是加权算术平均数。

3. 总量指标与总平均指标变动相关联的因素分析

这是指将两类指标变动结合在同一个指数体系中的因素分析方法。像分析"工资总额"这一现象的变动,对各组工资水平、人数结构(这两者结合反映的是总平均工资的变动)和总人数的变动的因素分析就属此例。它不仅是对总量和总平均量变动的分析,而且是对多个影响因素的分析。

(三)指数因素分析法的应用

由于分析对象及分析目的的多样性,指数因素分析法的应用形式也是多种多样的。这里讲述几种常用的形式。

1. 总量指标变动的两因素分析

在因素分析的对象只包括两因素的条件下,总量指标的变动可以从影响总量指标变动的两个要素分析着手,借助于指数体系,把每个因素对总量指标变动的影响程度、方向及实际效果——测定出来。

现以表 7-1 资料为例,建立指数体系进行总量指标的两因素分析。

总量指标两因素分析的指数体系为

$$\frac{\sum p_1 q_1}{\sum p_0 q_0} = \frac{\sum p_1 q_1}{\sum p_0 q_1} \times \frac{\sum p_0 q_1}{\sum p_0 q_0} \tag{7-8}$$

$$\sum p_1 q_1 - \sum p_0 q_0 = \left(\sum p_1 q_1 - \sum p_0 q_1\right) + \left(\sum p_0 q_1 - \sum p_0 q_0\right) \tag{7-9}$$

【例 7-5】 根据表 7-1 资料计算的仓储业务收入指数为

$$\frac{\sum p_1 q_1}{\sum p_0 q_0} = \frac{15 \times 6\,000 + 12 \times 7\,200 + 20 \times 7\,500 + 12 \times 6\,000}{12 \times 5\,000 + 10 \times 8\,000 + 8 \times 5\,000 + 16 \times 6\,000}$$

$$= \frac{398\,400}{27\,600} = 144.35\%$$

$$\sum p_1 q_1 - \sum p_0 q_0 = 398\,400 - 27\,600 = 122\,400(元)$$

仓储收费水平指数为

$$\overline{K}_p = \frac{\sum p_1 q_1}{\sum p_0 q_1} = \frac{6\,000 \times 15 + 7\,200 \times 12 + 7\,500 \times 20 + 6\,000 \times 12}{6\,000 \times 12 + 7\,200 \times 10 + 7\,500 \times 8 + 6\,000 \times 16}$$

$$= \frac{398\,400}{300\,000} = 132.8\%$$

$$\sum p_1q_1 - \sum p_0q_1 = 398\,400 - 300\,000 = 98\,400(元)$$

仓储业务量指数为

$$\overline{K}_q = \frac{\sum q_1 p_0}{\sum q_0 p_0} = \frac{6\,000 \times 12 + 7\,200 \times 10 + 7\,500 \times 8 + 6\,000 \times 16}{5\,000 \times 12 + 8\,000 \times 10 + 5\,000 \times 8 + 6\,000 \times 16}$$

$$= \frac{300\,000}{276\,000} = 108.7\%$$

$$\sum q_1 p_0 - \sum q_0 p_0 = 300\,000 - 276\,000 = 24\,000(元)$$

则：

$$\frac{\sum p_1 q_1}{\sum p_0 q_0} = \frac{\sum p_1 q_1}{\sum p_0 q_1} \times \frac{\sum p_0 q_1}{\sum p_0 q_0}$$

$$144.35\% = 132.8\% \times 108.7\%$$

$$\sum p_1 q_1 - \sum p_0 q_0 = \left(\sum p_1 q_1 - \sum p_0 q_1\right) + \left(\sum p_0 q_1 - \sum p_0 q_0\right)$$

$$122\,400\,元 = 98\,400\,元 + 24\,000\,元$$

计算结果表明，仓储业务收入报告期比基期增长了 44.35%，增加了 122 400 元，是由于仓储收费水平上升了 32.8%，增加了 98 400 元以及仓储业务量增长了 8.7%，增加了 24 000 元两因素共同作用的结果。

2. 总量指标变动的多因素分析

总量指标变动可能受到三个或三个以上因素变动的影响，当分析三个或三个以上的因素对总量指标的变动的影响时，就属于多因素分析的范畴。

多因素分析的主要问题是要注意区分每个因素指标的性质，即确定谁是数量指标，谁是质量指标，这必须通过因素指标之间的两两相互比较才能确定。

例如，在原材料费用总额这一总量指标中，它包括产品产量（q）、单位产品原材料消耗量（m）和单位原材料单价（p）三个因素。由于原材料单耗（m）和原材料单价（p）的乘积表明单位产品的原材料消耗额，因此产品产量 q 相对于 m 和 p 这两个因素来说是数量指标，而 m 和 p 均为质量指标。

m 相对于 q 来说是质量指标，相对于单价 p 来说是数量指标，而原材料单价相对于 m 和 q 来说是质量指标。每个因素指标的排序必须按先数量指标后质量指标的逻辑顺序。编制各因素指数时，除将观察的因素指标作为指数化指标外，其余因素指标应一律作为同度量因素固定起来。

下面，通过一个例子说明总量指标变动的多因素分析。

【例 7-6】 某地区粮食产值、播种面积和单位面积产量的资料如表 7-5 所示,试对该地区粮食产值变动情况进行因素分析。

表 7-5 某县粮食产值、播种面积和单位面积产量资料

粮食作物	播种面积(亩)		单位面积产量(千克)		粮食单价(元)	
	q_0	q_1	m_0	m_1	p_0	p_1
甲	1 000	1 200	400	500	2.0	3.0
乙	700	600	320	400	1.5	2.2
丙	500	300	250	300	1	1.6

从表 7-5 可以看出,粮食产值是由播种面积、单位面积产量和粮食单价三个影响因素共同作用的结果,因此依据现象间内部联系,可以建立如下指数体系:

粮食产值指数 = 播种面积指数 × 单位面积产量指数 × 粮食单价指数

即:

$$\frac{\sum q_1 m_1 p_1}{\sum q_0 m_0 p_0} = \frac{\sum q_1 m_0 p_0}{\sum q_0 m_0 p_0} \times \frac{\sum q_1 m_1 p_0}{\sum q_1 m_0 p_0} \times \frac{\sum q_1 m_1 p_1}{\sum q_1 m_1 p_0} \tag{7-10}$$

$$\sum q_1 m_1 p_1 - \sum q_0 m_0 p_0 = \left(\sum q_1 m_0 p_0 - \sum q_0 m_0 p_0\right) \\ + \left(\sum q_1 m_1 p_0 - \sum q_1 m_0 p_0\right) + \left(\sum q_1 m_1 p_1 - \sum q_1 m_1 p_0\right) \tag{7-11}$$

根据表 7-5 资料计算可得:

粮食产值总指数: $\overline{K}_{qmp} = \dfrac{\sum q_1 m_1 p_1}{\sum q_0 m_0 p_0} = \dfrac{247.2}{126.1} = 196.03\%$

粮食总产值增加绝对额:

$$\sum q_1 m_1 p_1 - \sum q_0 m_0 p_0 = 247.2 - 126.1 = 121.1(万元)$$

其中:

(1) 由于播种面积的影响: $\overline{K}_q = \dfrac{\sum q_1 m_0 p_0}{\sum q_0 m_0 p_0} = \dfrac{132.3}{126.1} = 104.92\%$

由于播种面积的变化而影响的粮食绝对额:

$$\sum q_1 m_0 p_0 - \sum q_0 m_0 p_0 = 132.3 - 126.1 = 6.2(万元)$$

(2) 由于单位面积产量的影响: $\overline{K}_m = \dfrac{\sum q_1 m_1 p_0}{\sum q_1 m_0 p_0} = \dfrac{165.0}{132.3} = 124.71\%$

由于单位面积产量的变化而影响的粮食绝对额:

$$\sum q_1 m_1 p_0 - \sum q_1 m_0 p_0 = 165.0 - 132.3 = 32.7 (万元)$$

(3) 由于粮食价格变动的影响：$\bar{K}_p = \dfrac{\sum q_1 m_1 p_1}{\sum q_1 m_1 p_0} = \dfrac{247.2}{165.0} = 149.82\%$

由于粮食价格的变化而影响的粮食绝对额：

$$\sum q_1 m_1 p_1 - \sum q_1 m_1 p_0 = 247.2 - 165.0 = 82.2 (万元)$$

因此，粮食产值、播种面积、单产和单价四者之间的相互关系如下：

$$\bar{K}_{qmp} = \bar{K}_q \times \bar{K}_m \times \bar{K}_p$$

$$196.03\% = 104.92\% \times 124.71\% \times 149.82\%$$

$$\sum q_1 m_1 p_1 - \sum q_0 m_0 p_0 = (\sum q_1 m_0 p_0 - \sum q_0 m_0 p_0) + (\sum q_1 m_1 p_0 - \sum q_1 m_0 p_0) + (\sum q_1 m_1 p_1 - \sum q_1 m_1 p_0)$$

$$121.1 = 6.2 + 32.7 + 82.2$$

计算结果表明，此三种粮食作物产值报告期比基期增长了 96.03%，增加绝对额为 121.1 万元，其中由于播种面积的变化增长了 4.92%，使产值增加了 6.2 万元；由于单位产量的变化提高了 24.71%，使产值增加了 32.7 万元；由于粮食单价变化提高了 49.82%，使产值增加了 82.2 万元。可见，产值增长的主要原因是粮价的变化，其次是单位面积产量的变化。

3. 总平均指标的变动分析

平均指标是表明社会经济总体一般水平的指标。总体一般水平决定于两个因素：一个是总体内部各部分(组)的水平，另一个是总体的结构，即各部分(组)在总体中所占的比重。

总体平均指标的变动是这两个因素变动的综合结果。平均指标变动的因素分析，就是利用指数因素分析方法，从数量上分析总体各部分水平与总体结构的这两个因素变动对总体平均指标变动的影响。

例如，一个部门的劳动生产率水平决定于部门内各单位(组)的劳动生产率水平和不同劳动生产率水平的单位(组)在部门内的比重两个因素。

通过因素分析，可以弄清楚这两个因素各自对部门劳动生产率水平影响的方向、程度和数量，从而对部门劳动生产率的变动能有较深入的认识。

平均指标变动的因素分析是一种重要的统计分析方法，对经济管理与研究有重要的意义。影响总体平均指标变动的上述两类因素具有不同的性质。总体各部分的水平，主要决定于各部分内部的状况，反映了各部分内部各种因素的作用。而总体结构则是一种与总体全局有关的因素，总体结构状况决定着总体的一些基本特征。

经济管理与研究的一项重要的工作就是优化结构，使结构合理化。平均指标的因素分析,为这方面的深入研究提供了重要依据。

平均指标指数体系为

$$可变构成指数 = 固定构成指数 \times 结构影响指数$$

用公式表示为

$$\frac{\overline{X}_1}{\overline{X}_0} = \frac{\frac{\sum x_1 f_1}{\sum f_1}}{\frac{\sum x_0 f_0}{\sum f_0}} = \frac{\frac{\sum x_1 f_1}{\sum f_1}}{\frac{\sum x_0 f_1}{\sum f_1}} \times \frac{\frac{\sum x_0 f_1}{\sum f_1}}{\frac{\sum x_0 f_0}{\sum f_0}} \tag{7-12}$$

$$\frac{\sum x_1 f_1}{\sum f_1} - \frac{\sum x_0 f_0}{\sum f_0} = \left(\frac{\sum x_1 f_1}{\sum f_1} - \frac{\sum x_0 f_1}{\sum f_1}\right) + \left(\frac{\sum x_0 f_1}{\sum f_1} - \frac{\sum x_0 f_0}{\sum f_0}\right) \tag{7-13}$$

案例

【例 7-7】 现以表 7-4 资料为例进行总平均指标的因素分析。

根据表 7-4 资料计算的可变构成指数为

$$\frac{\overline{X}_1}{\overline{X}_0} = \frac{\frac{\sum x_1 f_1}{\sum f_1}}{\frac{\sum x_0 f_0}{\sum f_0}} = \frac{1\ 140}{1\ 160} = 0.983$$

$$\overline{X}_1 - \overline{X}_0 = 1\ 140 - 1\ 160 = -20(元)$$

固定构成指数为

$$\frac{\overline{X}_1}{\overline{X}_n} = \frac{\frac{\sum x_1 f_1}{\sum f_1}}{\frac{\sum x_0 f_1}{\sum f_1}} = \frac{1\ 140}{1\ 040} = 1.096$$

$$\overline{X}_1 - \overline{X}_n = 1\ 140 - 1\ 040 = 100(元)$$

结构影响指数为

$$\frac{\overline{X}_n}{\overline{X}_0} = \frac{\frac{\sum x_0 f_1}{\sum f_1}}{\frac{\sum x_0 f_0}{\sum f_0}} = \frac{1\ 040}{1\ 160} = 0.896\ 6$$

$$\overline{X}_n - \overline{X}_0 = 1\ 040 - 1\ 160 = -120(元)$$

则

$$\frac{\overline{X}_1}{\overline{X}_0} = \frac{\frac{\sum x_1 f_1}{\sum f_1}}{\frac{\sum x_0 f_0}{\sum f_0}} = \frac{\frac{\sum x_1 f_1}{\sum f_1}}{\frac{\sum x_0 f_1}{\sum f_1}} \times \frac{\frac{\sum x_0 f_1}{\sum f_1}}{\frac{\sum x_0 f_0}{\sum f_0}}$$

$$98.3\% = 109.6\% \times 89.66\%$$

$$\frac{\sum x_1 f_1}{\sum f_1} - \frac{\sum x_0 f_0}{\sum f_0} = \left(\frac{\sum x_1 f_1}{\sum f_1} - \frac{\sum x_0 f_1}{\sum f_1}\right) + \left(\frac{\sum x_0 f_1}{\sum f_1} - \frac{\sum x_0 f_0}{\sum f_0}\right)$$

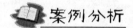

$$-20 \text{ 元} = 100 \text{ 元} + (-120 \text{ 元})$$

计算结果表明,该配送中心工人的总平均工资下降了 1.7%,减少 20 元,其原因是各组工人平均工资上升了 9.6%,使总平均工资增加了 100 元,和工人结构变动使总平均工资下降了 10.34%,减少了 120 元,这两个因素共同作用的结果。

案例分析

2018 年 8 月公路物流运价指数 95.7 点:比上月回落 1.75%

由中国物流与采购联合会和林安物流集团联合调查的 2018 年 8 月中国公路物流运价指数为 95.7 点,比上月回落 1.75%,如图 7-1 所示。

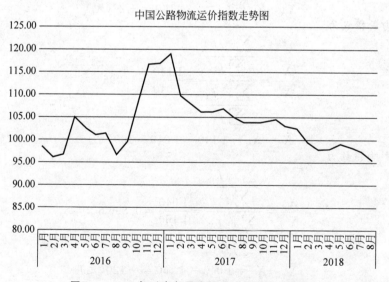

图 7-1　2016 年以来各月中国公路物流运价指数

从月内各周指数看,呈现"波动较小、稳中趋缓"的运行态势。月内各周指数先扬后抑,指数运行有所回落且波动幅度较小。与上年同期相比,仍处于较低水平,降幅环比前期有所扩大。其中,周指数降幅达 7% 以上;月指数同比下降 8%,如表 7-6 所示。

表 7-6 2018 年 8 月中国公路物流运价指数表

	2017 年	2018 年 8 月	与上月比(%)
中国公路物流运价指数	106.4	95.7	−1.75
整车指数	103.3	95.9	−0.63
零担轻货指数	116.9	94.8	−6.39
零担重货指数	105.6	95.8	−0.53

从分车型指数看,各车型指数均有不同程度回落。其中,以大宗商品及区域运输为主的整车指数为 95.9 点,比上月回落 0.63%,比上年同期回落 5.8%。零担指数中,零担重货指数回落幅度低于零担轻货指数。零担轻货指数为 94.8 点,比上月回落 6.39%;零担重货指数为 95.8 点,比上月回落 0.53%,如图 7-2 所示。

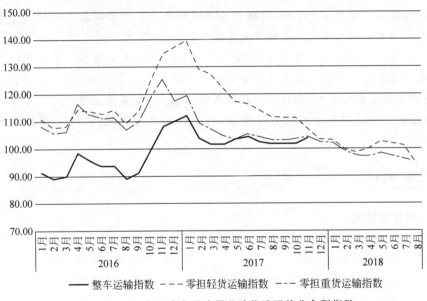

图 7-2 2016 年以来各月中国公路物流运价分车型指数

在需求拉动和成本推动下,今年 5 月份公路物流运价指数出现了"昙花一现"的反弹,运价一度大涨 5%,但随后不久继续波动下行。总体来看,今年以来包括 8 月份运价指数仍处于 2017 年年初以来"稳中回落"的下台阶过程,反映出两年前治超后,短期供需平衡的公路运输市场在逐步出清,运力供大于求的局面再次延续。但与以往不同的是,一方面随着优化运输结构措施的出台、低碳环保要求的加强，铁路分流加剧、蓝天行动大势所趋，大宗物资长途运输和中转运输需求将有所调整，另一方面在经济总体平稳的背景下，现有物流总需求难以出现明显增长，从数据上看不论重货还是轻货，整车还是零担，重要节点还是关键线路，运价指数都反映出需求趋缓趋稳。

从后期走势看，目前公路运价指数已经接近行业盈亏平衡点，随着7—8月份淡季结束和金九银十的到来，生产和消费活动将会加快，公路运输相关物流需求可能呈现企稳回升态势，例如电商消费继续保持旺盛势头，初步预计运价指数或将出现小幅波动走势。

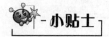

标准普尔 500 指数

标准普尔是世界权威金融分析机构，由普尔先生(Mr Henry Varnum Poor)于1860年创立。标准普尔由普尔出版公司和标准统计公司于1941年合并而成。

标准普尔为投资者提供信用评级、独立分析研究、投资咨询等服务，其中包括反映全球股市表现的标准普尔全球1200指数和为美国投资组合指数的基准的标准普尔500指数等一系列指数。其母公司为麦格罗·希尔(McGraw-Hill)。

标准普尔500指数英文简写为S&P 500 Index，是记录美国500家上市公司的一个股票指数。这个股票指数由标准普尔公司创建并维护。标准普尔500指数覆盖的所有公司，都是在美国主要交易所，如纽约证券交易所、Nasdaq交易的上市公司。与道琼斯指数相比，标准普尔500指数包含的公司更多，因此风险更为分散，能够反映更广泛的市场变化。

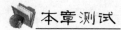

一、单项选择题

1. 按照指数的性质不同，指数可分为( )。
   A. 个体指数和总指数   B. 简单指数和加权指数
   C. 数量指标指数和质量指标指数   D. 动态指数和静态指数
2. 下列指数中属于质量指标指数的是( )。
   A. 产量指数   B. 商品销售量指数
   C. 职工人数指数   D. 劳动生产率指数
3. 某企业今年生产费用比去年增长50%，产量比去年增长25%，则单位成本比去年上升( )。
   A. 10%   B. 37.5%   C. 20%   D. 12.5%

4. 对商品销售额的变动情况进行分析时,影响销售额指数的因素包括销售量指数和( )。
   A. 个体指数   B. 销售价格指数
   C. 总平均价格指数   D. 销售额指数

5. 若价格增长5%,销售量增长4%,则销售额增长( )。
   A. 20%   B. 9%   C. 9.2%   D. 8%

6. 单位成本报告期比基期下降8%,产量增加8%,在这种条件下,生产总费用( )。
   A. 减少了   B. 增加了   C. 没有变化   D. 难以确定

二、判断题

1. 统计指数是综合反映社会经济现象总变动方向及变动幅度的相对数。( )
2. 加权指数是计算总指数广为采用的方法,个体指数也是一种加权指数。( )
3. 某公司甲产品产量提高10%,出厂价格下降10%,则其产品产值不变。( )
4. 指数体系是进行因素分析的根据。( )
5. 按照个体指数和报告期销售额计算的价格指数是加权算术平均数指数。( )
6. 在指数体系中,总量指数与各因素指数之间的数量关系是总量指数等于各因素指数之和。( )

三、思考题

1. 综合指数的同度量因素也是一种"权数",它与平均数指数的权数有何不同?
2. 为什么说综合指数与平均数指数是两种独立的总指数编制方法?在何种条件下两种指数形式相互之间可能存在"变形"关系?
3. 平均指标的可变构成指数、固定构成指数和结构变动影响指数三者在分析意义上有何区别,在数量上又有何联系?

四、计算题

1. 某企业产品销售额增长2.9%,价格下降2%,问该企业的当期销售量指数为多少?
2. 某市社会商品销售额报告期为10亿元,比基期增加9亿元,物价指数上涨3%,请分析报告期比基期的商品销售量的变动情况。
3. 某企业三种产品生产情况有关资料如表7-7所示。

表7-7 某企业生产情况表

产品	单位	产品产量		单位成本(元)	
		基期	报告期	基期	报告期
甲	件	100	140	10	8
乙	套	300	280	20	20
丙	台	700	800	12	10

试从相对数和绝对数两方面分析单位成本和产品产量的变动对总成本的影响。

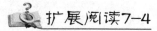

我国居民消费价格指数（CPI）是如何调查和生成的

第八章 物流企业投入产出统计

 本章导读

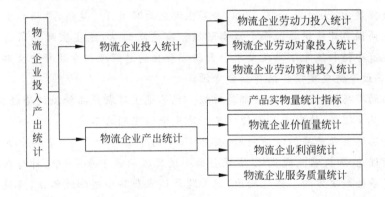

技能目标

- ➢ 掌握物流企业劳动力投入统计指标及分析方法；
- ➢ 掌握劳动对象投入统计指标及分析方法；
- ➢ 掌握劳动资料投入统计指标及分析方法；
- ➢ 掌握反映企业产出的指标：实物量指标、价值量指标、服务质量指标和利润指标。

技能目标

- ➢ 能够应用 Excel 统计物流企业的投入产出指标值；
- ➢ 能够应用相应的计量方法计算投入产出比；
- ➢ 能够应用大数据思维分析物流企业投入产出效率。

案例导入

2015年冷链物流总额约4万亿元

在中央一号文中,国家亦表示要完善跨区域农产品冷链物流体系,开展冷链标准化示范,实施特色农产品产区预冷工程。农产品的市场,一直以来流通都是短板。据了解,去年冷链物流总额在3.5万亿至4万亿元,冷链每年增长达到22%。

1月27日,中央一号文件发布,称将用发展新理念破解"三农"新难题,推进农业供给侧结构性改革,加快转变农业发展方式。一号文更明确提出支持电商、物流、商贸、金融等企业参与涉农电子商务平台建设。这是多年来中央一号文件中首次明确快递、电商下乡。

作为涉农电子商务的重要形式,2015年全国生鲜电商交易规模达到560亿元,预计2018年将达到1283亿元。然而,蓬勃发展的势头却难掩生鲜电商大面积亏损的现实。行业统计数据显示,2014年全国4 000余家生鲜电商只有1%盈利,亏损的主要原因是大多数生鲜电商因自建冷链物流而令成本陡增。有意思的是,这些生鲜电商选择自建物流的原因是现有冷链物流无法满足要求。天猫喵鲜生的总经理何春雷抨击生鲜电商与物流互相越位,导致冷链重复投资浪费社会资源。

农产品的市场,一直以来流通都是短板。尤其是生鲜农产品物流的冷链短板,让生鲜农产品的损耗率极高,使农产品能便宜又好地走进城里颇为不易。

为了切实解决农产品的流通问题,在2016年的中央一号文件《中共中央国务院关于落实发展新理念 加快农业现代化 实现全面小康目标的若干意见》中,针对农产品的流通环节提出了多条解决方向。意见指出,完善跨区域农产品冷链物流体系,开展冷链标准化示范,实施特色农产品产区预冷工程。同时,促进农村电子商务加快发展,形成线上线下融合、农产品进城与农资和消费品下乡双向流通格局。

据中国物流与采购联合会副会长蔡进披露,我国综合冷链流通率是19%(蔬菜5%、肉类15%、水产品13%),而美、日则分别达到90%与98%;我国物流损腐率超过10%,国际水平则在5%左右。"虽然是一个问题,但从正面来看说明这个冷链发展还是非常有空间。"蔡进道。

据了解,去年冷链物流总额在3.5万亿至4万亿元之间,冷链每年增长达到22%。目前冷链市场规模在1 509亿元左右,财富证券预测2020年整个市场或将达到4 000亿元。

资料来源:http://www.chinawuliu.com.cn/zixun/201602/17/309543.shtml

引例思考

(1)冷链物流市场未来发展空间如何?

(2)物流企业如何进行投入及产出统计?

第一节 物流企业投入统计

物流企业的生产经营过程必须有劳动力、劳动对象和劳动资料的投入,才能获得生产经营成果。对劳动力、劳动对象和劳动资料投入的规模、使用或占用情况进行统计分析,可为企业降低消耗,提高经济效益提供决策依据。

一、物流企业劳动力投入统计

劳动力是生产三要素中的首要要素,没有劳动力运用劳动资料作用于劳动对象,企业就无法向社会提供物流服务。劳动力投入统计主要包括劳动力数量统计、劳动力素质统计和劳动时间利用统计。

(一)劳动力数量统计

1. 物流企业从业人员

物流企业从业人员是指在企业工作,取得工资或其他形式劳动报酬的全部人员。包括职工、再就业的离退休人员,以及在企业中工作的外方人员和港澳台方人员、兼职人员、借用的外单位人员和第二职业者;不包括离开本企业,但仍保留劳动关系的职工。物流企业从业人员,可分为职工和其他从业人员。

(1)职工

职工是企业从业人员的重要组成部分。职工是指在本单位工作并由单位支付工资的人员,以及有工作岗位,但由于学习、病伤产假等原因暂未工作,仍由单位支付工资的人员。

(2)其他从业人员

现行劳动统计制度中,企业其他从业人员是指未作职工统计,但实际参加本企业工作并领取劳动报酬的人员。包括:再就业的离退休人员,在本企业工作的外方人员和港、澳、台方人员,兼职人员,借用的外单位人员以及第二职业者。不包括在企业工作并取得劳动报酬的在校学生。

2. 物流企业从业人员数量统计

(1)期末人数

企业从业人员期末人数是指报告期末在企业工作并取得劳动报酬的全部从业人员。常用的期末人数有月末人数、季末人数、年末人数。期末人数是一个时点指标,反映企业报告期末从业人员的规模,是编制和检查企业劳动力计划、研究劳动力结构等问题的重要指标。

(2) 平均人数

平均人数是指报告期内平均拥有的从业人员人数,用以反映报告期内劳动力占用的平均水平。平均人数常用于分析企业劳动时间的利用、劳动效率、劳动报酬等状况。常用的平均人数有月平均人数、季平均人数、年平均人数。其计算公式如下：

$$月平均人数 = \frac{月内每天实有从业人员人数之和}{报告月日历天数} \tag{8-1}$$

$$季平均人数 = \frac{季内各月从业人员平均人数之和}{3} \tag{8-2}$$

$$年平均人数 = \frac{年内各月从业人员平均人数之和}{12} \tag{8-3}$$

或

$$年平均人数 = \frac{年内各季从业人员平均人数之和}{4} \tag{8-4}$$

如果在报告期内人数变动不大,月平均人数可以简便计算,其计算公式为

$$月平均人数 = \frac{月初人数 + 月末人数}{2} \tag{8-5}$$

案例

【例 8-1】 某地区 2015 年 6 月初甲企业实有人数 80 人,乙企业实有人数 50 人,2015 年 6 月 16 日乙企业破产,全部人员被甲企业录用,至月底无其他变化。计算两企业 2015 年 6 月份平均人数。

则有：

$$甲企业平均人数 = \frac{80 \times 15 + 130 \times 15}{15 + 15} = \frac{3\,150}{30} = 105(人)$$

$$乙企业平均人数 = \frac{50 \times 15}{30} = 25(人)$$

$$甲、乙企业合计 = 105 + 25 = 130(人)$$

(3) 从业人员人数变动统计

由于自然和社会等因素的影响,企业从业人员人数总是处于变动之中。首先是数量变化,其次是结构变化。而这对企业的生产发展、劳动生产率和工资水平等都有直接的影响。因此,企业应及时掌握从业人员的变动情况,以便合理分配和使用劳动力。通常,可编制从业人数变动表及计算相应的有关指标来反映人员的变动状况及程度。从业人员人数变动表如表 8-1 所示。

表 8-1　从业人员人数变动表

	人数		人数
一、期初从业人数		三、本期减少人数	
二、本期增加人数		1. 离休、退休、退职	
1. 从农村招收		2. 开除、除名、辞退	
2. 从城镇招收		3. 终止、解除合同	
3. 录用的复员转业军人		4. 调出人数	
4. 录用的大、中专、技工学校毕业生		其中：调到外省、自治区、直辖市	
5. 调入人数		5. 其他	
其中：由外省、自治区、直辖市调入		四、期末从业人数	
6. 其他			

① 本期从业人员增加人数。本期从业人员增加人数是指在报告期内本企业招收、录用和调入的全部人员。

② 本期从业人员减少人数。本期从业人员减少人数是指在报告期内离开本企业且不再由本企业支付工资的全部人员。

从业人员人数变动表中的四大类指标具有如下平衡关系：

期末从业人数 ＝ 期初人数 ＋ 本期增加人数 － 本期减少人数

根据从业人员人数变动表的有关数据，可以计算从业人数变动程度指标，公式如下：

$$从业人员增减率 = \frac{期末人数 - 期初人数}{期初人数} \times 100\% \qquad (8-6)$$

或

$$从业人员增减率 = \frac{本期增加人数 - 本期减少人数}{期初人数} \times 100\% \qquad (8-7)$$

若计算结果为正数，为期内净增率；若计算结果为负数，则为期内净减率。在观察从业人数增减率时，应注意到，如果期内增加人数恰好等于期内减少人数时，期末人数也等于期初人数，则该指标的计算结果为零。从计算结果来看似乎没有发生人员流动，这显然与实际不符。所以，为弥补该指标的不足，可分别计算从业人数增减比重指标。计算公式如下：

$$从业人员增加比重 = \frac{期内从业人员增加数}{期末人数} \qquad (8-8)$$

$$从业人员减少比重 = \frac{期内从业人员减少数}{期初人数} \qquad (8-9)$$

（二）劳动力素质统计

劳动力对企业生产经营的作用，不仅表现在其数量方面，更表现在其素质方面。提高企业的市场竞争能力,关键要有一定数量的具有优秀素质的从业人员。

1. 劳动力文化技术素质统计

在科学技术迅速发展,生产自动化程度越来越高的时代,从业人员的文化素质直接影响物流服务的效率和质量。

(1) 劳动力文化技术素质的结构统计

根据企业从业人员的分类统计资料,可采用结构相对指标来反映企业劳动力的文化技术素质。应分别按管理人员和技术人员、生产工人统计劳动力文化技术素质的结构。

管理人员和技术人员:

$$大专及以上学历的人员所占比重 = \frac{具有大专及以上学历的人数}{管理人员和技术人员人数之和} \times 100\% \quad (8-10)$$

$$中高级技术职务的人员所占比重 = \frac{具有中高级技术职务的人数}{管理人员和技术人员人数之和} \times 100\% \quad (8-11)$$

生产工人:

$$具有某一技术等级及以上人员所占比重 = \frac{具有某一技术等级及以上人员人数}{工人人数} \times 100\% \quad (8-12)$$

$$具有高中、中专、中技程度人员所占比重 = \frac{具有高中、中专、中技文化程度人数}{工人人数} \times 100\% \quad (8-13)$$

(2) 劳动力文化技术素质的平均水平统计

不同种类的劳动力对其文化技术素质的要求是不同的。工人的技术素质可用技术等级来反映,管理人员的技术素质可用职称、物流师资格等级等来反映。常用的反映劳动力文化技术素质的平均水平统计指标主要有:从业人员平均文化程度和工人平均技术等级等。

① 从业人员平均文化程度

$$从业人员平均文化程度 = \frac{\sum(在校学习年限 \times 从业人数)}{全部从业人员人数} \quad (8-14)$$

式中,在校学习年限的一般规定如表 8-2 所示。

表 8-2 在校学习年限的一般规定

小学	初中	高中(中专)	大学专科	大学本科	硕士研究生	博士研究生
6 年	9 年	12 年	14 年	16 年	18.5 年	21.5 年

【例 8-2】 某物流企业有从业人员 1 000 人,各种文化程度人员的数量与比重指标见表 8-3。计算该物流企业从业人员的平均文化程度。

表 8-3　某物流企业从业人员文化程度分布表

文 化 程 度	人数(人)	比重(%)
大专及大专以上文化程度	200	20
其中:大专	100	10
大学本科	90	9
硕士研究生	9	0.9
博士研究生	1	0.1
高中(中专)	300	30
初中	300	30
小学	200	20
合计	1 000	100

$$从业人员平均文化程度 = (200 \times 14 + 90 \times 16 + 9 \times 18.5 + 1 \times 21.5 + 300 \times 12 + 300 \times 9 + 200 \times 6) \div 1\ 000 = 11.928(年)$$

计算结果表明,该物流企业从业人员的平均文化程度接近于高中(中专)水平。

② 工人平均技术等级

$$工人平均技术等级 = \frac{\sum(技术等级 \times 工人人数)}{全部工人人数} \tag{8-15}$$

等级属于品质标志,反映的是总体的属性特征,不能用数值表示。因此,在计算过程中,首先应将各等级作数量化处理,以一级为 1,二级为 2,三级为 3,……,八级为 8,然后采用按单项数列计算平均数的方法计算平均等级。

【例 8-3】 某物流企业各等级工人人数资料见表 8-4,计算该企业工人平均技术等级。

表 8-4　某物流企业工人技术等级情况

技术等级	工人数(人)	比重(%)
一	10	6.25
二	20	12.5
三	35	21.875
四	45	28.125
五	30	18.75
六	20	12.5
合　计	160	100

工人平均技术等级 = $(1×10+2×20+3×35+4×45+5×30+6×20) ÷ 160$
= 3.78(级)

说明：在计算过程中，首先将各等级作数量化处理，以一级为1，二级为2，三级为3，然后采用按单项数列计算平均数的方法计算平均等级。

2. 劳动力身体素质统计

健康的体质是从业人员进行生产经营活动的前提，是自身获得全面发展的基础。没有良好的身体素质，企业生产经营活动就无法顺利进行。统计研究从业人员的身体素质主要是观察从业人员的身体状况能否适应企业生产经营的需要。劳动力身体素质统计指标主要有从业人员平均年龄、发病率。

（1）从业人员平均年龄

从业人员的年龄与身体素质有着非常密切的关系。计算从业人员的平均年龄，可综合反映从业人员的身体素质，可大致反映从业人员对劳动强度的承受能力。从业人员按年龄分组的一般标准见表8-5。

表8-5　从业人员按年龄分组的一般标准

20岁以下	21～35岁	36～50岁	51～55岁	56～60岁	61岁以上
青年型	青壮年型	中年型	老年型		

从业人员平均年龄的计算与分析过程是：首先，分别计算各年龄组的人数和比重。其次，利用算术平均数法计算出全部从业人员的平均年龄。再次，若平均年龄落在第一组界限内，该物流企业的从业人员属青年型；若落在第二组界限内，属青壮年型；若落在第三组内，属中年型；若落在第四、五、六组内，则属老年型。

（2）发病率

$$发病率 = \frac{报告期患病人数}{全部从业人员人数} × 100\% \tag{8-16}$$

（三）劳动时间利用统计

工人劳动时间的多少与物流服务的数量有着直接的关系。因此劳动时间利用统计通常是对工人的劳动时间使用情况进行统计分析。

1. 劳动时间构成及核算方法

劳动时间是衡量劳动的尺度，是指工人从事生产劳动持续的时间。劳动时间的计量单位通常以工日、工时等来表示。一个工人工作一个轮班的时间，称为一个工日，工作一个小时的时间，称为一个工时。一个工日中，既包括工人实际参加生产的劳动时间，也包括未参加生产的劳动时间，如班内因停电和设备故障停工时间，在班内学习、开会、参加社会活动时间以及非全日缺勤时间等。

劳动时间的构成及其核算方法如下：

(1) 日历工日数和日历工时数

这是以工日和工时表示的工人在一定时期内所能利用的全部可能的班内劳动时间。

$$日历工日数 = 报告期平均人数 \times 报告期日历日数 \qquad (8-17)$$

$$日历工时数 = 日历工日数 \times 制度工作日长度 \qquad (8-18)$$

(2) 公休工日数和公休工时数

公休日是国家制度规定的工人应休息的节假日。

$$公休工日数 = 报告期平均人数 \times 报告期节假日数 \qquad (8-19)$$

$$公休工时数 = 公休工日数 \times 制度工作日长度 \qquad (8-20)$$

(3) 制度工日数和制度工时数

制度工日(工时)数是指制度规定的报告期内工人应该工作的工日(工时)数。它是考核劳动时间利用情况的基础。

$$制度工日数 = 日历工日数 - 公休工日数 \qquad (8-21)$$

$$制度工时数 = 制度工日数 \times 制度工作日长度 \qquad (8-22)$$

(4) 缺勤工日数和缺勤工时数

缺勤工日数和缺勤工时数是指工人在制度规定的工作时间内因故未出勤的时间。包括病假、事假、产假、旷工、工伤等时间。缺勤工日数是按全日缺勤(即缺勤满一个轮班)计算的。如果实际缺勤不满一个轮班的称为非全日缺勤，按实际缺勤工时计算。因此，缺勤工时数包括全日缺勤工时数和非全日缺勤工时数。

(5) 出勤工日数和出勤工时数

出勤工日(工时)数是指工人在制度工作时间内实际出勤的工日(工时)数。一个工人只要在轮班内出勤，不论是整日出勤还是部分时间出勤，都算一个出勤工日。而出勤工时数则是按实际出勤的小时数计算。

例如，按规定一个轮班的工作时间为 8 小时，某工人上班工作了 6 小时后因事请假，按工日计算，仍为出勤一个工日，而按其工时计算，则为出勤 6 个工时。出勤工日数可按每天出勤人数之和求得，也可按下列公式计算：

$$出勤工日数 = 制度工日数 - 全日缺勤工日数 \qquad (8-23)$$

$$出勤工时数 = 出勤工日数 \times 制度工作日长度 - 非全日缺勤工时数 \qquad (8-24)$$

(6) 停工工日数和停工工时数

停工工日数和停工工时数是指工人出勤后因各种原因(如停电、待料、设备事故、待工具、待任务等)而不能从事生产工作的时间。但由于事先预知的原因(如计划停电)，企业将公休日与工作日调换，工人在工作日休息就不算停工，而在公休日工作也不算加班。

停工工日数按全日停工(即停工满一个轮班)计算。实际停工不满一个轮班的称为非全日停工,按工时计算。因此,停工工时数包括全日停工工时数和非全日停工工时数。

(7) 非生产工日数和非生产工时数

非生产工日数和非生产工时数是指工人出勤后由于执行国家或社会义务,或经企业指定于班内从事其他活动而未从事生产的时间,如防汛、抗旱、参加各种会议、环境大扫除等。从事非生产活动持续满一个轮班的称为全日非生产工日,不满一个轮班的则按工时计算。非生产工时数包括全日非生产工时数和非全日非生产工时数。

(8) 制度内实际工作工日数和制度内实际工作工时数

制度内实际工作工日数和制度内实际工作工时数是指工人在制度规定的工作时间内实际从事生产活动的时间。工人只要上班从事生产工作,不管是否满一个轮班,都按一个工日计算。

$$制度内实际工作工日数 = 出勤工日数 - 全日停工工日数 \\ - 全日非生产工日数 \tag{8-25}$$

$$制度内实际工作工时数 = 制度内实际工作工日数 \times 制度工作日长度 \\ - 非全日缺勤工时数 - 非全日停工工时数 \\ - 非全日非生产工时数 \tag{8-26}$$

(9) 实际工作工日数和实际工作工时数

实际工作工日数和实际工作工时数是指工人在报告期内实际从事生产活动的时间。实际工作工日数包括制度内实际工作工日数和公休日的加班工日数。实际工作工时数包括制度内实际工作工时数和加班加点工时数。加班加点工时数包括工人在节假日加班劳动以及平日下班后又参加劳动的加班加点工时数。

$$实际工作工日数 = 制度内实际工作工日数 + 加班工日数 \tag{8-27}$$

$$实际工作工时数 = 制度内实际工作工时数 + 加班加点工时数 \tag{8-28}$$

案例

【例 8-4】 某物流企业 2015 年 4 月份有工人 1 000 人(本月工人人数没有变动),公休日 8 天,制度工作日长度为 8 小时(实行一班制)。

一、根据 2015 年 4 月份考勤记录和工时记录,汇总出下列资料。

1. 缺勤工时:10 000 工时,其中:全日缺勤 1 000 工日,计 8 000 工时;非全日缺勤 2 000 工时。

在缺勤工时总数中:(1)产假 1 000 工时;(2)病假 5 000 工时;(3)事假 2 000 工时;(4)工伤假 2 000 工时。

2. 非生产工时:1 000 工时,其中:全日非生产 100 工日,计 800 工时;非全日非生产工时 200 工时。

3. 停工工时:1 000 工时,其中:全日停工 50 工日,计 400 工时;非全日停工 600 工时。

在停工工时总数中：(1)因原料不足停工450工时；(2)因设备事故停工500工时；(3)待工具停工50工时。

4. 加班加点工时：3 000工时，其中：加班250工日，计2 000工时；加点1 000工时。

二、根据上述资料计算如下：

1. 日历工日数＝报告期平均人数×报告期日历日数＝1 000×30＝30 000(工日)
2. 日历工时数＝日历工日数×制度工作日长度＝30 000×8＝240 000(工时)
3. 制度工日数＝日历工日数－公休工日数＝30 000－1 000×8＝22 000(工日)
4. 制度工时数＝制度工日数×制度工作日长度＝22 000×8＝176 000(工时)
5. 出勤工日数＝制度工日数－全日缺勤工日数＝22 000－1 000＝21 000(工日)
6. 出勤工时数＝出勤工日数×制度工作日长度－非全日缺勤工时数
   ＝21 000×8－2 000＝166 000(工时)
7. 制度内实际工作工日数＝出勤工日数－全日停工工日数－全日非生产工日数
   ＝21 000－50－100＝20 850(工日)
8. 制度内实际工作工时数＝制度内实际工作工日数×制度工作日长度－非全日缺勤工时数－非全日停工工时数－非全日非生产工时数
   ＝20 850×8－2 000－600－200＝164 000(工时)
9. 实际工作工日数＝制度内实际工作工日数＋加班工日数
   ＝20 850＋250＝21 100(工日)
10. 实际工作工时数＝制度内实际工作工时数＋加班加点工时数
    ＝164 000＋3 000＝167 000(工时)

2. 劳动时间利用情况的统计分析

劳动时间利用情况的统计分析，主要包括两方面的内容：一是通过劳动时间利用程度统计指标进行的分析；二是利用劳动时间统计平衡表进行的分析。

(1) 劳动时间利用程度统计指标

反映劳动时间利用程度的统计指标主要有出勤率、出勤工日(工时)利用率、制度工日(工时)利用率。

① 出勤率。出勤率反映工人在制度规定的工作时间内实际出勤的程度，是研究劳动时间利用的一项基本指标。计算公式为

$$出勤率 = \frac{出勤工日(工时)数}{制度工日(工时)数} \times 100\% \tag{8-29}$$

按工日计算的出勤率受全日缺勤的影响；按工时计算的出勤率既受全日缺勤的影响，又受非全日缺勤的影响。因此，按不同劳动时间计量单位计算的出勤率，计算结果有可能不同。

仍以例8-3资料计算：

$$出勤率(按工日计算) = \frac{21\,000}{22\,000} \times 100\% = 95.45\%$$

$$出勤率(按工时计算) = \frac{166\,000}{176\,000} \times 100\% = 94.32\%$$

由计算结果可以看出,该物流企业有 4.55% 或 5.68% 的劳动时间未能利用,应进一步具体分析缺勤的原因,采取措施,以提高出勤率。

② 出勤工日(工时)利用率。工人出勤以后,由于各种原因可能停工或从事非生产活动。出勤工日(工时)利用率反映工人在出勤时间内从事生产活动时间所占比重。出勤工日(工时)利用率越高,说明工人在出勤时间内用于生产上的时间越多,劳动时间利用得越好。

其计算公式为:

$$出勤工日(工时)利用率 = \frac{制度内实际工作工日(工时)数}{出勤工日(工时)数} \tag{8-30}$$

出勤工日利用率受全日停工和全日非生产时间的影响,而出勤工时利用率既受全日停工和全日非生产时间的影响,又受非全日停工和非全日非生产工时的影响。因此,按不同劳动时间计量单位计算的出勤工日(工时)利用率,计算结果有可能不同。

仍以例 8-3 资料计算:

$$出勤工日利用率 = \frac{20\,850}{21\,000} \times 100\% = 99.29\%$$

$$出勤工时利用率 = \frac{164\,000}{166\,000} \times 100\% = 98.80\%$$

③ 制度工日(工时)利用率。制度工日(工时)利用率反映制度规定的劳动时间内实际用于生产工作的时间所占比重。其计算公式为

$$制度工日(工时)利用率 = \frac{制度内实际工作工日(工时)数}{制度工日(工时)数} \times 100\% \tag{8-31}$$

制度工日利用率,可综合反映全日缺勤、全日停工和全日非生产时间对制度时间利用程度的影响,而制度工时利用率既受全日停工、全日缺勤、全日非生产时间的影响,又受非全日缺勤、非全日停工、非全日非生产时间的影响。因此,按不同劳动时间计量单位计算的制度工日(工时)利用率,计算结果也有可能不同。

仍以例 8-3 资料计算:

$$制度工日利用率 = \frac{20\,850}{22\,000} \times 100\% = 94.77\%$$

$$制度工时利用率 = \frac{164\,000}{176\,000} \times 100\% = 93.18\%$$

制度工日(工时)利用率与出勤工日(工时)利用率、出勤率三者的关系为:

制度工日(工时)利用率＝按工日(工时)计算的出勤率
　　　　　　　　　　×出勤工日(工时)利用率　　　　　　　　(8-32)

例 8-3 资料中制度工日(工时)利用率与出勤工日(工时)利用率、出勤率三者的关系为：

$$94.77\% = 95.45\% \times 99.29\%$$
$$93.18\% = 94.32\% \times 98.80\%$$

(2) 劳动时间统计平衡表的编制与分析

为了全面反映物流企业工人劳动时间的利用情况，分析未被利用的原因，以便改善劳动管理，可以在劳动时间核算的基础上编制劳动时间统计平衡表。

根据上例资料编制的劳动时间统计平衡表如表 8-6 所示。

表 8-6　劳动时间平衡表

劳动时间资源		劳动时间消耗		
项目	数量	项目	数量	比重(%)
日历工时	240 000	1. 制度内实际工作工时	164 000	93.18
减：公休工时	64 000	2. 缺勤工时	10 000	5.68
		其中：(1) 产假	1 000	0.57
		(2) 病假	5 000	2.84
		(3) 事假	2 000	1.14
		(4) 工伤假	2 000	1.14
		(5) 旷工	—	—
		(6) 迟到早退	—	—
		3. 非生产工时	1 000	0.57
		4. 停工工时	1 000	0.57
		其中：(1) 原料不足	450	0.26
		(2) 动力不足	—	—
		(3) 设备事故	500	0.28
		(4) 待工具	50	0.03
		(5) 待任务	—	—
最大可能劳动时间（制度工时）	176 000	合　　计	176 000	100

此外，加班加点工时 3 000。其中，加班工时 2 000，加点工时 1 000。

根据劳动时间平衡表内资料可作如下分析。

第一，分析劳动时间未被充分利用的原因。

分析劳动时间未被充分利用的原因，可从各种未使用劳动时间占制度工作工时的比重入手，比重较大者即为主要原因。该物流企业 6 月份未使用劳动时间中病假所占比重最大为 2.84%，其次是工伤假所占比重为 1.14%。

停工时间是企业可以利用而未被利用的劳动时间,是损失了的劳动时间,要特别注意对停工时间的分析。该物流企业6月份未使用劳动时间中停工时间所占比重为0.57%,停工的主要原因是设备发生故障,其次是原材料不足。

第二,分析劳动时间未被充分利用而造成的损失。

对未被利用的工时,可通过计算由于工时未被充分利用而损失的劳动力和由于工时未被充分利用而损失的产值两个指标来说明劳动时间未能利用的严重程度,以引起决策者及从业人员的注意。

计算公式为

$$由于工时未被充分利用而损失的劳动力(人) = \frac{报告期未被利用工时数}{报告期每个工人制度工作工时数} \tag{8-33}$$

$$由于工时未被充分利用而损失的产值 = 每一实际工作工时平均产值 \times 未能利用工时数 \tag{8-34}$$

在例8-3中:

$$由于工时未被充分利用而损失的劳动力(人) = \frac{12\,000}{22 \times 8} = 68(人)。$$

此外,还可将报告期与本企业历史较好水平以及同类型企业的先进水平进行对比,以挖掘劳动时间的利用潜力。计算公式为

$$可节约劳动力 = 报告期人数 \times \begin{pmatrix} 较好时期或先进单位的工时利用率 - \\ 本企业报告期工时利用率 \end{pmatrix} \tag{8-35}$$

$$可增加的产值 = 单位工时产值 \times 报告期企业制度工时 \times$$
$$(较好时期或先进单位的工时利用率 - 企业报告时期工时利用率) \tag{8-36}$$

第三,分析加班加点情况。

在实际工作中,有时一方面存在着制度工时未被充分利用,另一方面却又存在着加班加点的现象。加班加点不仅额外增加了生产费用的支出,而且加重了工人的劳动负担。因此,可计算加班加点比重指标和强度指标,分析企业生产管理和劳动管理中存在的问题,以引起有关部门的重视。

$$加班加点比重指标 = \frac{加班加点工时数}{实际工作工时数} \times 100\% \tag{8-37}$$

$$加班加点强度指标 = \frac{加班加点工时数}{制度内实际工作工时数} \times 100\% \tag{8-38}$$

仍以例8-3资料计算:

$$加班加点比重指标 = \frac{3\,000}{167\,000} \times 100\% = 1.80\%$$

$$加班加点强度指标 = \frac{3\,000}{164\,000} \times 100\% = 1.83\%$$

二、物流企业劳动对象投入统计

劳动对象分为两种：一种是自然资源,即存在于自然界的各种矿物资源和动植物资源,如各种矿产、森林等；另一种是原材料,即经过人类加工生产出来的物资资料,如钢材、棉花、原木等。原材料是原料和材料的总称。

（一）原材料收、支、存统计

原材料在企业的运动由四大环节组成,即收入、消费、拨出、库存。原材料收、支、存统计主要是通过有关原材料收入量、支出量与库存量的核算,为企业原材料管理决策提供信息服务。

1. 原材料收入量统计

原材料收入量是指企业在报告期内实际收到并经验收,办理了入库手续的原材料数量。凡是企业实际收到的原材料,不论是购入的或者是借入的,都要计入原材料收入量。尚在运输途中的原材料不能计入收入量,运输途中的损耗、短缺也不能计入原材料收入量。若企业实际收货量与发货单(或提货单)上的数字不一致时,一律按实际收到量进行统计。

2. 原材料消费量统计

原材料消费量是指企业在报告期内实际投入使用的原材料数量。不论是企业自备的原材料或是借来的原材料,只要是在本企业消费的,就由本企业统计原材料消费量。相反,委托外单位加工的原材料和借出的原材料,则不能计入本企业的原材料消费量,而分别由接受加工单位和借入单位进行统计。

3. 原材料拨出量统计

原材料拨出量是指企业在报告期内实际拨出并已办理出库手续的全部原材料数量。它反映原材料使用权已从本单位转移到外单位,说明本单位原材料的减少。凡已办理出库手续的原材料不论是否提走,均应作拨出量统计。原材料拨出量包括外发加工、卖出、借出以及无偿援助拨出的原材料。

4. 原材料库存量统计

企业的原材料除了消费与拨出外,往往还有一部分暂时未用的原材料,这部分原材料应计入原材料库存量。原材料库存量是指企业在一定时点上(通常是期末、期初)尚未使用而实际存有并归企业所有或支配的原材料数量。

必须是企业有权支配动用的原材料才能计入原材料库存量。凡是企业有权支配动用的原材料,不论是购入的还是借入的,也不论存放在本单位还是委托外单位代为保管的,都应作为本企业库存量进行统计；反之,若是企业无权动用的原材料、错发到本企业的原材料,不能作为本企业库存量进行统计。

有些原材料虽已被车间领走,但尚未投入第一道工序,则不能作为消费量统计,应办理"假退料"手续而计入库存量。此外,当期末盘点时,不管盘盈或盘亏,都应按实有数统计而不是按账面数统计。

原材料储备一般包括两个内容:经常储备和保险储备。经常储备是为满足日常生产需要建立的储备,保险储备则是为防止原材料缺货而设立的储备。

原材料储备定额由经常储备和保险储备的需求量决定。经常储备需求量是一个变量,在进货的那个时点上,它等于进货间隔天数乘以每日需要量,可称之为最高需求量;在原材料到货前的那个时点上,经常储备量接近于零,被称之为最低需求量。保险储备需求量是一个常量,它等于保险天数乘以每日需求量。由此,储备定额也有最高与最低之分。

$$储备定额 = 经常储备需求量 + 保险储备需求量 \quad (8-39)$$

$$最高储备定额 = 经常储备最高需求量 + 保险储备需求量 \quad (8-40)$$

$$最低储备定额 = 保险储备需求量 \quad (8-41)$$

在报告期初或期末,可在统计库存量的同时,对照储备定额检查库存是否合理。不论在哪个时点上,实际库存高于最高定额为绝对超储,低于最低定额为绝对不足。

【例 8-5】 某物流企业 2015 年 8 月初四种主要原材料的库存、进货时间及储备定额情况见表 8-7。试对该企业原材料库存量情况进行分析。

表 8-7 某物流企业 2015 年 8 月初主要原材料库存资料

原材料名称	计量单位	进货时间	每日需求	保险天数	实际库存	储备定额	
						最高	最低
A	吨	每月 10 日	5	—	175	150	0
B	吨	每月 10 日	13	3	30	429	39
C	公斤	每月 15 日	20	—	400	600	0
D	平方米	每月 15 日	4	—	50	120	0

假定原材料购进后第二天就可以使用,则在 8 月 1 日 8 时检查时:A 材料实际库存高于最高储备定额,为绝对超储。若结合下次进货日期来分析,A 材料相对超储了 125 吨($175-5\times10$),过多占用流动资金;B 材料实际库存低于最低储备定额,为绝对不足。

如果结合下次进货日期来分析,B 材料缺口达 139 吨($13\times10+39-30$),不能保证生产的需要,应立刻组织进货;C 材料实际库存 300 公斤(20×15)就可以满足生产需求,而实际库存为 400 公斤,相对超储了 100 公斤;D 材料为相对不足,差额为 10 公斤($4\times15-50$),应立刻组织进货。

原材料收入量、消费量、拨出量、库存量之间的关系如下:

原材料期末库存量＝原材料期初库存量＋本期原材料收入量
－本期原材料拨出量＋盘盈－盘亏 (8-42)

式中的盘盈、盘亏就是实际库存与账面库存的差异,其结果若为正就叫盘盈,其结果若为负就叫盘亏。

(二) 原材料消耗与利用统计

原材料消耗统计主要是通过核算企业主要原材料的总消耗量、消耗水平及其变动,为企业原材料消耗管理决策提供信息服务。

1. 原材料消耗量

原材料消耗量是指生产某一种产品自投料开始到制成成品的整个生产过程中所消耗的某种原材料的全部数量。原材料消耗量是入库成品所消耗的原材料数量,不包括本期结存的在产品、半成品所消耗的原材料数量,但包括本期生产成品所消耗的上期结存的在产品、半成品的原材料数量。

原材料消耗量,包括:

(1) 合格品和废次品所耗用的原材料数量。
(2) 生产过程中发生的边角余料、废屑残渣等各种工艺性损耗。
(3) 在生产过程中物料、半成品、在产品的储存和运送所发生的损耗。
(4) 由于设备检修、开工、停工引起的物料消耗。
(5) 返修改制不合格品的消耗等。循环使用的原材料以第一次投入量计算消耗量。

2. 原材料消耗量的计算方法

原材料消耗量的计算是一项较为复杂的工作,不同产品的生产特点各异,其原材料消耗量的计算方法也不相同。主要计算方法有以下三种。

(1) 投料法

对生产过程比较简单,生产周期比较短,不需要对在产品、半成品进行盘存的产品,可以采用投料法。

其计算公式为

原材料消耗量＝本期领料量－本期退料量 (8-43)

若企业没有完善的退料制度,则计算公式为:

原材料消耗量＝本期领料量＋期初领而未用的原材料数量－
期末领而未用的原材料数量 (8-44)

【例 8-6】 某物流企业 2 月份生产了包装某种物品的瓦楞纸箱 2 000 个,当月领纸板 4 000 公斤,到月底尚余 200 公斤留待下月使用,本月消耗的纸板中有 500 公斤是上月领而未用的。则 2 月生产的纸箱瓦楞纸板消耗量为：

$$纸板消耗量 = 4\,000 + 500 - 200 = 4\,300（公斤）$$

（2）平衡法

对生产过程比较复杂，生产周期比较长，需要对在产品、半成品进行盘存的产品，可以采用平衡法。其计算公式为：

$$\begin{aligned}原材料消耗量 = &本期投料量 + 期初在产品、半成品结存折料量 - \\ &期末在产品、半成品结存折料量\end{aligned} \tag{8-45}$$

（3）构成法

对连续投料、连续生产、不便于对在产品进行盘存的产品，可采用构成法。

其计算公式为：

$$原材料消耗量 = 入库成品重量 + 废次品重量 + 各种工艺损耗量原材料 \tag{8-46}$$

3. 原材料消耗水平统计

原材料消耗水平统计指标一般有两类：一是单位产品原材料消耗量，二是原材料利用率。

（1）单位产品原材料消耗量

单位产品原材料消耗量是指生产每单位产品平均实际消耗的原材料数量，简称单耗。单耗指标是综合反映企业生产管理水平、生产技术水平的基本指标之一，也是反映企业物化劳动经济效益的主要指标，是企业制订和修订原材料消耗定额的主要依据。

其计算公式如下：

$$单耗 = \frac{生产某种产品的某种原材料消耗量}{某种产品的生产量} \tag{8-47}$$

为了正确地反映原材料的消耗水平，计算单耗时必须使产品产量的范围与原材料消耗量的内在口径相一致。这种子项与母项的一致性由计算单耗指标的目的所决定：当计算单耗是为了反映物化劳动的经济效益水平时，原材料单耗的分母仅指合格品，而分子不仅包括合格品和边角余料、废屑残渣的原材料消耗，而且也包括废次品的原材料消耗。

原材料消耗定额是指在一定的生产、技术、组织条件下，制造单位产品或完成单位工作量所必须消耗的原材料数量的标准。将原材料单耗与原材料消耗定额进行比较是检查原材料消耗定额执行情况的一种方法。

根据物流企业的生产特点，物流企业原材料消耗定额执行情况的检查主要分两种情况。

① 一种原材料生产一种产品的检查：

$$消耗定额指数 = \frac{m_1}{m_n} \times 100\% \tag{8-48}$$

式中，m_1 为报告期实际单耗，m_n 为消耗定额。

若计算结果小于100%,说明原材料节约;若大于100%,则说明原材料消耗已超支。

在实际工作中,可进一步计算由于单耗降低(或增加)而节约(或超支)的原材料总量及增产量。

节约(或超支)的原材料数量 =(实际消耗－消耗定额)×报告期产量　　(8-49)

增产量(内含) = 实际生产量－原材料消耗总量÷消耗定额　　(8-50)

增产量(外延) = 原材料节约量÷实际单耗　　(8-51)

案例

【**例 8-7**】 某物流企业报告期生产某种包装箱 10 000 个,木板的消耗定额为 3 公斤,实际耗用木板 28 800 公斤,则:

$$实际单耗 = \frac{28\ 800}{10\ 000} = 2.88(公斤／个)$$

$$消耗定额指数 = \frac{m_1}{m_n} \times 100\% = \frac{2.88}{3} \times 100\% = 96\%$$

即:木板节约量 = (2.88－3)×10 000 = －1 200(公斤)

增产量(内含) = 10 000－(28 800÷3) = 400(个)

计算结果表示,在已生产的 10 000 个包装箱中,有 400 个是由于节约原材料而增加的产品。内含的增产量是已经实现了的增产量。

增产量(外延) = 1 200÷2.88 = 417(个)

② 一种原材料生产多种产品的检查:

$$消耗定额总指数 = \frac{\sum m_1 q_1}{\sum m_n q_1} \times 100\% \quad (8-52)$$

式中,q_1 为报告期产品产量。

(2) 原材料利用率

原材料利用率是从原材料有效利用程度的角度,反映原材料消耗的经济效益。原材料利用率有两种含义。

其一,原材料利用率是以单位原材料制成产品数量的多少来反映原材料的利用程度。其计算公式为:

$$原材料利用率 = \frac{产品产量}{原材料消耗量} \times 100\% \quad (8-53)$$

其二,原材料利用率是以构成产品实体的某种原材料数量占消耗该种原材料数量的比率来反映原材料的利用程度。如纸板的利用率、木板的利用率等。它可以分别按该种原材料生产一种产品或多种产品两种情况计算。其计算公式为:

$$原材料利用率 = \frac{构成某种产品实体的原材料数量}{生产该种产品的原材料消耗量} \times 100\% \quad (8-54)$$

或

$$原材料利用率 = \frac{构成多种产品实体的同种原材料数量}{生产多种产品的同种原材料消耗量} \times 100\% \quad (8\text{-}55)$$

三、物流企业劳动资料投入统计

劳动资料是物流企业生产经营必须具备的另一要素。物流企业的劳动资料主要包括其使用的各种机器设备、运输设备、装卸搬运设备、仓储设备、自动分拣设备、集装单元化器具、包装设备、房屋、工具器具等。

物流设备按其作用来分，主要可分为装卸搬运设备、仓储设备、包装设备等。

1. 物流设备数量统计

物流企业应充分使用所拥有的设备，杜绝闲置，并应保持企业设备在完好的状态下得到充分使用。物流企业设备按其是否接近生产及其程度不同，可计算下列指标并构成物流企业设备数量统计指标体系。

（1）实有设备

实有设备是指企业在报告期末，通常是年末实际拥有的设备数量。包括企业自有及租入（或借入）的、已安装及未安装的设备，不包括已批准报废的、订购未运抵本企业的设备以及租出（或借出）的设备。

（2）已安装设备和未安装设备

已安装设备是指已安装完毕并经正式验收的设备，包括正常开动的设备和备用设备。备用设备是指已安装完毕，一旦正在使用中的设备发生故障，它马上就可接替原设备工作。

未安装设备包括：已购入但未安装的设备、已安装但未正式验收投产的设备、仓库中储存的多余设备以及因不需用已拆除或正在拆除的设备。

（3）已安装设备使用数和已安装设备未使用数

已安装设备使用数是指报告期内已经开动过一天（一个班次）以上的设备数量。包括由于季节性生产、大修理等原因而停止使用的设备，也包括正常备用或替换使用的设备。已安装设备未使用数，是指报告期未使用的设备数量。包括已经停止使用的设备、正在进行技术改造的设备、不使用的封存设备以及企业不需要并经正式确定处理的设备。

（4）完好设备

完好设备是指同时符合下列三个条件的设备：

① 设备性能良好，能达到原设计标准，设备精度能满足生产工艺要求，运转无超温、超压现象；

② 设备运转正常，零部件齐全，没有较大的缺陷，磨损程度不超过规定的技术标准，

主要的计量仪器、仪表和润滑系统正常；

③ 原材料、燃料、油料等消耗正常，基本没有漏油、漏水、漏气、漏电现象。

2. 物流企业设备数量利用统计

充分利用企业现有设备，科学合理地提高设备的生产效率，对于降低成本，增加企业经济效益，提高市场竞争力有着重要的意义。物流设备在数量上的利用程度，主要通过以下统计指标反映。

(1) 实有设备安装率

实有设备安装率是指已安装设备与实有设备之比，它反映实有设备的安装程度。

其计算公式为

$$\text{实有设备安装率} = \frac{\text{已安装设备数量}}{\text{实有设备数量}} \times 100\% \tag{8-56}$$

(2) 已安装设备使用率

已安装设备使用率是指实际使用设备（即已安装设备使用数）与已安装设备之比，它反映已安装设备的利用程度。

其计算公式为

$$\text{已安装设备使用率} = \frac{\text{实际使用设备数量}}{\text{已安装设备数量}} \times 100\% \tag{8-57}$$

(3) 实有设备使用率

实有设备使用率是指实际使用设备与实有设备之比，它反映实有设备的利用程度。

其计算公式为

$$\text{实有设备使用率} = \frac{\text{实际使用设备数量}}{\text{实有设备数量}}$$

$$= \frac{\text{已安装设备数量}}{\text{实有设备数量}} \times \frac{\text{实际使用设备数量}}{\text{已安装设备数量}}$$

$$= \text{实有设备安装率} \times \text{已安装设备使用率} \tag{8-58}$$

(4) 使用设备完好率

使用设备完好率是指完好设备与实际使用设备之比，它反映使用设备的完好程度。

其计算公式为

$$\text{使用设备完好率} = \frac{\text{完好设备数量}}{\text{实际使用设备数量}} \times 100\% \tag{8-59}$$

(5) 实有设备完好率

实有设备完好率是指完好设备与实有设备之比，它反映实有设备的完好程度。

其计算公式为

$$实有设备完好率 = \frac{完好设备数量}{实有设备数量}$$

$$= \frac{已安装设备数量}{实有设备数量} \times \frac{实际使用设备数量}{已安装设备数量} \times \frac{完好设备数量}{实际使用设备数量}$$

$$= 实有设备安装率 \times 安装设备使用率 \times 使用设备完好率$$

$$= 实有设备使用率 \times 使用设备完好率 \qquad (8\text{-}60)$$

案例

【例 8-8】 某物流企业某季度实有分拣设备 50 台,已安装 44 台。已安装设备中有 3 台因任务不足在本季度内未曾开动过,则有关统计指标计算如下:

$$实有设备安装率 = \frac{44}{50} \times 100\% = 88\%$$

$$已安装设备使用率 = \frac{44-3}{44} \times 100\% = 93.18\%$$

$$实有设备使用率 = \frac{44-3}{50} \times 100\% = 82\%$$

或:

$$实有设备使用率 = 88\% \times 93.18\% = 82\%$$

3. 物流企业设备时间利用统计

研究设备时间利用情况,就是要将设备实际工作时间与设备最大可能工作时间进行对比,计算设备时间利用率,用以反映设备时间的利用程度,进而分析设备未被利用的原因,从时间上挖掘设备潜力,以便充分利用物流设备。

其基本计算公式为

$$设备时间利用率 = \frac{设备实际工作时间}{设备规定工作时间} \times 100\% \qquad (8\text{-}61)$$

式中,设备实际工作时间是根据原始记录和设备台账计算而来的。设备规定工作时间一般按小时计算。在连续作业的企业里可按年日历小时数减去大修理时间计算。在不连续作业的企业可按制度工作时间或计划开动时间计算。物流企业一般属不连续作业企业,则其时间利用率的计算公式为

$$制度时间利用率 = \frac{设备制度内实际工作时间(台时)}{设备制度工作时间(台时)} \times 100\% \qquad (8\text{-}62)$$

$$计划时间利用率 = \frac{设备制度内实际工作时间(台时)}{制度时间 - 计划停开时间(台时)} \times 100\% \qquad (8\text{-}63)$$

式中,制度工作时间由设备台数、报告期制度工作日数、制度工作日长度三者相乘得到。其中,设备台数为已安装设备台数;制度工作日长度为:一班制为 8 小时,两班制为

15.5 小时,三班制为 22.5 小时。

计划停开时间包括因某种原因计划在报告期内不开动的设备台时、备用设备台时、计划修理停开台时等。

【例 8-9】 某物流企业第四季度实有分拣设备 50 台,已安装 44 台。已安装设备中有 3 台因任务不足在本季度内未曾开动过。该企业实行两班制生产,第四季度制度工作日数为 56 天。季度内计划检修设备 4 台,总计停开 100 台时,实际停开与计划数相同。其他停开记录为:待料 50 台时、无任务 800 台时、设备故障 450 台时、停电 150 台时。则有关统计指标计算如下:

设备制度工作时间 $= 44 \times 56 \times 15.5 = 38\,192$(台时)

设备计划工作时间 $= 38\,192 - 3 \times 56 \times 15.5 - 100 = 35\,488$(台时)

设备实际工作时间 $= 35\,488 - 50 - 800 - 450 - 150 = 34\,038$(台时)

制度时间利用率 $= \dfrac{34\,038}{38\,192} \times 100\% = 89.12\%$

计划时间利用率 $= \dfrac{34\,038}{35\,488} \times 100\% = 95.91\%$

当企业因经营管理原因或外部经济环境影响而开工不足时,可能有部分物流设备在报告期初做计划时就列入不开动数量之中。故物流设备计划时间利用率并不反映这部分闲置设备的时间利用情况。因此,应重点计算物流设备的制度时间利用率。

4. 物流企业设备能力利用统计

设备能力一般是指单位设备在单位时间内的产量,也称单位设备生产效率。设备时间利用率只是反映设备在时间上的利用程度,没有联系产量去观察设备利用情况,因而属于反映外延因素的利用程度。而设备能力利用率是联系产量去分析设备利用情况的,属于反映内涵因素的利用程度,能直接反映设备投入与产量产出、经济效益水平的高低。设备能力利用率的计算公式为

$$设备能力利用率 = \dfrac{设备实际能力(实际单产)}{设备可能能力(理论单产)} \times 100\% \qquad (8\text{-}64)$$

式中,设备实际能力是指单位设备在单位时间内实际生产的产量。其计算公式为

$$设备实际能力 = \dfrac{产品产量}{设备实际工作时间} \times 100\% \qquad (8\text{-}65)$$

设备可能能力是指在设计规定的条件下,单位设备在单位时间内可能生产的产量,又称设计能力或铭牌能力。

查定能力是指在没有设计能力或原设计能力由于设备条件变化已不能反映实际能力时,由企业对有关设备进行重新查定并经主管部门批准的生产能力,其实质是修正了的设

计能力。

5. 物流企业设备综合利用统计

在计算了设备的时间利用程度和能力利用程度指标后，应当进一步研究时间利用和能力利用之间的联系以及这两个因素综合作用的影响。设备综合利用统计，就是综合时间和能力两个因素来反映设备的利用情况。

（1）设备综合利用系数

设备综合利用系数是按最大可能利用时间计算的单位日历时间或制度工作时间的产量，它受设备实际能力和设备时间利用程度两个因素的影响。

其计算公式为

$$\text{设备综合利用系数} = \frac{\text{设备实际产量}}{\text{设备规定工作时间}}$$

$$= \frac{\text{设备实际产量}}{\text{设备实际工作时间}} \times \frac{\text{设备实际工作时间}}{\text{设备规定工作时间}}$$

$$= \text{设备实际能力} \times \text{设备时间利用程度} \tag{8-66}$$

（2）设备综合利用程度

设备综合利用程度是设备的实际产量与设备的可能产量间的比值，它受设备利用程度和设备时间利用程度两个因素的影响。

其计算公式为

$$\text{设备综合利用率} = \frac{\text{设备的实际产量}}{\text{设备的可能产量}} \times 100\%$$

$$= \frac{\text{设备实际作业时间} \times \text{设备实际能力}}{\text{设备可能作业时间} \times \text{设备可能能力}} \times 100\%$$

$$= \text{设备时间利用率} \times \text{设备能力利用率} \tag{8-67}$$

第二节　物流企业产出统计

反映企业产出的指标有四类，它们分别为实物量指标、价值量指标、利润指标和服务质量指标。实物量指标是企业产出的基础指标，价值量指标是企业产出的综合指标，服务质量指标是企业产出的竞争力指标，利润指标是企业的终极目标指标。

一、产品实物量统计指标

产品实物量反映了企业的生产规模、水平及可向社会提供的具有使用价值的产品数量，也是研究供求关系及计算其他一些经济指标的基础。因此，准确计算产品实物量具有重要意义。

1. 货物运输实物量统计指标

货物运输不创造新的物质产品,它只是将物质产品作空间转移,只是增加原产品的价值。货运包括铁路、公路、水运、民航和管道等多种运输方式的货物运输。

在评价运输部门的生产经营成果时,既要考虑货物的运送重量,也要考虑运送距离。货物运输实物量统计指标主要有货物运输量、货物周转量和港口货物吞吐量。

(1) 货物运输量

货物运输量是指在一定时期内,物流企业运输部门组织各种运输工具实际运送到目的地并卸完的货物的数量。货物运输量按报告期到达量统计,其计量单位一般为"吨",管道运输天然气规定按 1 000 立方米折合 1 吨计算。

(2) 货物周转量

要全面反映运输部门所完成的工作总量,就必须计算包含货物运输量和运输距离两个因素在内的综合性指标——货物周转量。

货物周转量是指物流企业运输部门在一定时期内运送的货物数量与其相应运输距离的乘积之总和。它反映企业在报告期内所完成的货物运输工作总量。其计量单位为吨公里。各种运输工具完成的货物周转量之和称为货物总周转量。

货物周转量的计算公式为

$$货物周转量 = \sum(每批货物重量 \times 该批货物运送距离) \tag{8-68}$$

(3) 港口货物吞吐量

港口货物吞吐量是指经由水路运进运出港区范围,并经过装卸的货物数量。作为港口货物吞吐量统计,其重量必须按实际重量吨统计。

2. 仓储实物量指标

仓储的目的是克服产品生产与消费在时间上的差异,创造商品的时间价值。在物流系统中,仓储是极其重要的构成要素,在物流系统中起着缓冲、调节和平衡的作用。仓储和运输长期以来被看作是物流活动的两大支柱。

仓储实物量指标主要有货物吞吐量、货物库存量、货物配送量和货物配送周转量、货物流通加工量、货物包装量和货物装卸搬运量。

(1) 货物吞吐量

货物吞吐量是指企业仓储部门在报告期内货物的入库量与出库量之和,反映了仓储工作的强度。其计算公式为

$$货物吞吐量 = 总入库量(吨) + 总出库量(吨) \tag{8-69}$$

货物吞吐量的大小取决于仓库的容积、设备、劳动力以及货物的周转速度。货物吞吐量越大,说明企业的生产经营成果越大,企业的经济效益越高。

(2) 货物库存量

货物库存量是指企业仓储部门储存货物的数量。货物库存量反映仓库的储存能力及利用情况。货物库存量有期末库存量和平均库存量两种核算指标。

期末库存量是指在报告期末(通常指月末或年末)仓库储存货物的数量。它是时点数。

平均库存量是指在一段时间内仓库储存货物的平均数量。它是时期数。

平均库存量采用根据时期数列求序时平均数的方法来计算。

案例

【例 8-10】 某物流企业 2015 年 7 月库存情况如表 8-8 所示,求其 7 月平均库存量。

表 8-8 某物流企业 2015 年 7 月库存情况

时间	1日至5日	6日至9日	10日至24日	25日至30日	31日
库存量(吨)	88	92	99	87	91

$$2015 年 7 月平均库存量 = \frac{88 \times 5 + 92 \times 4 + 99 \times 15 + 87 \times 6 + 91 \times 1}{5 + 4 + 15 + 6 + 1} = 93.74(吨)$$

(3) 货物配送量和货物配送周转量

配送是从物流节点至用户的一种送货方式。反映货物配送工作量的主要指标是货物配送量和货物配送周转量。

货物配送量是指物流企业在一定时期内,在经济合理区域范围内,根据用户要求,对物品进行拣选、加工、包装、分割、组配等作业,并按时送达指定地点的货物数量。其计量单位为吨。

货物配送周转量是指物流企业在一定时期内配送的货物数量与其相应运输距离的乘积之总和,它反映企业在报告期内所完成的货物配送工作总量,其计量单位为吨公里。

(4) 货物流通加工量

货物流通加工量是指一定时期内,从生产地到消费地的过程中,经过施加包装、分割、计量、分拣、刷标志、拴标签、组装等流通加工过程的货物总量。

注意:货物配送量与货物流通加工量要界定清楚,不要重复计算。

(5) 货物包装量

货物包装量是指一定时期内,从生产地到消费地过程中,经过物流企业施加包装过程的货物数量。

注意:包装量与配送量和流通加工量要界定清楚,不要重复计算。

(6) 货物装卸搬运量

装卸搬运是伴随输送和保管而产生的必要的一种物流活动。在物流活动的转换中,起着承上启下的联结作用。装卸搬运收入在物流企业主营业务收入中占有一定比重。货物装卸搬运量是指在一定时期内,物流企业装卸搬运的货物数量。

二、物流企业价值量统计

价值量指标具有广泛的综合性和概括性,物流企业价值量指标主要有物流企业主营业务收入、物流企业总产出、物流企业增加值等。

1. 物流企业主营业务收入

物流企业主营业务收入是指企业在一定时期内从事物流活动所获得的收入。即指物流企业在一定时期内完成货物的运输、仓储、装卸搬运、包装、流通加工、配送、物流信息服务以及物流代理等业务而追加到物质产品中去的价值。其计算公式为

$$主营业务收入 = 配送收入 + 流通加工收入 + 包装收入 + 信息及相关服务收入 + 代理收入 + 仓储收入 + 运输收入 + 装卸搬运收入 \tag{8-70}$$

计算物流企业主营业务收入时应注意以下两个问题:

(1) 在实际工作中,有些物流企业是货运与客运兼营,计算物流企业主营业务收入时,只计算货运收入部分,客运收入部分不能计入物流企业主营业务收入。

(2) 物流企业所从事的工业、餐饮业或其他除货物的运输、仓储、装卸搬运、包装、流通加工、配送以及物流信息服务等业务以外的产值不能计入物流企业主营业务收入。

2. 物流企业总产出

物流企业总产出是指物流企业在一定时期内生产经营活动的总成果,它既包括企业在一定时期内从事物流活动所获得的收入(主营业务收入),也包括企业在一定时期内从事非物流活动所获得的收入(其他业务收入),以及废品废料的销售价值。

其中,其他业务收入是指物流企业所从事的客运、工业、餐饮业或其他除货物的运输、仓储、装卸搬运、包装、流通加工、配送以及物流信息服务以外业务的收入。

3. 物流企业增加值

物流企业增加值是物流企业在一定时期内从事生产经营活动所获得的以货币表现的最终成果。

物流企业增加值的计算方法有生产法和分配法(收入法)两种。

(1) 生产法

其计算公式为

$$物流企业增加值 = 物流企业总产出 - 物流企业中间消耗 \tag{8-71}$$

$$物流企业总产出 = 物流企业的营运收入 \tag{8-72}$$

物流企业生产经营活动主要可分为三类:一类是运输活动;一类是仓储活动(含装卸搬运、包装、流通加工、配送以及物流信息服务等活动);一类是其他业务活动。

运输活动产出是物流企业运输部门核算期内从事生产活动的总成果。运输部门担负着把货物由生产地点转移到使用地点,使货物的使用价值和价值得以实现的职能。

运输活动产出具体包括：公路货物运输营运收入、水路货物运输营运收入、航空货物运输营运收入、铁路货物运输营运收入、管道货物运输营运收入以及货物运输代理收入等。

仓储活动产出是物流企业仓储部门核算期内从事生产活动的总成果。仓储活动的产出有两种情况：

一是代客户储存货物而收取储存费用,以其收费收入作为产出,包括从事货物储存代理、装卸搬运、包装、流通加工、配送以及物流信息服务等业务活动所获取的收入。

二是国家储备,不收取费用,而是在储存过程中发生一些支出,以储存活动经费支出为其产出。仓储活动产出不包括被储存货物的自身价值。

其他业务活动产出是指物流企业核算期内所从事的客运、工业、餐饮业或其他除货物的运输、仓储、装卸搬运、包装、流通加工、配送以及物流信息服务以外业务活动的总成果。包括从事客运、工业、餐饮业等业务活动获取的收入。

$$物流企业中间消耗 = 物流企业中间物质消耗 + 物流企业中间劳务消耗 \quad (8-73)$$

运输活动中间消耗是核算期内企业运输活动消耗的外购物质产品和服务费,具体包括外购材料、外购燃料、外购动力、外购备品备件、外付修理费、邮电费、印刷费、书报文具费、水电费、金融与保险服务费、会议费、技术转让费、广告费等。

仓储活动的中间消耗是核算期内企业在仓储、装卸搬运、包装、流通加工、配送以及物流信息服务等业务活动中所消耗的物质产品和非物质服务,主要有外购材料、外购燃料、外购动力、库存物质损耗、低值易耗品摊销、印刷费、书报文具费、水电费、向外单位支付的运输费、邮电费、金融及保险服务费、广告费、会议费、商品检验费、咨询费、技术转让费等。

其他业务活动的中间物质消耗是核算期内企业从事附营活动消耗的外购物质产品和服务费。

（2）分配法(收入法)

分配法(收入法)是从生产过程创造收入的角度,对企业生产活动成果进行核算。按照这种计算方法,增加值由劳动者报酬、生产税净额、营业盈余、固定资产折旧四个部分组成。其计算公式为

$$增加值 = 劳动者报酬 + 生产税净额 + 营业盈余 + 固定资产折旧 \quad (8-74)$$

三、物流企业利润统计

利润是产品价值的一个组成部分,是企业生产经营活动的最终财务成果。获取利润是企业生产经营活动的终极目标。同时,利润是国家和企业积累的来源,是扩大再生产、改善人民生活水平的重要保证,也是反映企业经营管理水平高低的重要统计指标。因此,

利润是反映企业综合产出的一个非常重要的指标。

1. 物流企业利润的构成

(1) 营业利润

营业利润是指物流企业从事物流活动所获取的利润。其基本计算公式如下：

$$营业利润 = 营业收入 - 营业成本 - 营业税金及附加 - 销售费用 - $$
$$管理费用 - 财务费用 \pm 投资净收益$$

营业收入是指物流企业在一定时期内完成货物的运输、仓储、装卸搬运、包装、流通加工、配送、物流信息服务以及物流代理等业务而追加到物质产品中去的价值。包括主营业务收入和其他业务收入。

营业成本是指物流企业在一定时期内从事物流业务活动所发生的实际业务成本。即企业为获取营业收入而发生或支付的能直接归属于主营业务的费用耗费。包括主营业务成本和其他业务成本。

营业税金及附加指一定时期内，企业从事物流业务活动，按规定向财税部门交纳的各种税金。包括营业税、消费税、城市维护建设税和教育费附加。

销售费用是指物流企业为获取营业收入而发生的，并应计入该营业收入当期的费用开支，如广告费、保险费等。

管理费用是指行政管理部门为组织和管理生产经营活动而发生的各项费用。包括管理人员的工资和福利费、折旧、工会经费、业务招待费、房产税、车船使用税、印花税、技术转让费、职工教育经费、劳动保险费、待业保险费、研究开发经费、坏账损失以及其他管理费用。

财务费用是指企业为筹集生产经营所需资金等所发生的费用，包括利息支出（减利息收入）、汇兑损失（减汇兑收益）以及相关手续费。

投资净收益是物流企业投资活动的收益减去损失后的差额。

(2) 利润总额

物流企业的利润总额是物流企业生产经营活动取得的净收入。它集中反映了企业生产经营活动各方面的效益，是衡量企业管理水平的重要综合指标，也是计算企业所得税的基础。利润总额若为正数，则表明该企业为盈利；若为负数，则表明该企业为亏损。

利润总额一般由营业利润和营业外收支净额构成。

(3) 净利润

净利润也称税后利润，即利润总额扣除缴纳的所得税后的余额。净利润是企业当期实现的可供投资者分配的净收益。

2. 物流企业利润的统计分析

物流企业利润的统计分析从分析对象上来分，包括企业利润总额与企业主营业务利润的统计分析；从分析方法上来分，包括企业利润的对比分析、企业利润的构成分析。

(1) 企业利润的对比分析

企业利润的对比分析主要有：

① 本期实际利润与本期计划利润的对比，以促进企业改进工作，挖掘潜力，提高经济效益。

② 本期实际利润与上期实际利润的对比，说明企业利润的发展变化情况。通过本期利润水平比上期的增减变动情况，反映企业经营管理水平。

③ 本期实际利润与同类先进企业利润的对比，反映本企业与先进企业之间的差距，寻找问题的症结，提出改进措施，为企业经营管理提供信息服务。

(2) 企业利润的构成分析

企业利润的构成分析主要有：

① 计算各利润项目占企业利润总额的比重，以分析营业利润的构成变动情况、营业外收入与营业外支出的构成变动情况等。

② 计算运输、仓储等物流活动利润分别占企业营业利润的比重。

通过构成分析，有利于企业发现问题，抓住主要矛盾，为进一步提高企业的利润水平，采取有针对性的措施。

四、物流企业服务质量统计

1. 物流企业服务质量的概念

物流企业服务质量是指物流企业能满足客户预期或潜在物流需求的服务特性和特征的水平。它是向社会提供的物流服务符合原定功能特性、项目特征等要素的标准。

物流服务需做以下三点：

(1) 拥有客户所期望的物品（备货保证）；

(2) 在客户所期望的时间内传递物品（输送保证）；

(3) 符合客户所期望的质量（品质保证）。

因此，物流企业服务质量包括的要素有安全性、准确性、及时性、满意性等。反映物流服务质量的统计指标则相应主要有安全性指标、准确性指标、及时性指标、满意性指标。

2. 物流企业服务质量统计指标

(1) 安全性指标

物流企业在为客户提供物流服务时，必须保障客户的物品安全。将货物完好无损地交付到客户手中，是对物流活动的最基本的要求。反映物流服务安全性的指标主要有如下几个。

① 货运运输质量事故次数。货物运输质量事故是指货物在从托运方交给承运方起，至

承运方将货物交收货单位签证止的承运责任期内,发生货物丢失、短少、变质、污染、损坏、误期、错运以及由于工作失职、借故刁难、敲诈勒索等,而造成的不良影响或经济损失等的现象。

货物运输质量事故次数是指在报告期内发生的事故总次数。

货物运输事故分类如下。

重大事故:事故造成损失金额 3 000 元以上,或经省级有关部门鉴定为珍贵、尖端、保密物品的货物发生灭失、损坏。

大事故:事故造成损失金额 500~3 000 元。

一般事故:事故造成损失金额 50~500 元。

小事故:事故造成损失金额 20~50 元。

② 货物运输质量事故频率。货物运输质量事故频率是报告期内发生货物运输质量事故次数与总运输次数之比,是该物流企业在货物运输过程中发生运输质量事故次数所占比重。

货物运输质量事故频率越高,货物运输质量越差,物流企业的信誉也就越差,客户选择其作为物流服务商的可能性就越小。

货物运输质量事故频率的计算公式为

$$货物运输质量事故频率 = \frac{报告期货物运输质量事故次数}{报告期货物运输总次数} \times 100\% \qquad (8\text{-}75)$$

③ 运输损失率。运输损失率是指报告期物流企业在运输过程中造成客户物品发生货物丢失、短少、变质、污染、损坏、报废的数量占运输总量的比重。该指标可按实物量计算单一物品的损失率,也可按价值量计算各种物品的综合损失率。

此外,还可计算报告期运输损失之和与本期运输业务收入之和的比率。

其计算公式分别为

$$运输损失率 = \frac{报告期某物品运输损失量}{报告期该物品运输总量} \times 100\% \qquad (8\text{-}76)$$

$$运输损失率 = \frac{报告期货物运输损失价值之和}{报告期运输的货物价值之和} \times 100\% \qquad (8\text{-}77)$$

$$运输损失率 = \frac{报告期运输损失之和}{报告期运输业务收入之和} \times 100\% \qquad (8\text{-}78)$$

④ 货物完好送达率。货物完好送达率是报告期内完好送达的次数与运输总次数之比,是货物完好送达所占的比重。货物完好送达率越高,物流服务质量越高。

其计算公式为

$$货物完好送达率 = \frac{报告期内完好送达的次数}{报告期内运输总次数} \times 100\% \qquad (8\text{-}79)$$

⑤ 物品完好率。储存和保管是仓库的最基本的传统功能。保证物品完好无损是储存环节最基本的任务。物品完好率是指物品在储存过程中,未出现短缺、损坏现象的物品

数量所占比重。物品完好率越高,仓储服务质量越好。

其计算公式为

$$物品完好率 = \frac{报告期内物品入库量 - 出现缺损物品数量}{报告期内物品入库量} \times 100\% \quad (8-80)$$

⑥ 库存物品缺损率。库存物品缺损率是指物品在储存过程中,出现短缺、损坏现象的物品数量所占比重。库存物品缺损率是逆指标,库存物品缺损率越低,仓储服务质量越好。

库存物品缺损率的计算公式为

$$库存物品缺损率 = \frac{报告期内出现缺损物品的数量}{报告期内物品入库量} = 1 - 物品完好率 \quad (8-81)$$

⑦ 货损货差率。配送是从物流据点至客户的一种送货方式,是在全面配货的基础上,完全按照客户的要求进行运送。若配送物品的种类不全、数量不够、时间不及时或货物损坏,都将导致客户的生产经营活动或消费不能正常进行。货损货差率是在配送过程中,货损货差次数占总次数的比重。货损货差率越高,物流企业的信誉越差。

其计算公式为

$$货损货差率 = \frac{货损货差次数}{配送总次数} \times 100\% \quad (8-82)$$

⑧ 货损货差赔偿率。货损货差赔偿率是指报告期在运输、仓储、配送等物流活动中,由于货物丢失、损坏而赔偿给客户的金额与本期业务收入总额的比率。货损货差赔偿率越高,企业的经济效益就越低。

其计算公式为

$$货损货差赔偿率 = \frac{报告期货损货差赔偿费总额}{报告期业务收入总额} \times 100\% \quad (8-83)$$

(2) 准确性指标

① 物品收发正确率。现代物流活动中,仓库物品是大量、频繁地进进出出。应尽量降低物品收发中出现差错的次数,提高物品收发正确率。

物品收发正确率是报告期仓库吞吐量中,未出现差错的数量占报告期吞吐量的比率。

其计算公式为

$$物品收发正确率 = \frac{报告期内吞吐量 - 报告期内出现差错数量}{报告期内吞吐量} \times 100\% \quad (8-84)$$

② 差错率和准确率。在提供物流服务时,通常要求不出差错,准确送达目的地。但在实际配送活动中会出现分拣差错等现象,这些差错的出现,将直接影响到客户的生产经营或消费,也将增加企业的物流成本,应尽量将其减少。因此,需计算差错率和准确率。差错率是指在物流服务的过程中出现差错的业务笔数或金额占全部业务笔数或金额的比率。准确率则是指在物流服务的过程中未出差错的业务笔数或金额占全部业务笔数或金额的比率。

差错率和准确率的计算公式分别为

$$差错率 = \frac{报告期发生差错的业务笔数(或金额)}{报告期全部业务笔数(或金额)} \times 100\% \quad (8-85)$$

$$准确率 = \frac{报告期未发生差错的业务笔数(或金额)}{报告期全部业务笔数(或金额)} \times 100\% \quad (8-86)$$

$$= 1 - 差错率$$

(3) 及时性指标

① 正点运输率。正点运输率是报告期内货物运输正点次数与货物运输总次数之比,是该物流企业在货物运输中准点到达客户指定地点的次数所占比重。正点运输率越高,运输服务质量越好。正点运输率的计算公式为

$$正点运输率 = \frac{报告期内正点运输次数}{报告期内运输总次数} \times 100\% \quad (8-87)$$

货物能否正点到达,对货主企业的生产经营将产生很大的影响。因此,运输正点率是反映物流企业运输质量的一个重要指标,也是货主企业在选择物流企业时非常关注的一个指标。

② 延误率。延误率是指在配送过程中,延误次数占总次数的比重。延误率越高,服务质量越低。

其计算公式为

$$延误率 = \frac{延误次数}{配送总次数} \times 100\% \quad (8-88)$$

(4) 满意性指标

① 运输信息及时跟踪率。运输信息及时跟踪率是跟踪运输信息次数占总运输次数的比重。

其计算公式为

$$运输信息及时跟踪率 = \frac{跟踪运输信息次数}{总运输次数} \times 100\% \quad (8-89)$$

② 缺货率。缺货率是缺货次数与配送总次数之比,反映配送中心对客户需求的满足程度。缺货率越低,客户的满意程度就越高。

缺货率的计算公式为

$$缺货率 = \frac{缺货次数}{配送总次数} \times 100\% \quad (8-90)$$

③ 满意率。客户的"满意"是对物流服务安全性、准确性、及时性、满意性等特征、特性均感到满意的总和。

满意率指标则是客户对物流企业服务质量的综合评价,直接体现了被调查客户对该物流企业的满意程度。

满意率是对该物流企业满意的客户占全部被调查客户的比重,其计算公式为

$$满意率 = \frac{对该物流企业满意的客户数}{全部被调查客户数} \times 100\% \qquad (8-91)$$

满意率指标一般由物流企业委托调查公司实施问卷调查后整理得出。

本章测试

一、思考题

1. 可从哪几个方面反映劳动力素质？有哪些指标？
2. 实用设备完好率、实有设备安装率、已安装设备使用率、使用设备完好率之间有何联系？
3. 什么是货物周转量？
4. 什么叫增加值？物流企业增加值有哪几种计算方法？计算公式如何？
5. 物流服务质量应从哪几个方面来进行评价？

二、计算题

1. 某物流企业 2015 年 9 月份有制度公休日 8 天，采取一班制劳动，每班 8 小时，生产工人月平均人数为 1 000 人，其他情况如下：

全日缺勤 600 工日，非全日缺勤 1 200 工时；全日停工 200 工日，其中被利用 120 工日，非全日停工 600 工时；全日非生产 200 工日，非全日生产 400 工时；公休日加班 400 工日，加点 600 小时。

求：(1) 该企业的①日历工日数、②公假工日数、③制度工日数、④出勤工日数、⑤全日停工损失工日数、⑥制度内实际工作工日数、⑦全部实际工日数；

(2) 计算该企业的工日时间利用情况基本分析指标。

2. 某厂报告期生产某种产品 8 000 件，钢材消耗定额为 20 千克，实际耗用钢材总量 152 000 千克。

要求：

(1) 计算消耗定额指数以及由于实际单耗低于消耗定额而节约的原材料数量；

(2) 计算内含和外延增产量。

扩展阅读 8-1

大数据与统计思维和方法的不同

第九章

物流企业经营状况综合评价

 本章导读

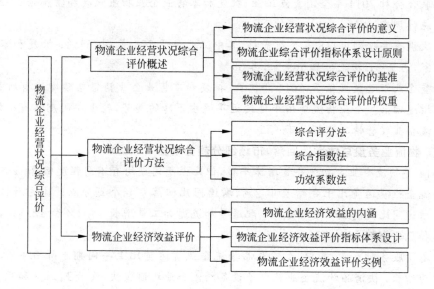

知识目标

- ➢ 了解物流企业经营状况综合评价的意义、综合评价统计指标体系的设计原则；
- ➢ 掌握综合评价基准、综合评价权重设定以及物流企业经济效益评价指标体系构建；
- ➢ 熟练运用综合评分法、综合指数法、功效系数法三种方法评价物流企业的经济效益。

技能目标

- 能够应用 Excel 计算物流企业经济效益;
- 能够应用 Excel 计算指标权重;
- 能够熟练应用综合评价方法对物流企业进行综合评价。

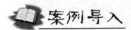

2015年全国重点企业物流统计调查报告(节选)

根据《社会物流统计核算与报表制度》要求,国家发展改革委、国家统计局和中国物流与采购联合会对2014年全国重点工业、批发和零售业企业物流状况和物流企业经营情况进行了统计调查。

本次调查共收到1 448家企业资料,其中工业企业776家,占54%;批发和零售业企业103家,占7%;物流企业569家,占39%。

调查企业汇总数据显示,2014年工业、批发和零售业企业销售总额增速有所放缓,物流成本增速回落。企业物流费用率延续近年逐步下降的趋势,较上年同期略有小幅回落。其中物流企业经营情况分析如下。

一、物流业务量总体增速回落,市场细分趋势明显

2014年物流企业主要业务量增速平稳,但比上年同期均有不同程度回落。

物流企业货运量比上年增长1.2%,增速同比回落0.5个百分点;货运周转量增长4.4%,增速同比提高2.6个百分点;配送量和流通加工量增长14.2%和12.3%,增速回落5.2和5.6个百分点。

从不同服务对象看,其中,大宗商品物流企业货运量比上年同期下降0.8%,其他各行业均为增长;快消品物流企业及电子设备物流企业增速较快,增长11.1%和6.0%;农产品、汽车及危化品物流企业货运量则小幅增长,分别为4.0%、2.3%和1.9%。

二、物流业务收入结构优化

2014年,物流业整体市场需求稳中趋缓,物流企业总体收入水平增速有所下降,结构优化的步伐不断加快,新业态、新商业模式推动物流创新服务收入增速加快,成为物流企业发展的亮点。2006—2014年重点企业物流业务收入年均增速11.8%,2010年以来呈现逐年回落的态势,2014年比上年增长5.6%,增速同比回落1.1个百分点。

2014年,大宗物流需求有所放缓,煤炭、钢铁等产能过剩行业转型升级步伐不断加快,原材料、产成品物流需求量均有不同程度下降;加之物流服务价格下降及货运量、周转量增速放缓,导致运输、仓储物流业务收入增速较前期明显回落。

其中,运输收入增长 4.0%,低于 2006—2014 年年均增速 3 个百分点;仓储收入增长 5.3%,低于 2006—2014 年年均增速 15.7 个百分点。另一方面,与电商、冷链等相关的物流服务收入增长势头仍然较为强劲,其中,配送、流通加工收入增长 13.6%和 9.7%,明显高于运输、仓储收入。

从收入构成看,运输、仓储收入占比超 6 成,货代业务收入占 13.9%,配送、流通加工收入占 5%。从变化情况看,运输收入占比下降 0.1 个百分点,仓储收入提高 0.04 个百分点,配送和流通加工收入分别提高 0.4 和 0.1 个百分点。

三、物流业务成本增速回落,人工成本加快上涨

在整体需求放缓的背景下,物流企业积极主动应对,严控成本,加快转型升级。2014 年物流企业物流业务成本比上年增长 2.0%,增速同比回落 5.1 个百分点。其中受物流业务量增速放缓及下半年油价跌幅较大等因素影响,运输成本比上年下降 2.2%;受仓储用地日趋紧缺及费用上涨等因素影响,仓储成本保持较快增长,比上年增长 11.6%,增速同比提高 0.2 个百分点。

2014 年物流企业人员劳动报酬比上年同期增长 10.9%,同比提高 3.2 个百分点,增速连续三年同比提高;物流人员报酬占物流业务收入比例随之上升,2014 年为 9.7%,同比提高 0.7 个百分点。

四、物流企业资产规模增速放缓

数据显示,从近 5 年数据来看,物流企业资产规模增速逐步放缓,进入平稳增长阶段。2014 年物流企业资产总计比上年增长 8.9%,增速比上年同期回落 1.4 个百分点。

五、物流企业利润小幅增长

2014 年物流企业经营环境依然较为严峻,劳动力等刚性成本持续上涨,物流企业加快转型、变革与调整,增值服务成为盈利的新模式。在此背景下,物流企业 2014 年物流业务利润额仍保持小幅增长,比上年增长 5.0%;物流企业平均收入利润率为 6.7%。

资料来源:中国物流信息中心 http://www.clic.org.cn/yw/275760.jhtml

引例思考

(1) 通过分析报告的数据,你对中国物流企业的经营情况是否持乐观态度?为什么?
(2) 物流企业人工成本加快上涨的原因是什么?如何解决这一问题?

第一节　物流企业经营状况综合评价概述

随着我国社会主义市场经济的深入发展,物流业在我国已不再是单纯的运输、仓储、装卸、搬运、包装、加工、配送等企业的集合,开始以向消费者提供成本服务为目标,逐渐向多功能、规模化和网络化方向发展。系统地对物流企业的经营状况进行综合评价,是物流企业改进经营方式,提高企业竞争力的基础工作之一,直接关系到物流企业的发展质量。

对物流企业的经营状况进行综合评价,首先必须明确企业经营状况综合评价的意义和目的,明确企业经营状况综合评价的统计指标体系,以及在综合评价中所涉及的一些基本概念、准则,如企业经营状况综合评价指标体系的设计原则、评价基准、权重等,为掌握企业经营状况综合评价方法打好基础。

一、物流企业经营状况综合评价的意义

物流企业经营状况的综合评价,是指通过建立一套反映物流企业生产经营状况的指标体系,构建科学合理的综合评价模型,并据此计算出综合评价值,从而对物流企业的经营状况进行判别、比较与排序的一种统计分析方法。

在市场经济条件下,物流企业作为独立的经营者,其生产经营活动既受企业素质高低和内部机制的制约,又受到企业外部条件包括市场、政策等诸多因素的影响,是预测、决策、计划、协调与控制的有机结合。

企业经营活动过程的各个子系统,都会对企业经营活动的总体状况产生作用和影响。仅以任何一个单一指标来评价企业经营活动过程的总体状况都是片面的,不足以如实反映企业经营过程的全貌,并且,其结果还可能会因为对某一指标的强调而忽略了企业经营活动过程的整体效益的提高。因此,要对物流企业经营活动过程这一复杂的社会经济现象进行全面、综合的评价,需要采用企业经营状况综合评价统计指标体系。

统计是认识社会的有力武器,是企业经营管理的有效手段之一。因此,统计必须为企业经营管理提供大量充分而又完备的统计信息,有效地对企业的规划、决策、计划、方案的科学性和可行性进行论证与咨询;对规划、决策、计划、方案的实施进行监督、协调与控制。

然而,统计提供的信息,决不能仅限于单项客观现象状况及变化的反映,而应当包括对客观事物整体状况的定量描述。但是,统计指标体系只能大致、粗略地反映复杂社会经济现象的现状及其变化,却不能从整体上予以量化。因而在利用企业经营状况综合评价统计指标体系对物流企业经营状况进行综合评价时,还须采取其他一些手段将经营活动的整体情况进行综合、量化,以便在企业的现在与过去之间、企业与企业之间、企业与行业之间进行比较和分析。

通过对物流企业经营状况进行综合评价,不但可以对企业的经营活动过程做出定量描述,而且可以从整体上把握其经营活动过程的主要问题,分析研究其经营活动结果产生的主要原因,以便有针对性地提出改进措施。因此,对企业经营状况的综合评价是企业管理统计体系中不可缺少的组成部分。

二、物流企业综合评价指标体系设计原则

综合评价是对复杂社会经济现象总体的定量描述,这种描述只有在科学地概括总体多方面特征的条件下,才能取得满意结果。总体多方面的特征要予以确切的定量描述,必

须借助于综合评价统计指标体系。在物流企业经营状况综合评价过程中,建立一套科学的综合评价统计指标体系,一般应遵循以下原则。

（一）目的性原则

企业经营状况综合评价统计指标体系必须与评价目的存在内在的有机联系,是评价目的的具体化与数量化。因而,建立企业经营状况综合评价统计指标体系,应依据评价目的确定的总目标及各层次的子目标,确定用什么指标确切地反映与描述各目标的具体特征。

（二）全面性原则

企业经营状况综合评价统计指标体系必须全面地反映被研究现象本质特征的内在要求,围绕研究目的把一些重要的经济指标结合起来,组成一个相互联系、相互对应的有机整体。各个评价指标应当能够综合反映被研究对象的某一重要侧面的状况,既不能使反映重要侧面的指标遗漏,又不能重复。

（三）可行性原则

建立企业经营状况综合评价统计指标体系,既要考虑其科学性,也要考虑其可行性。对任何一个复杂社会经济现象的综合评价,为了充分描述总体各个部分的特征,一般均需选定若干个指标组成评价指标体系。

由于会计、统计制度的规定,企业人力和财力的限制,往往不能获取令人满意的全部资料,甚至无法取得个别指标的资料,因此,在建立评价指标体系时应事先充分考虑,尽可能地减少代替指标与舍弃指标。

三、物流企业经营状况综合评价的基准

对物流企业经营状况进行综合评价必须选择合适的评价基准。所谓评价基准是指用以比较和衡量各项评价指标优劣的基本指标值。

评价基准主要有两方面的重要作用：一是作为衡量各项评价指标优劣的标准；二是利用评价基准可将各项指标进行无量纲化处理,转化为可以综合的评价值。

目前,主要采用的评价基准有如下几种。

（一）计划基准

计划基准是以计划指标值作为评价研究对象实际状况的尺度,也就是将某项评价指标实际达到的水平同计划指标值进行比较。计划基准的优点在于制定计划时已经综合考虑到各方面的影响因素,基准比较切合被评价对象的实际情况。

因此，计划基准比较能够反映该项评价指标的计划完成情况，并在一定程度上反映企业经营的管理水平。但是，计划指标值的制定容易受主观因素的影响，计划指标因空间不同而存在差异，且随着时间的推延而需要经常修正，影响了综合评价值纵向与横向的可比性。

（二）历史基准

历史基准是以历史水平作为评价现象实际状况的尺度，也就是将某项评价指标报告期水平同所选择的历史水平进行比较。历史基准一般有如下几种：

(1) 以上年同期水平为评价基准；
(2) 以某一特定年份的同期水平为评价基准；
(3) 以历史最好水平为评价基准。

历史基准通过纵向比较能够反映某项评价指标报告期水平与基期水平相比的变动方向、幅度以及变动趋势，为进一步总结经验、发现问题、解决矛盾提供依据。但是，纵向比较往往显露出"鞭打快牛"的倾向。

（三）社会基准

社会基准是将评价对象置于广泛的社会范围中进行分析比较而设立的评价与衡量标准。社会基准一般又可分为行业基准、地区基准、国内基准与国际基准，也就是将某项评价指标的实际水平与本行业、本地区、本国以及国际同类指标的一般水平或先进水平进行比较。

这种横向比较易于观察和表明某项评价指标与社会一般水平或先进水平的差距，以利于现象朝好的方面发展，而且由于各企业的评价基准统一，因而具有较强的横向可比性。同时，如将各个时期这种横向比较的结果编制成动态数列，也可以在一定程度上进行动态对比即纵向比较。因此，社会基准是一种较为理想的也是较常用的评价基准。

四、物流企业经营状况综合评价的权重

在物流企业经营状况综合评价中，用来反映物流企业经营状况某一侧面的评价指标，对总体综合状况的影响存在着不同的差异，因而必须确定综合评价统计指标体系中各个统计指标的权重。

所谓权重，是指以数量形式表示、对比与衡量被评价总体中诸因素或各个组成部分相对重要程度的量值。

确定物流企业经营综合评价的权重，既要考虑其科学性，又要考虑其可操作性。根据目前物流企业经营管理水平，一般可采用以下方法。

(一)经验判断法

经验判断法是根据实际经验进行判断的一种方法。首先是由企业组织和邀请各方面对被研究对象有丰富经验的专家,请他们根据所掌握的资料发表意见,做出判断与估计,然后把各种意见汇总起来,进行分析研究和综合处理,选择确定较为合适的综合评价的权重。

这种确定权重的方法,其权重精度取决于专家的业务熟悉程度、综合分析能力和讨论时的民主气氛,但却容易屈从于领导、权威与多数人的意见。

(二)德尔菲法

德尔菲法又称专家意见法,它是美国兰德公司在20世纪40年代末创立的由专家根据实际经验进行判断的又一方法。

与前面经验判断法的不同之处在于:这种方法以预先选定的专家为征询意见的对象,企业以匿名的方式分别致函征询专家们的意见,将收集到的专家意见汇总整理,再将整理后的资料作为参考资料发给每个专家,供他们再次分析、判断,提出新的论证意见。

如此多次反复,专家的意见逐步趋于一致,以此提供较为合适的综合评价的权重。

(三)指标两两比较法

指标两两比较法,是由专家对 m 个同一层次的各评价指标对目标层的重要程度大小进行定性排序,并算出逐对指标比较重要性后的比值系数,经综合计算得出各指标权重系数的一种权重确定方法。

为叙述简便,现以某专家组对反映企业财务状况的五个评价指标权重的确定为例,说明指标两两比较法的基本原理和操作程序。其步骤如下。

(1) 专家A根据五个评价指标对总目标的重要程度,排序如下:

指标B>指标C>指标A>指标E>指标D

(2) 专家A对两两比较的指标做出相对重要程度的比值判断,具体如下。

指标B:指标C=2;

指标C:指标A=1.5;

指标A:指标E=1;

指标E:指标D=1.8;

指标D:指标D=1。

(3) 对专家A的比值判断作归一化的数学处理,得到专家A对各评价指标的权重系数。归一化数学处理过程如表9-1所示。

(4) 根据各指标再采用简单平均的方法求各专家意见的平均值,即得出各指标权重系数的平均数。

(5) 进行方差检验。如果专家评价的权重系数离差过大,说明意见不一致,需经几轮反复,直到专家意见相对一致为止。

表 9-1 两两比较法的权重计算过程

指标	相比较的指标	专家 A 判定的重要性比值	未归一化权重系数 T_i	归一化权重系数 $W_i = \dfrac{T_i}{\sum T_i}$
B	B∶C	2	1×1.8×1×1.5×2=5.4	0.425 2
C	C∶A	1.5	1×1.8×1×1.5=2.7	0.212 6
A	A∶E	1	1×1.8×1=1.8	0.141 7
E	E∶D	1.8	1×1.8=1.8	0.141 7
D	D∶D	1	1=1	0.078 8
合 计	—	—	12.7	1.000 0

第二节 物流企业经营状况综合评价方法

综合评价方法是指将经过规范化处理的各统计指标评价值与相应权重结合,形成一个最终的综合评价值,并根据此综合评价值对总体进行评价。常用的综合评价方法有综合评分法、综合指数法和功效系数法三种。

一、综合评分法

综合评分法是在给定的综合评价统计指标体系中,先确定各指标的权重,然后将规范化处理后的多指标无量纲值结合相应权重进行综合评价。

综合评分法的一般步骤如下。

1. 选择统计指标

根据对企业经营状况进行综合评价的目的,从不同侧面选择若干个统计指标建立综合评价统计指标体系。

2. 确定每一类别与每一指标的权重

一般可根据本章第一节中所讲述的确定权重的方法,结合各类别指标在指标体系、各指标在本类别指标中的重要程度来确定。各类别的权重之和为 100,同一类别各指标的权重之和也为 100。

3. 无量纲化处理

无量纲化处理也即将各指标实际值作规范化处理,转化为统一的无量纲值。无量纲化处理的步骤如下。

首先,将各指标报告期数值与自己的基期水平相比较,按三档记分,即:报告期指标值有所改善的计1分,两者持平的计0.5分,退步的计0分。

其次,将所得计分与各指标的权重相乘,这样就可以将计量单位不同的各指标值进行无量纲化处理,得到各指标实际的无量纲得分。

4. 计算企业经营状况综合评价的总得分

将上一步计算所得的各指标实际无量纲得分加总,即得评价的总得分,根据总分的高低即可评价企业的经营状况。

综合评分法以100分为满分,评价总得分越接近100分,说明被评价对象的运作状况越良好。此方法具有概念明确,计算方法简单,实际操作简便易行,分析评价一目了然的特点。

将不同时期的评价总得分进行动态分析,可以反映被评价对象的发展趋势。但是,该方法不能反映企业经营状况总的变动幅度,特别是以历史基准作为比较尺度会使横向对比出现"鞭打快牛"的情况。

二、综合指数法

综合指数法是指在设置一套合理的综合评价统计指标体系和确定评价基准的基础上,将评价指标的实际值与该指标的基准值进行比较,计算出各评价指标的个体指数,然后按各评价指标在整个指标体系中的影响大小确定权重,最后将各评价指标个体指数结合其相应权重进行综合评价的方法。

综合指数法的一般步骤如下。

(1) 根据对企业经营状况进行综合评价的目的,从不同侧面选择若干个统计指标建立综合评价统计指标体系。

(2) 确定各评价指标的评价基准,即根据评价的目的与要求,选择企业的历史水平或同行业水平为评价指标对比的基础数值。

(3) 计算各评价指标的个体指数,也即将各指标实际值作规范化处理,转化为统一的无量纲值。

由于各评价指标的性质不同,计算个体指数的方法也存在差别。可分以下三种情况。

① 当评价指标为正指标时,则:

$$\text{评价指标个体指数} = \frac{\text{评价指标的实际值}}{\text{评价指标的基准值}} \quad (9\text{-}1)$$

② 当评价指标为逆指标时,则:

$$\text{评价指标个体指数} = \frac{\text{评价指标的基准值}}{\text{评价指标的实际值}} \quad (9\text{-}2)$$

③ 当评价指标为适度指标时,则以一标准值为中心,允许有一定的离差。实际值愈接近标准值时,表示企业经营状况越好;否则反之。

此时个体指数的计算公式为

$$\text{评价指标个体指数} = \frac{a - |a - \text{实际值}|}{a - b} \quad (9\text{-}3)$$

式(9-3)中,a 表示评价指标的标准值;b 表示评价指标标准值的允许离差。

即评价指标的标准区间为$(a-b, a+b)$。计算中,当实际值正好等于标准区间的临界值$(a-b)$或$(a+b)$时,说明实际值刚刚达到标准区间的要求,则评价指标个体指数为100%;当实际值在标准区间$(a-b, a+b)$之内且趋近于a,说明实际值接近标准区间的中心,评价指标反映的经营状况良好,则评价指标个体指数大于100%。

当实际值在标准区间$(a-b, a+b)$之外,说明实际值偏离标准区间,评价指标反映的经济状况较差,则评价指标个体指数小于100%。

以上三个公式分别适用于不同属性的评价指标,且当实际值优于基准值时,评价指标个体指数大于100%;否则反之。这样就能保证各评价指标个体指数以100%为基准的统一性。

(4) 确定各评价指标个体指数的权重。结合各类别指标在指标体系、各指标在本类别指标中的重要程度来确定。各类别的权重之和为100,同一类别各指标的权重之和也为100。

(5) 计算评价总指数。根据每一评价指标个体指数与其相应的权重进行综合计算,即可得出报告期企业经营状况评价总指数。

其计算过程如下。

① 计算各类指数,其计算公式如下:

$$\text{某评价类指数} = \frac{\sum \text{某评价指标个体指数} \times \text{该指标在类别中的权数}}{100} \times 100\% \quad (9\text{-}4)$$

② 计算综合评价总指数,其计算公式如下:

$$\text{企业经营状况评价总指数} = \frac{\sum \text{某评价类指数} \times \text{该类别的权数}}{100} \times 100\% \quad (9\text{-}5)$$

综合指数法以100%作为基准,企业的评价总指数超过100%,说明企业经营状况良好,经济效益有所提高;否则反之。与综合计分法相比,综合指数法不仅能反映企业经营状况与经济效益的变动方向和趋势,而且还能够反映其变动的幅度;同时还能对适度指标进行无量纲化处理,扩大了它的应用范围,显示了综合指数法的优势。因此,综合指数法也是目前运用较多的一种方法。

然而,综合指数法突出了权重较大的指标的作用,往往诱导被评价单位采用倾斜发展战略,提高该指标的评价值。同时该方法不能消除由于指标间相关性而带来的对评价对象信息重复的影响,因而对指标的选取要求较高。

三、功效系数法

功效系数法是多目标规划中的常用方法之一,是用多目标规划的原理去评价企业总的经营状况。其基本思想是把各种不同度量的评价指标,通过一定形式的函数关系转化成为同度量的指标,即总功效系数,用总功效系数去评价企业总的经营状况。

功效系数法的具体步骤如下。

(1) 选择若干评价指标建立指标体系,评价指标用 $x_1, x_2, \cdots, x_m$ 表示;按重要程度确定各评价指标的权重,各评价指标的权重以 $p_1, p_2, \cdots, p_m$ 表示。

(2) 对每项指标都确定一个满意值和一个不允许值作为评价标准,这两个标准是部门、行业或全国统一的水平。

(3) 以不允许值为下限,根据功效函数 $d_i = f(x_i)$ 把每个指标转化为可以同度量的评价分数。功效函数如下:

$$d_i = f(x_i) = \frac{x_i - x_i^{(s)}}{x_i^{(h)} - x_i^{(s)}} \times 40 + 60 \tag{9-6}$$

式(9-6)中,d_i 表示指标 i 的评价分数;x_i 表示第 i 个指标的实际值;$x_i^{(s)}$ 表示指标 i 的不允许值;$x_i^{(h)}$ 表示指标 i 的满意值。

一般情况下,x_i 的具体数值介于不允许值 $x_i^{(s)}$ 和满意值 $x_i^{(h)}$ 之间,即有

$$0 < \frac{x_i - x_i^{(s)}}{x_i^{(h)} - x_i^{(s)}} \leqslant 1$$

因此评价分数介于 60~100 之间。当 x_i 达到满意值 $x_i^{(h)}$ 时,d_i 为 100 分;当 x_i 等于不允许值 $x_i^{(s)}$ 时,d_i 则为 60 分。在特殊情况下,x_i 的值大于 $x_i^{(h)}$ 或小于 $x_i^{(s)}$,则评价分数 d_i 可以大于 100 分或小于 60 分,但不会成为负数。

式(9-6)中满意值与不允许值确定得是否科学、正确、可行,直接影响到这种方法的使用效果。一般来说,可以采用同行业该指标的国际先进水平或国内先进水平为满意值,以同行业的落后水平为不允许值。

(4) 将各指标的评价分数进行加权几何平均或加权算术平均,求出总功效系数,作为最终的综合评价值。

① 加权几何平均法。当计算几何平均数的每个标志值的次数不相同时,采用加权几何平均数计算平均比率或平均速度。加权几何平均数的计算公式为

$$D = \sqrt[p]{d_1^{p_1} d_2^{p_2} \cdots d_m^{p_m}} \quad (p = \sum p_i) \tag{9-7}$$

式(9-7)中:D 表示总功效系数;d_i 表示第 i 项指标的功效分数;p_i 表示第 i 项指标的权重。

用加权几何平均法计算的总功效系数对单项指标功效分数下降的反应较为灵敏,而对单项指标功效分数提高的反应则不如加权算术平均法。采用这种方法考核企业的经营状况有利于企业对所考核的各项指标都加以注意,不能放弃其中任何一个指标不管,从而促使企业全面、均衡地完成各项计划。

② 加权算术平均法,其计算公式为

$$D = \frac{\sum d_i p_i}{\sum p_i} \tag{9-8}$$

采用加权算术平均法可以不对 d_i 作任何限制,d_i 可以取 0 或负值(实际中很少见),计算也比加权几何平均法更加简便。但此法计算的总功效系数对单项指标功效分数下降的反应不如加权几何平均法灵敏。

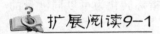

加权的重要性

第三节 物流企业经济效益评价

对物流企业的经营状况进行综合评价,一般可分为对物流企业的经营活力进行综合评价和对物流企业的财务状况进行综合评价。对物流企业的经营活力进行综合评价又可分为对物流企业的经济效益进行综合评价、对物流企业的绩效进行综合评价、对物流企业的竞争力进行综合评价以及对物流企业的科技进步能力进行综合评价,等等。本章仅讲述物流企业经济效益综合评价方法。

一、物流企业经济效益的内涵

(一)经济效益的内涵

在社会主义市场经济条件下,经济效益是企业的生存之本,经济效益是衡量一切经济活动的终极目标。因此,我国把提高经济效益作为社会主义经济建设的核心问题来抓,提出了以经济效益为中心的经济建设指导思想。

现代企业经济管理目标的中心也就是要提高经济效益,企业只有以有限的资源投入获得相对丰富的产出,也就是投入产出比率能在同行中占据领先地位才能在市场竞争中立于不败之地。

经济效益在字面上是由经济和效益两个词组成,效益是经济效益的实质和核心,经济是经济效益的范围和领域。将经济和效益结合起来所形成的经济效益可定义为:

经济效益是指在社会经济(或社会再生产)活动中产生的经济效率及其相应的收益,它反映了投入(或所费)经济资源与产出(或所得)的经济成果之间的关系。

正确理解和把握经济效益的含义,需要明确以下几点。

(1) 经济效益是使用价值与价值的辩证统一。经济效益反映的是投入(或所费)经济资源与产出(或所得)的经济成果之间的关系,在市场经济条件下,无论投入还是产出都不仅表现为一定量的使用价值,尤其需要表现为一定量的价值,才能使它们之间的关系可以计量,具有可比性。

(2) 经济效益涉及社会再生产过程的各个领域。研究经济效益,不仅要研究物质资料生产的经济效益,而且要研究交换、分配、消费各领域的经济效益。在研究中要把它们结合起来,而不应把它们割裂开来。

(3) 经济效益必然与一定社会的生产关系相联系。因此,研究经济效益既要考虑经济目标,又要考虑经济体制;既要考虑经济因素,又要考虑社会因素。市场经济体制下的经济目标要求经济效益体现效率性和收益性。

(4) 经济效益的实质就是要以尽可能少的劳动和自然资源的占用与消耗,创造出尽量丰富的财富。因此,评价经济效益高低的基本方法有两种:一种是按"最大效果原则"评价,一种是按"最小支出原则"评价。

"最大效果原则"评价,即在相同投入的基础上,产出的成果越大,则经济效益越高。用公式表示为

$$经济效益 = \frac{产出量}{投入量} \quad (正指标) \tag{9-9}$$

"最小支出原则"评价,即在取得相同成果的前提下,投入越少则经济效益越高。用公式表示为

$$经济效益 = \frac{投入量}{产出量} \quad (逆指标) \tag{9-10}$$

经济效益中所指的投入包括劳动消耗和劳动占用。在取得生产成果的劳动消耗中,既包括活劳动的消耗,也包括物化劳动的消耗(具体表现为固定资产和流动资产的消耗)。

(二) 物流企业经济效益的基本概念

在以上经济效益的一般概念基础上,物流企业经济效益的内涵不难理解。物流企业

经济效益是指物流企业生产经营活动中投入的人力、物力、财力与生产经营成果的比较。

物流企业的投入，按投入的内容不同，可以分为活劳动的投入与物化劳动的投入。活劳动的投入是指人力的投入；而物化劳动的投入是指物力、财力的投入。按投入的性质不同，可以分为劳动的消耗量和劳动的占用量。前者是指生产经营中已经消耗掉的人力、物力、财力的数量；后者是指生产经营中占用的人力、物力、财力的数量。

物流企业的产出则是指物流活动经营的成果，如企业总产出、增加值、主营业务收入、利税总额等。

正确理解物流企业经济效益的含义，可从以下几点入手。

1. 企业经济效益与企业劳动消耗的关系

物流企业属于服务型企业，应当在保证服务质量的前提下尽可能减少劳动消耗，使企业的个别劳动时间低于社会必要劳动时间，从而提高经济效益。如果企业为了节省劳动消耗，服务效率低下，甚至不讲信誉，虽然减少了劳动消耗，但这是以损害消费者利益和企业形象与诚信为代价的，是不可取的，最终必然会被市场所淘汰。

2. 企业经济效益与企业服务质量的关系

物流企业运营的目的在于将制造商生产的产品及时、安全地送到销售商、消费者手中，并从中获取自身的利益，促进本企业的发展与壮大。因此，物流企业要提高经济效益，首先必须服务态度优异，服务质量高，企业信誉好，才能有效地为生产商和销售商、消费者提供便利的物流服务。其次，要不断提高劳动生产率，降低企业运营成本，以较少的劳动消耗，取得更大的经营成果。

3. 企业经济效益与企业经济发展速度的关系

企业经济发展速度快，经济效益不一定好。如果经济发展速度快，而物流服务质量和成效不高，或者劳动消耗大，则经济效益并不高。企业经济效益好，才有利于提高经济发展速度。因为经济效益好意味着获得的经济利益相对就多，获得的经济利益有利于改善劳动者生活水平，并提高劳动积极性；同时有足够的资金用于使用先进物流设备，提高物流技术，扩大经营范围，从而增强企业的运营能力，这些都有利于提高经济发展速度。

在市场经济中，我们必须遵循速度和效益相统一的原则，正确处理好两者之间的关系，走出一条既有较高速率又有较好效益的新路子。

二、物流企业经济效益评价指标体系设计

随着我国融入经济全球化以及对外开放程度的不断提高，我国物流企业面临国内与国际两个市场的激烈竞争。在激烈的市场竞争中，只有那些经营灵活、不断创新、经济效益高的物流企业才能长期生存，而那些缺乏活力、不善于创新、经济效益低下的物流企业只能被市场无情淘汰。因此，物流企业要生存、要发展，就必须提高企业经济效益。

对物流企业经济效益进行综合评价，有助于物流企业挖掘自身潜力，提高经济效益，有助于物流企业完善和提高自身的管理水平，可以为优势企业提供决策支持。为了客观、科学地评价物流企业的经济效益，观察物流企业在激烈的市场竞争中所处的位置，探索提高企业经济效益的途径，需要设计一套科学、完整、可操作性强的，能从全方位、多角度反映物流企业经济效益的指标体系。

（一）物流企业经济效益评价指标体系的设计原则

物流企业经济效益评价指标体系的构建必须遵循以下原则。

1. 导向性原则

对物流企业经济效益进行评价，是为了有助于物流企业完善和提高自身的管理水平，挖掘自身潜力，提高经济效益，同时也可以为优势企业提供决策支持，而不仅仅是为了评出企业的名次。因此，应通过物流企业经济效益评价指标的设计，引导物流企业改善经营管理，提高企业经济效益，而不是鼓励物流企业利用短期行为来谋求名利。要通过经济效益的评价考核工作，引导物流企业向着"集约型"和"内涵型"扩大再生产方向发展。

2. 科学性原则

企业经济效益涉及的因素很多，如何在对物流企业经济效益的全面概括中抓住最重要、最有代表性的问题，是设计物流企业经济效益评价指标体系的关键和难点。对物流企业经济效益的客观实际描述越清楚、越全面，其科学性越强。同时，物流企业经济效益评价指标的概念要科学、确切，要有精确的内涵和外延，要避免指标在概念上的重叠性和统计上的相关性。

3. 可比性原则

物流企业经济效益是相对而言的，是通过比较而得来的。物流企业经济效益评价指标应具有动态可比和横向可比的功能，可以与市场中同类优秀竞争对手企业的经济效益状况相比较，可以与企业自身过去的经济效益状况相比较。

4. 操作性原则

物流企业经济效益指标体系的设计应尽量与现行的统计指标、会计指标、业务核算指标相统一，以便于数据资料的收集、加工、处理。同时，指标体系应简单、明了，便于基层物流企业和管理部门操作使用。

（二）物流企业经济效益评价指标体系构建

物流企业经济效益评价是一项比较复杂的工作，它涉及企业经济运行中各生产要素的投入、产出、效率等诸多方面的问题。一套科学、合理、易行的物流企业经济效益评价统计指标体系的构建应主要从四个方面加以考虑，即应能反映物流企业的盈利能力、营运能力、偿债能力以及发展能力。

在这四个方面众多的统计指标中,选出一些最能体现其特征的统计指标,构成物流企业经济效益评价统计指标体系。物流企业经济效益评价统计指标体系包括以下内容。

1. 反映物流企业盈利能力的评价指标

盈利能力主要评价企业经营的最终成果,衡量企业获取利润的多少和获取利润能力的大小。无论是物流企业的投资者、债权人,还是企业职工和管理者,都非常重视企业的盈利能力。

由于物流企业盈利能力的大小,与投资者的投资收益、债权人的债权安全、企业职工的工资水平、管理人员工作业绩和整个国家的财政收入等,都是息息相关的。因此盈利能力指标是对物流企业经济效益进行评价的首要方面。评价物流企业盈利能力的统计指标主要有总资产报酬率、净资产收益率等。

(1) 总资产报酬率

总资产报酬率反映企业全部资产的获利能力,是企业经营业绩和管理水平的集中体现,是评价和考核企业盈利能力的核心指标。其计算公式为

$$总资产报酬率 = \frac{利润总额 + 税金总额 + 利息支出}{平均资产总额} \times 100\% \qquad (9\text{-}11)$$

其中:平均资产总额为期初期末资产总计的算术平均值,即:

$$平均资产总额 = \frac{报告期期初资产总额 + 报告期期末资产总额}{2} \qquad (9\text{-}12)$$

(2) 净资产收益率

净资产收益率反映企业的资产运用和增值能力,是衡量企业盈利能力的重要指标。该指标值越高,说明投资所带来的收益越高。

其计算公式为

$$净资产收益率 = \frac{净利润}{平均净资产} \times 100\% \qquad (9\text{-}13)$$

$$平均净资产 = \frac{报告期期初净资产 + 报告期期末净资产}{2} \qquad (9\text{-}14)$$

2. 反映物流企业营运能力的评价指标

物流企业营运能力是指物流企业充分利用现有资源创造财富的能力,具体表现为企业各项营运资产的周转效率。营运能力分析有时也称为资产运用效率分析,其主要目的是分析评价企业资产的利用程度和效率,因此是评价物流企业经济效益的重要指标。

衡量物流企业营运能力的指标主要有总资产周转率、流动资产周转率、应收账款周转率、存货周转率等。

(1) 总资产周转率

总资产周转率是评价企业全部资产经营质量和利用效率的指标,是衡量企业资产管理效率的重要指标,在财务分析指标体系中也具有重要地位。如果总资产周转率高,说明

全部资产经营效率好,取得的收入高;如果总资产周转率低,则说明全部资产经营效率差,取得的收入也少。

其计算公式为

$$总资产周转率(次) = \frac{报告期主营业务收入净额}{报告期平均资产总额} \qquad (9\text{-}15)$$

(2) 流动资产周转率

流动资产周转率是从企业总资产中流动性较强的流动资产角度对企业资产利用效率进行的分析,进一步揭示了影响企业资产经营质量的主要因素。流动资产周转率是指一定时期内流动资产完成的周转次数,反映投入到企业中的流动资金的周转速度。

其计算公式为

$$流动资产周转率(次) = \frac{报告期主营业务收入净额}{报告期平均流动资产总额} \qquad (9\text{-}16)$$

(3) 应收账款周转率

应收账款周转率反映年度内应收账款的变现速度。应收账款周转率越快(即比值越大),说明应收账款周转所需要的时间越短,企业的应收账款回收速度越快,信用管理工作的效率越高,企业资产的流动性和企业短期债务的偿还能力也越高。其计算公式为

$$应收账款周转率(次) = \frac{报告期主营业务收入总额}{平均应收账款余额} \qquad (9\text{-}17)$$

(4) 存货周转率

存货周转率是对流动资产周转率的补充说明,通过存货周转率的计算与分析,可以测定企业一定时期内存货资产的周转速度,是反映企业购、产、销平衡效率的一种尺度。存货周转率越高,表明企业存货资产变现能力越强,存货及占用在存货上的资金周转速度越快。

存货周转率是企业一定时期主营业务成本与平均存货余额的比率。用于反映存货的周转速度,即存货的流动性及存货资金占用量是否合理,促使企业在保证生产经营连续性的同时,提高资金的使用效率,增强企业的短期偿债能力。其计算公式为:

$$存货周转率(次) = \frac{报告期主营业务收入总额}{平均存货余额} \qquad (9\text{-}18)$$

存货周转率是企业营运能力分析的重要指标之一,在企业管理决策中被广泛地使用。存货周转率不仅可以用来衡量企业生产经营各环节中存货运营效率,而且还被用来评价企业的经营业绩,反映企业的绩效。

3. 反映物流企业偿债能力的评价指标

偿债能力是企业偿还到期债务的承受能力或保证程度,包括偿还短期债务和长期债务的能力。企业有无支付现金的能力和偿还债务能力,是企业能否健康生存和发展的关键。企业偿债能力是反映企业财务状况和经营能力的重要标志。

(1) 短期偿债能力的衡量指标

短期偿债能力的衡量指标主要有流动比率、速动比率、现金流动负债比率。

① 流动比率。流动比率的计算公式为

$$流动比率 = \frac{流动资产}{流动负债} \times 100\% \qquad (9-19)$$

一般情况下，流动比率越高，反映企业短期偿债能力越强，债权人的权益越有保证。国际上通常认为流动比率为200%比较合适。

② 速动比率。所谓速动资产，是指流动资产减去变现能力较差且不稳定的存货、预付账款、一年内到期的非流动资产、待处理流动资产损失和其他流动资产等之后的余额。

由于速动比率剔除了存货等变现能力较差且不稳定的资产，因此，比流动比率能够更加准确可靠地评价企业的短期偿债能力。其计算公式为

$$速动比率 = \frac{速动资产}{流动负债} \times 100\% \qquad (9-20)$$

速动资产 = 货币资金 + 交易性金融资产 + 应收账款 + 应收票据
　　　　 = 流动资产 − 存货 − 预付账款 − 1年内到期的非流动资产 − 其他流动资产

一般情况下，速动比率越高，表明企业偿还流动负债的能力越强。国际上通常认为速动比率为100%时较为恰当。

③ 现金流动负债比率。该指标是从现金流量角度反映企业当期偿付短期负债的能力。其计算公式为

$$现金流动负债比率 = \frac{年经营现金净流量}{年末流动负债} \times 100\% \qquad (9-21)$$

该指标越大，表明企业经营活动产生的现金净流量越多，越能保障企业按期偿还到期债务。但也不是越大越好，该指标过大则表明企业流动资金利用不充分，获利能力不强。

(2) 长期偿债能力的衡量指标

长期偿债能力的衡量指标主要有资产负债率、产权比率和已获利息倍数。

① 资产负债率。资产负债率的计算公式为

$$资产负债率 = \frac{负债总额}{资产总额} \times 100\% \qquad (9-22)$$

一般情况下，资产负债率越小，表明企业长期偿债能力越强。如果该指标过小则表明企业对财务杠杆利用不够。国际上认为资产负债率为60%合适。

② 产权比率(所有者权益负债率)。产权比率的计算公式为

$$产权比率 = \frac{负债总额}{所有者权益总额} \times 100\% \qquad (9-23)$$

一般情况下，产权比率越低，表明企业的长期偿债能力越强，债权人权益的保障程度越高，承担的风险越小，但企业不能充分地发挥负债的财务杠杆效应。

③ 已获利息倍数(利息保障倍数)。已获利息倍数反映获利能力对债务偿付的保证程度。其计算公式为

$$已获利息倍数 = \frac{息税前利润总额}{利息支出} \times 100\% \quad (9-24)$$

其中： 息税前利润总额＝利润总额＋利息支出＝净利润＋所得税＋利息支出

已获利息倍数不仅反映了企业获利能力的大小(其他因素不变,该指标越高表明息税前利润越大,即获利能力越大),而且反映了获利能力对偿还到期债务的保证程度。

一般情况下,已获利息倍数越高,表明企业长期偿债能力越强。国际上通常认为,该指标为3时较为适当。从长期来看,若要维持正常偿债能力,利息保障倍数至少应当大于1。

4. 反映物流企业发展能力的评价指标

发展能力状况是反映企业未来发展走向和企业发展潜力的重要指标。发展能力的评价指标主要有资本保值增值率、主营业务增长率等。

(1) 资本保值增值率

资本保值增值率反映企业净资产的运营效益和变动状况,是企业发展能力的集中体现。其计算公式为

$$资本保值增值率 = \frac{报告期期末所有者权益}{基期期末所有者权益} \times 100\% \quad (9-25)$$

(2) 主营业务增长率

主营业务增长率是本期主营业务收入与基期主营业务收入之差与基期主营业务收入的比值,是反映企业发展能力的又一重要指标。当其数值较高时,表明企业处于成长阶段,将继续保持较好的增长势头,发展能力较强。其计算公式为

$$主营业务增长率 = \frac{本期主营收入增长额}{上期主营收入总额} \times 100\%$$

$$= \frac{本期主营收入总额 - 上期主营收入总额}{上期主营收入总额} \times 100\% \quad (9-26)$$

三、物流企业经济效益评价实例

在上述内容中,详细讲述了物流企业经济效益评价中的一些基本概念和基本方法,并且设计了对物流企业进行经济效益评价的指标体系。有了这一系列的基础知识之后,下面将根据两个物流企业的具体数据,对两者的经济效益进行评价、分析与比较。

A公司和B公司两个物流企业2015年及其2014年的9个财务指标值,以及整个物流行业中上年各指标的最高值、最低值、行业平均值资料如表9-2和表9-3所示,且将该企业上年的指标值作为基期值,上年行业最高值和最低值分别作为该指标的满意值和不允许值,上年行业平均值作为基准值。

这些指标的权重,根据这9个指标在经济效益评价过程中的重要程度来确定。其具体数据,如表9-2和表9-3所示。

表9-2　A公司财务指标值表

序号(1)	指　　标(2)	基期值(3)	报告期值(4)	基准值(5)	不允许值(6)	满意值(7)	权重(8)
1	总资产报酬率(%)	6.51	4.38	4	－23	20	10
2	净资产收益率(%)	10.98	11.62	6	－55	37	30
3	总资产周转率(次)	0.46	0.46	1.0	0.1	3.0	10
4	流动资产周转率(次)	2	1.5	1.7	0.1	2.0	10
5	资产负债率(%)	65	63	50	100	52	10
6	已获利息倍数(倍)	4.55	4.68	3.0	－2	5	10
7	资本保值增值率(%)	0.86	0.99	1.1	－0.8	3.0	10
8	主营业务收入增长率(%)	29.81	13.07	22	－50	70	10
合计	—	—	—	—	—	—	100

表9-3　B公司财务指标值表

序号(1)	指　　标(2)	基期值(3)	报告期值(4)	基准值(5)	不允许值(6)	满意值(7)	权重(8)
1	总资产报酬率(%)	25.46	21.99	4	－23	20	10
2	净资产收益率(%)	21	15.75	6	－55	37	30
3	总资产周转率(次)	0.72	0.69	1.0	0.1	3.0	10
4	流动资产周转率(次)	1.89	1.80	1.7	0.1	2.0	10
5	资产负债率(%)	65.96	56.6	50	100	52	10
6	已获利息倍数(倍)	2.83	2.22	3.0	－2	5	10
7	资本保值增值率(%)	5.58	6.39	1.1	－0.8	3.0	10
8	主营业务收入增长率(%)	8.02	8.13	22	－50	70	10
合计	—	—	—	—	—	—	100

根据以上9项指标数值,我们采用本章第二节中所讲的物流企业经营活动综合评价的三种方法——综合评分法、综合指数法、功效系数法,分别对这两个物流企业的经济效益状况进行综合评价,并将两者进行比较分析。

(一)综合评分法

根据第二节中所讲的综合评分法的步骤,首先对各指标进行无量纲化处理,即:将各指标报告期数值与自己的基期水平相比较,并按三档记分,即:报告期指标值有所改善的计1分,两者持平的计0.5分,退步的计0分。

再将所得记分与各指标的权重相乘,这样就可以将计量单位不同的各指标值进行了无量纲化处理,得到各指标实际的无量纲得分。

以表9-2中第2个指标净资产收益率为例。由于A公司当年的财务指标净资产收益率为11.62,而上一年的数值为10.98,两者相比较本年度有所改善,因此该指标计1分。将该指标的权重与1相乘:1×30=30,即得主营业务利润率的无量纲得分为30分。

其余指标的得分,见表9-4和表9-5中的第(9)列所示。

由此,将所有8项指标的无量纲得分加总,可以得到该企业的经济效益评价总得分。见表9-4和表9-5的第(9)列合计栏所示。

表9-4 A公司经济效益评价计算表

序号(1)	指标(2)	基期值(3)	报告期值(4)	基准值(5)	不允许值(6)	满意值(7)	权重(8)	综合评分法得分(9)	个体指数(10)=(4)/(5)	(11)=(10)×(8)	功效分数(12)
1	总资产报酬率(%)	6.51	4.38	4	−23	20	10	0	1.095	13.14	85.47
2	净资产收益率(%)	10.98	11.62	6	−55	37	30	30	1.94	58.2	88.96
3	总资产周转率(次)	0.46	0.46	1.0	0.1	3.0	10	5	0.46	4.14	67.2
4	流动资产周转率(次)	2	1.5	1.7	0.1	2.0	10	0	0.88	7.92	89.47
5	资产负债率(%)	65	63	50	100	52	10	10	1.26	15.12	90.83
6	已获利息倍数(倍)	4.55	4.68	3.0	−2	5	10	10	1.56	15.6	98.17
7	资本保值增值率(%)	0.86	0.99	1.1	−0.8	3.0	10	10	0.9	8.1	78.84
8	主营业务收入增长率(%)	29.81	13.07	22	−50	70	10	0	0.59	5.31	81.02
合计	—	—	—	—	—	—	100	65	—	127.53	—

表9-5 B公司经济效益评价计算表

序号(1)	指标(2)	基期值(3)	报告期值(4)	基准值(5)	不允许值(6)	满意值(7)	权重(8)	综合评分法得分(9)	个体指数(10)=(4)/(5)	(11)=(10)×(8)	功效分数(12)
1	总资产报酬率(%)	25.46	21.99	4	−23	20	10	0	5.50	66	100
2	净资产收益率(%)	21	15.75	6	−55	37	30	0	2.625	78.75	90.76
3	总资产周转率(次)	0.72	0.69	1.0	0.1	3.0	10	0	0.69	6.21	68.14
4	流动资产周转率(次)	1.89	1.80	1.7	0.1	2.0	10	0	1.06	9.53	95.79
5	资产负债率(%)	65.96	56.6	50	100	52	10	10	1.132	13.58	96.17
6	已获利息倍数(倍)	2.83	2.22	3.0	−2	5	10	0	0.74	7.4	84.11
7	资本保值增值率(%)	5.58	6.39	1.1	−0.8	3.0	10	10	5.81	52.28	100
8	主营业务收入增长率(%)	8.02	8.13	22	−50	70	10	10	0.37	3.33	79.38
合计	—	—	—	—	—	—	100	30	—	237.08	—

由表中数据可得,两个企业由综合评分法所得的经济效益得分 A 企业高于 B 企业,直观判断的结果是 A 企业的经济效益状况比 B 企业的好。实际上,根据综合评分法的计算思想,是将这两个企业的各指标分别与其基期相比较所得。

通过综合评分法,根据综合评分的得分的多少就可以评价优劣。但是对于两个企业之间不具有明显差异的,综合评分法也不能很好地评价。

(二) 综合指数法

由于我们所选择的 8 项评价指标都是正指标,根据综合指数法的计算公式:

$$评价指标个体指数 = \frac{评价指标的实际值}{评价指标的基准值}$$

将各指标的报告期数值与评价标准——上年行业平均值相比,计算出各指标的个体指数。例如,以 A 公司的第一个指标总资产贡献率为例:

$$总资产报酬率个体指数 = \frac{4.38}{4} = 1.095$$

其余指标的个体指数可参见表 9-4 和表 9-5 中的第(10)列所示。

再根据式(9-5),将个体指数加权算术平均,即可得该企业综合指数法的评价总指数。在此,我们先计算出了表 9-4 和表 9-5 中第(11)列的数据,并求总和,即可得公式(9-5)中的分子。再用这个总和数值除以 100 并乘以 100%,即可得整个企业的综合评价总指数。

根据表中数据,可得

$$A\ 公司的综合评价总指数 = \frac{127.53}{100} \times 100\% = 127.53\%$$

$$B\ 公司的综合评价总指数 = \frac{237.08}{100} \times 100\% = 237.08\%$$

由以上结果可知,两个物流企业的综合评价指数都高于 100%,说明两个企业的经营状况都良好,经济效益均有所提高,提高幅度分别为 27.53%和 137.08%。但 B 公司的综合评价总指数比 A 公司的高出 109.55%,因此可以推断出,B 公司的综合经济效益状况比 A 公司要好一些。

(三) 功效系数法

根据功效系数法的计算原理,可分以下几步来计算总功效系数。

1. 计算各指标功效分数

由式(9-6)的功效函数,可分别计算出各指标的功效分数。

例如,以 A 公司的第 1 个指标总资产贡献率为例,其功效分数为

$$d_1 = \frac{4.38 - (-23)}{20.03 - (-23)} \times 40 + 60 = 85.47$$

其余指标的功效分数可参见表 9-4 和表 9-5 的第(12)列所示。

2. 计算企业的总功效系数

(1) 加权几何平均法

分别计算出两个企业由功效系数法所确定的综合评价分数,即总功效系数。在此,为了计算的方便性,将表 9-4 或表 9-5 中的权重除以 10,分别得到 0.5,1,1,1.5,1,1,1.5,1,1.5 作为加权几何平均法的权重。根据数学原理,这并不会改变计算的结果。故有:

A 公司的总功效系数为

$$D_1 = \sqrt[10]{85.47 \times 88.96^3 \times 67.2 \times 89.47 \times 90.83 \times 98.17 \times 78.84 \times 81.02}$$
$$= 85.38$$

B 公司的总功效系数为

$$D_2 = \sqrt[10]{100 \times 90.76^3 \times 68.14 \times 95.79 \times 96.17 \times 84.11 \times 100 \times 79.38}$$
$$= 89.04$$

由此可见,A 公司和 B 公司的总功效系数都较高,表明两个企业的经济效益状况都较好,但 B 公司总功效系数比 A 公司高出了 3.66,表明 B 公司的综合经济效益比 A 公司要好。

(2) 加权算术平均法

根据公式(9-8),可计算出由加权算术平均法所确定的两个物流企业的总功效系数,分别用 D_1' 和 D_2' 表示。

A 公司的总功效系数为

$$D_1' = \frac{85.47 + 88.96 \times 3 + 67.2 + 89.47 + 90.83 + 98.17 + 78.84 + 81.02}{10}$$
$$= 85.79$$

B 公司的总功效系数为

$$D_2' = \frac{100 + 90.76 \times 3 + 68.14 + 95.79 + 96.17 + 84.11 + 100 + 79.38}{10}$$
$$= 89.59$$

由以上两个数值可知,采用算术平均法与几何平均法计算的结果虽不同,但数值差异不太大,且对两个企业的综合评价结果都一样:两个企业的总功效系数都较高,表明两者的经济效益状况都良好,且 B 公司的综合经济效益比 A 公司要好。

综合比较以上三种评价方法可以看出,综合评分法的评价效果明显比综合指数法和功效系数法要差。一方面,综合评分法是以企业自身的上期水平作为评价标准,这样对原本水平就高的企业是不利的。哪怕这样的企业本期水平仍然居于同行业前列,但却比自己的上期水平要低,就会导致其评价分数较低。

相反,那些原本水平比较低的企业,只要本期水平有所提高,其评价分数就会相对显得较高。这就导致不能真实地评价企业的经济效益状况。另一方面,综合评分法的记分方法比较粗糙，不能精确地反映指标的变化程度。也就是说，无论某指标提高5%还是50%，都是记满分。因而单从得分上看不出变化程度上的差别。这两方面的缺陷导致了我们实例中综合评分法的效果丧失。

综合指数法和功效系数法所采用的评价标准都是行业标准（实际中还可以采用部门或国家统一标准），这使得两种方法具有较高的科学性和合理性。但前者只有一个标准，即基准值；而后者则有两个标准，即满意值和不容许值，因此在实际应用时功效系数法相对要复杂一些。但由于后者有两个标准来对本期指标进行调整，其科学性和合理性相对更高。并且，通过运用计算机办公软件，其计算方法的难度也不会太大。同时，功效系数法在最后计算总功效系数时，有两种方法——几何平均法和算术平均法可以采用。

当某个指标的得分值为零或为负值时就不能用几何平均法，不过在功效系数法的计分方法中，一般不可能出现零分和负分的情况。而算术平均法则不受个别变量值为零或负值的影响，同时计算也比几何平均法简便，因此在实际工作中应用较为广泛。

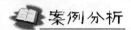案例分析

2018年中国快递业务量及生活垃圾清运量数据

中商情报网讯：随着电商包裹在我国快递配送中所占比例越来越大，如何发展绿色快递和绿色电商已成为政策层面关注的焦点。2018年上半年，全国快递业务量比肩2015年水平。全国快递服务企业业务量累计完成220.8亿件，同比增长27.5%，见图9-1。

近几年，中国快递行业发展迅猛，快递业务量和业务收入持续增长。2014年中国快递服务企业业务量累计突破百亿件，达到139.6亿件，同比增长51.9%。2015年累计快递量突破200亿件，2017年突破400亿件。

图9-1　2013—2018年中国快递服务企业业务量统计

数据来源：国家邮政局　中商产业研究院整理

2018年1—6月全国快递业务量排名前十的省市依次为广东、浙江、江苏、上海、北京、山东、福建、河北、河南、四川。其中,广东省排名第一,1—6月累计快递业务量达57.26亿件,同比增长29.8%。分城市来看,2018年1—6月全国快递业务量前十的城市依次为：广州、上海、金华(义乌)、深圳、杭州、北京、东莞、苏州、成都、泉州。其中,快递业务量最多的城市为广州,业务量达22.12亿件。

图9-2为2007—2016年中国城市生活垃圾清运量统计数据。

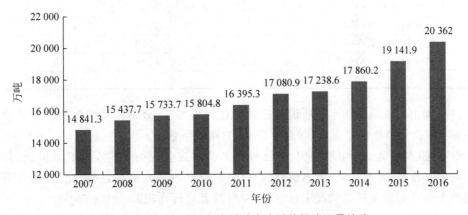

图 9-2　2007—2016年中国城市生活垃圾清运量统计

数据来源：国家统计局 中商产业研究院整理

发展绿色快递和绿色电商已成为全社会关注的焦点问题。国家邮政局局长马军胜表示,邮政业要来一次行业绿色生产方式"大革命",到2020年要在邮件、快件包装绿色化、减量化、可循环三方面取得明显成效。

摘自：国家统计局 中商产业研究院整理

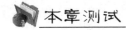本章测试

一、思考题

1. 为什么要对物流企业的经营活动进行综合评价？
2. 在进行综合评价指标体系设计时应遵循什么原则？
3. 何为评价基准？目前较常用的评价基准有哪些？
4. 权重的大小极大地影响着综合评价的结果,如何来确定权重的大小？
5. 综合指数法中在求个体指数时,针对不同性质的指标有哪些不同的求解方法？
6. 比较三种综合评价方法的优缺点。

二、计算题

1. 设某物流企业经济效益指标的有关资料如下：

序号(1)	指标(2)	基期值(3)	报告期值(4)	基准值(5)	不允许值(6)	满意值(7)	权重(8)
1	总资产报酬率(%)	12.39	9.34	9.86	−18.62	22.59	10
2	净资产收益率(%)	9.51	10.16	8.74	−26.38	30.82	30
3	总资产周转率(次)	1.04	0.96	1.81	0.23	4.25	10
4	流动资产周转率(次)	0.98	1.24	1.59	1.13	3.57	10
5	资产负债率(%)	52.36	58.69	55.24	100	50	10
6	已获利息倍数(倍)	2.58	5.38	3.96	−5.76	5.18	10
7	资本保值增值率(%)	1.059	1.36	1.19	0.136	2.93	10
8	主营业务收入增长率(%)	15.89	18.75	30.46	−40.55	118.62	10
合计	—	—	—	—	—	—	100

试根据上述资料采用本章所讲的三种综合评价方法,分别计算该企业的经济效益评价指标:综合评分法的总得分、综合总指数、总功效系数。

2.仿照本章第三节中的实例,自己收集两个物流企业去年的8个财务指标,并采用第1题的基准值、不允许值、满意值和权重(也可自己收集),用综合指数法和功效系数法对这两个企业的经济效益状况进行分析,并将两者进行比较。

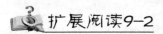

2020年中国物流行业运行市场现状及发展趋势分析

参考文献

1. 延静.调查技能与分析.北京：清华大学出版社,2006
2. 李洁.统计学.长春：东北师范大学出版社,2008
3. 卜小玲,李洁.统计学原理与实务.北京：清华大学出版社,2010
4. 林侠,郑小丽.统计学原理与实务.北京：北京师范大学出版社,2011
5. 梁红霞.物流统计.北京：清华大学出版社,2013
6. 张志勇.物流企业统计.北京：中央广播电视大学出版社,2014
7. 中国物流与采购联合会编.中国物流年鉴.北京：中国物资出版社,2014
8. 周宇.物流统计与实务.北京：中航出版传媒有限责任公司,2014
9. 何晓群,刘文卿.应用回归分析.北京：中国人民大学出版社,2015
10. 杨灿.国民经济统计学(第2版).北京：科学出版社,2015
11. 王海文.统计学原理与实务(第2版).北京：清华大学出版社,2015
12. 卢淑华.社会统计学(第4版).北京：北京大学出版社,2015
13. 王友丽.物流统计实务.上海：复旦大学出版社,2016
14. 田海霞,景刚.统计学原理与Excel应用.北京：机械工业出版社,2016
15. 王志电.统计实务教程.北京：中国统计出版社,2016
16. 国家发展和改革委员会经济运行调节局,中国物流与采购联合会,中国物流信息中心."十二五"中国物流统计报告.北京：中国财富出版社,2016
17. 黄远新,田红英.第三方物流企业经营管理.北京：中国财富出版社,2017
18. 宁自军,吴德彪,杨松.统计学(第3版)习题集.北京：科学出版社,2017
19. 瞿孙平.统计学原理与实务.北京：机械工业出版社,2017
20. 蔡定萍.物流统计学.北京：中国财富出版社,2018
21. 陈建梅.中小企业物流与仓储实战全书.北京：化学工业出版社,2018
22. 李文新.统计学原理(第4版).上海：上海财经大学出版社,2018
23. 中国统计年鉴2018.北京：中国统计出版社,2018
24. 吴明隆.问卷统计分析实务：SPSS操作与应用.重庆：重庆大学出版社,2018
25. 刘强.大数据时代的统计学思维.北京：中国水利水电出版社,2018
26. 贾俊平,何晓群,金勇进.统计学(第7版).北京：中国人民大学出版社,2018

推荐网站：
1. 中国物流与采购联合会 http://www.chinawuliu.com.cn/
2. 国家统计局网站 http://www.stats.gov.cn/
3. 中国物通网 http://www.chinawutong.com/
4. 中华人民共和国海关总署 http://www.customs.gov.cn/
5. 统计行业知识服务平台 http://www.tongjiku.cnki.net/
6. 浙江统计信息网 http://www.tjj.zj.gov.cn/

7. 北京统计信息网 http://www.bjstats.gov.cn/
8. 中国统计信息网 http://www.tjcn.org/
9. 上海统计局网站 http://www.stats-sh.gov.cn/
10. 大数据世界 http://www.thebigdata.cn/
11. 全国物流信息网 http://www.56888.net/
12. 久久物流网 http://www.9956.cn/

教学支持说明

▶▶ 课件申请

尊敬的老师:

您好!感谢您选用清华大学出版社的教材!为更好地服务教学,我们为采用本书作为教材的老师提供教学辅助资源。该部分资源仅提供给授课教师使用,请您直接用手机扫描下方二维码完成认证及申请。

任课教师扫描二维码
可获取教学辅助资源

▶▶ 样书申请

为方便教师选用教材,我们为您提供免费赠送样书服务。授课教师扫描下方二维码即可获取清华大学出版社教材电子书目。在线填写个人信息,经审核认证后即可获取所选教材。我们会第一时间为您寄送样书。

任课教师扫描二维码
可获取教材电子书目

 清华大学出版社

E-mail: tupfuwu@163.com　　　　　网址: http://www.tup.com.cn/
电话: 8610-83470332 / 83470142　　传真: 8610-83470107
地址: 北京市海淀区双清路学研大厦B座509室　　邮编: 100084